حـــل المشكـــلات

Problem Solving

الدكتور حسين محمد أبورياش

رئيس قسم علم النفس التربوي
جامعة الإسراء الخاصة - الأردن

الدكتور غسان يوسف قطيط

دكتوراه مناهج وأساليب تدريس الفيزياء
الكادر العربي لتطوير وتحديث التعليم

دار وائل للنشر

الطبعة الأولى

2008

رقم الايداع لدى دائرة المكتبة الوطنية : (2008/1/63)

أبو رياش ، حسين محمد

حل المشكلات / حسين محمد أبو رياش، غسان يوسف قطيط .

- عمان ، دار وائل ، 2008 .

(420) ص

ر.إ. : (2008/1/63)

الواصفات: علم النفس التربوي / المشكلات / رعاية الشباب / طرق التعلم / الطلاب

* تم إعداد بيانات الفهرسة والتصنيف الأولية من قبل دائرة المكتبة الوطنية

****

رقم التصنيف العشري / ديوي : 370.15

ISBN 978-9957-11-749-8 (ردمك)

* حـــل المشكــلات
* الدكتور حسين ابو رياش – الدكتور غسان قطيط
* الطبعـة الأولى 2008
* جميع الحقوق محفوظة للناشر

دار وائـــل للنشر والتوزيع

* الأردن - عمان - شارع الجمعية العلمية الملكية - مبنى الجامعة الاردنية الاستثماري رقم (2) الطابق الثاني

هـاتف : 5338410-6-00962 - فاكس : 5331661-6-00962 - ص. ب (1615 – الجبيهة)

* الأردن - عمان - وسط البـلد - مجمع الفحيص التجـاري- هـاتف: 4627627-6-00962

www.darwael.com

E-Mail: Wael@Darwael.Com

المحتويات

الصفحة	الموضوع
36-11	**الفصل الأول : التعلم الاستراتيجي** ....
13	- مقدمة ....
14	- التعلم الاستراتيجي ....
14	- أهمية تدريس الاستراتيجية ....
15	- خصائص المتعلم الاستراتيجي ....
18	- توجيه العمليات المعرفية أثناء التعلم الاستراتيجي ....
19	- نماذج التعليم الاستراتيجي ....
20	- تدريس التفكير الاستراتيجي ....
24	- نظريات التعلم المعرفية وأهميتها في التدريس ....
24	- أولا: نظرية بياجيه ....
30	- ثانيا: نظرية برونر ودورها في التدريس ....
32	- ثالثا: نظرية أوزبل ودورها في التدريس ....
33	- رابعا: نظرية جانييه ودورها في التدريس ....
36	- نظريات التعلم ودورها في التدريس ....
56-37	**الفصل الثاني : دور التدريس في تنمية مهارات التفكير** ....
39	- هل نخلق الذكاء؟ ....
39	- ما الدور الذي يلعبه المدرس في تنمية ذكاء الطالب ؟ ....
40	- التعليم المنهجي ....
42	- استخدام حركة العين للتفكير والتعلّم ....
44	- أهمية التفكير ....
46	- التفكير ....
52	- تنمية مهارة التفكير ....

الموضوع	الصفحة

- مهارة التركيب 53
- مهارة الاستقراء 54
- مهارة الاستنتاج 55

الفصل الثالث : حل المشكلات 84-57

- مقدمة 59
- مفهوم المشكلة وحل المشكلة 60
- حل المشكلات : رؤية نفسية 63
- الأسس التربوية والنفسية لاستراتيجية حل المشكلات 65
- ما وراء الإدراك وحل المشكلات 66
- حل المشكلات والتعلّم المعرفي 68
- التفكير الاستراتيجي لحل المشكلة 69
- حل المشكلات بين الخبير والمبتدئ 70
- أنواع المشكلات 73
- مبررات استخدام استراتيجية حل المشكلات في التدريس 75
- معيقات استخدام استراتيجية حل المشكلات 77

الفصل الرابع : نماذج وخطوات استراتيجية حل المشكلات 118-85

- نماذج التدريس التي تعتمد على حل المشكلات 87
- معايير استخدام استراتيجة حل المشكلات في التدريس 98
- خطوات حل المشكلة 99
- دور المعلم في تطوير استراتيجيات حل المشكلات واستخدامها 112
- دور المتعلم في اكتساب مهارة حل المشكلات واستخدامها......... 114
- الدراسات التربوية التي تناولت التدريس وفقا لاستراتيجية حل المشكلات 113

4

الصفحة	الموضوع
119-202	**الفصل الخامس : دليل المعلم وفق استراتيجية حل المشكلات في الفيزياء ....**
123	مقدمة ....
123	- الدرس الأول: أنواع الحركة .....
131	- الدرس الثاني: القانون الأول لنيوتن .....
139	- الدرس الثالث: القصور ....
143	- الدرس الرابع: القوة والتغير في السرعة.........
149	- الدرس الخامس: العلاقة بين التسارع والقوة.........
159	- الدرس السادس: القانون الثاني لنيوتن.........
165	- الدرس السابع: السقوط الحر.........
171	- الدرس الثامن: تسارع السقوط الحر.........
179	- الدرس التاسع: حساب تسارع السقوط الحر.........
185	- الدرس العاشر: القانون الثالث لنيوتن.........
193	- الدرس الحادي عشر: قوة الدفع.........
203-218	**الفصل السادس : تدريب المعلمين على استخدام استراتيجية حل المشكلات.**
205	- ورشة تدريبية (1) ....
205	- النتاجات التعليمية المتوقعة: ....
205	- خطوات تنفيذ الورشة التدريبية: ....
205	- مقدمة نظرية: ....
206	- نشاط (1) ....
209	- تقويم تنفيذ النشاط ....
211	- النشاط(2) ....
211	- النتاجات التعليمية المتوقعة: ....
211	- أساليب التدريب المقترحة: ....
212	- خطوات تنفيذ الورشة التدريبية: ....

الصفحة	الموضوع
212	– فوائد التعلّم القائم على حل المشكلات ....
213	– معيقات استخدام استراتيجية حل المشكلات ....
213	– تحديد المشكلة ....
214	– تحديد الفرضيات ....
215	– جمع المعلومات واختبار الفرضيات ....
215	– تكنولوجيا المعلومات والاتصالات ....
216	– توظيف استراتيجية حل المشكلات في موقف صفي ....
217	– استراتيجيات التقويم ....
238-219	**الفصل السابع : حل المشكلات بطريقة العصف الذهني** ....
221	– العصف الذهني Brain storming ....
222	– القواعد الأساسية للعصف الذهني: ....
224	– خطوات حل المشكلة وفق استراتيجية العصف الذهني: ....
227	– كيف نزيد من فاعلية استخدام استراتيجية العصف الذهني في حل المشكلات؟ ....
228	– مزايا أسلوب العصف الذهني ؟ ....
228	– محددات أسلوب العصف الذهني: ....
230	– مواقف تعليمية باستخدام استراتيجية العصف الذهني ....
250-239	**الفصل الثامن: حل المشكلات بطريقة الاستقصاء** ....
241	- الاستقصاء ....
244	- الدراسات التي تناولت التدريس وفقاً لطريقة الاستقصاء الموجه .....
326-251	**الفصل التاسع : دليل المعلم وفقا لطريقة الاستقصاء في تدريس وحدة "قوانين نيوتن في الحركة"** ....
258	– الدرس الأول: أنواع الحركة ....
267	– الدرس الثاني:القانون الأول لنيوتن ....

الصفحة	الموضوع
275	– الدرس الثالث: القصور ....
279	– الدرس الرابع: القوة والتغير في السرعة ....
284	– الدرس الخامس: العلاقة بين التسارع والقوة ....
292	– الدرس السادس: القانون الثاني لنيوتن ....
297	– الدرس السابع: السقوط الحر ....
302	– الدرس الثامن: تسارع السقوط الحر ....
308	– الدرس التاسع: حساب تسارع السقوط الحر ....
313	– الدرس العاشر: القانون الثالث لنيوتن ....
320	– الدرس الحادي عشر: قوة الدفع ....
374-325	**الفصل العاشر : التعلّم المستند إلى مشكلة BPL** .....
327	- مقدمة ....
328	– افتراضات المدرسة البنائية – الاجتماعية ....
329	– جذور PBL وأساسه النظري والتجريبي ....
334	– الوضع الحالي لـ PBL ....
334	– خصائص PBL ....
336	– خطوات PBL ....
340	– دور المعلم في PBL ....
342	– تطوير مشكلة ....
347	– مهمات التعلم في استراتيجية PBL ....
349	– PBL والتعلم التعاوني ....
350	– تنفيذ الدروس القائمة على مشكلة ....
353	– الجذور والأجنحة ....
353	– حملات التعلم النشطة ....
354	– مشروع روج للتبيؤ ....

الموضوع	الصفحة

- بيئة التعلم ومهمات الإدارة في PBL 355
- تقييم PBL 359
- الدراسات التي تناولت PBl 369

الفصل الحادي عشر : استراتيجية ما وراء المعرفة 401-375

- مفهوم ما وراء المعرفة 377
- ما وراء المعرفة والمعرفة التقريرية والمعرفة الإجرائية 383
- مكونات ما وراء المعرفة 385
- أنواع المهارات ما وراء المعرفية 387
- استراتيجيات تنمية المهارات ما وراء المعرفية 395

مقدمــــة

تواجه البشرية اليوم ثورة علمية معلوماتية فاقت ما سبقتها من ثورات على مر العصـور، هـذه الثورة تتطلب مواجهتها وجود قاعدة علمية قوية الأساس تؤهل مجتمعاتنا لمواكبة التغيرات السريعة التي تنتج عن هذه الثورة وتؤهلها إلى المساهمة في إحداث هذه التغيرات ، حيث يقع عـلى التربيـة المسؤولية الرئيسة ، فهي الأداة القادرة على تطوير إمكانيات المتعلمين بما يمكنهم من التعامل مع هذه الثورة .

ولقد اعتاد المعلمون منذ زمن بعيد على أن يقدموا الدروس لطلابهـم انطلاقـاً مـن الكتـب التـي تقررها الجهات الرسمية ، والتي تقوم في معظمها على أسلوب الإلقاء والمحاضرة، وهـو أسـلوب يحتمـل أن يجعل من الطالب شخصاً سلبياً لا يكتسب أي مهارة غـير مهـارة الحفـظ والاستماع . هـذه المهارة التي تتضاءل فاعليتها وجدواها كلما كانت المادة التي يتعلّمها الطلاب بعيدة عن حياتهم الواقعية ، أو لا تشبع لديهم حاجة من حاجاتهم الشخصية . من هنا كان الطالب يتخرج من المدرسة وهو يفتقر إلى العديد من المهارات الحياتية التي تمكنه من حسن التكيف مع بيئته ، كمهارات البحث والتعاون والقيادة والانضباط الذاتي إلى غير ذلك من المهارات التي لا يمكن تعلّمها واكتسابها في ظل النظام التقليدي للتعليم والتعلّم ، وما ينبثق عنه من أساليب تعلّمية لا تستجيب تماماً لأغراض المتعلّم ، ولا تلبي حاجاته المختلفة .

إن الدور المركزي للمدارس هو تطوير عمليات التفكير العليا وحل المشكلات وصنع القرارات، خاصة وأن الانفجار المعلوماتي الراهن أخذ يحدث بسرعة بحيث لم يعد ممكناً حتى للخبراء في أي مجال أن يلحقوا أو يتابعوا المعارف الجديدة . لذا لم نعد نعرف ماذا نتعلّم ، وبدلاً من ذلك ينبغي علينا أن نسـاعد الطلبة كيف يتعلّمون .

الفصل الأول
التعلم الاستراتيجي

مقدمة

التعليم الاستراتيجي

أهمية تدريس الاستراتيجية

خصائص المتعلم الاستراتيجي

توجيه العمليات المعرفية أثناء التعلم الاستراتيجي

نماذج التعليم الاستراتيجي

تدريس التفكير الاستراتيجي

النظريات المعرفية في التدريس

أولا: نظرية بياجيه   Piaget Theory

ثانيا: نظرية برونر ودورها في التدريس   Bruner Theory

ثالثا: نظرية أوزبل ودورها في التدريس   Ausubel Theory

رابعا: نظرية جانييه ودورها في التدريس   Gagne Theory

نظريات التعلم ودورها في التدريس

الفصل الأول

التعلّم الاستراتيجي

مقدمـة:

تشير الدراسات التربوية إلى أن اكتساب المفاهيم العلمية لدى الطلبة, يتطلب استخدام استراتيجيات تدريسية تضمن سلامة تكوين المفاهيم العلمية, والاحتفاظ بها, فتعلم المفاهيم من أهم التحديات التي تواجه العاملين في مجال التدريس؛ لذا لا بد من الاهتمام باستراتيجيات التدريس القائمة على التعلم الذاتي للمتعلم, وممارسة عمليات العلم التي تمكنه من مواجهة متغيرات الحياة المختلفة بعيدا عن الأسلوب التقليدي التلقيني. ويرى " ويلرمان " أن اكتساب المفاهيم وتعلمها يسهم في تنظيم وربط خبرات المتعلم بعضها ببعض (Willerman, et al., 1991).

وتعتمد طرق التدريس في المدارس على اللغة اللفظية المكتوبة في تقديم المعلومات, وعلى نوع واحد من التفاعل, وهو التفاعل بين المعلم والطلبة, وذلك باعتبار أن المعلم المصدر الأساسي للمعرفة, وأن الطالب هو المستقبل للمعلومات دون أن تتاح له فرصة للتفاعل مع المحتوى الذي يتعلمه. ونظرا للتزايد المستمر في كم المعلومات التي تقدم للطلبة نتيجة التطورات والاكتشافات العلمية الحديثة, زاد الاهتمام بتنمية مهارات التفكير لدى الطلبة من خلال منحهم حرية البحث والاكتشاف للوصول إلى المعرفة بدلاً من تقديمها لهم جاهزة. ويقتضي ذلك تقديم المادة العلمية في صورة مشكلات وأسئلة بحيث تزيد من التفاعل بين الجانب الحسي الممثل بالمشاهدات والتجارب, والجانب العقلي الممثل بالمهارات والعمليات العقلية المختلفة (عبد المجيد, 1998).

بناء على ما تقدم تبرز ضرورة إعادة تنظيم محتوى المناهج للمراحل الدراسية المختلفة , بحيث تنمي حب الاستطلاع عند الطلبة , وتشجعهم على الاستقلالية في التعلم, وتمنحهم الوقت الكافي للبحث والتفكير والاكتشاف , كما ينبغي استخدام استراتيجيات تعلّم وتعليم تقوم على نشاط المتعلم وفاعليته بدلاً من الدور التقليدي الذي اعتاد عليه وجعله

متلق سلبي للمعرفة, وبذلك تصبح الغاية من التعليم بشكل عام تعليم الطلبة كيف يفكرون ، وكيف يتعلّمون , لا كيف يحفظون .

التعلم الاستراتيجي

يشير جونز وآخرون (Jones,e tal.(1987 أن التعلّم الاستراتيجي هو أحد أنواع التعلّم التي يتمكن خلالها الطالب من بناء المعنى أو الفهم للمعرفة التي يتعامل معها ، وتكوين العمليات التي من شأنها اكتساب مثل هذه المعرفة ، ثم محاولة التأمل ، والتفكير ، والتنظيم، والمراقبة ، والتقييم لمثل هذه العمليات ، فيما يمكن وصفه بالوعي بالعملية العقلية ، وهذه النقطة الأخيرة هي ما يدرس تحت مسمى الميتا معرفية Metacognition.

كما يذكر كيزليك (Kizlik,2002) أن مصطلح التدريس الاستراتيجي يشير إلى مجموعة إجراءات تدريسية تركز على تحسين وتفعيل التفكير ومهاراته لدى الطلبة ، وهو ما يتطلب من المعلمين أن يكونوا على وعي وفهم بمتغيرات عملية التدريس والمتطلبات المعرفية للتعليم ، وأن يكون لديهم أسلوب جيد لإدارة الصف الدراسي وتنظيم وقت الدراسة .

وعلى ذلك فإن هذا النوع من التدريس لا يركز على تعليم المعرفة نفسها بقدر ما يركز على تدريس الاستراتيجيات التي تمكن الفرد من اكتساب العلم وهو ما يتفق مع متغيرات عصر التسارع المعرفي، وعجز العقل البشري على استيعاب وتخزين المعارف المتزايدة (الفرماوي ، وليد رضوان ، 2004) .

أهمية تدريس الاستراتيجية

يذكر جابر عبد الحميد (1999) أن التدريس الجيد يتضمن تعليم الطلبة كيف يتعلّمون ، وكيف يتذكرون ويحفظون ، وكيف يفكرون ، وكيف يثيرون دافعية أنفسهم .

ويتفق كثير من المربين على أن تعليم الطلبة كيف يتعلّمون هام جداً ، ويحتمل أن يكون الهدف النهائي للتعليم ، وقد لوحظ أن المربين لم يقوموا بعمل فعّال في سبيل تحقيق هذا الهدف ، وقد وصف نورمان (Norman,1980) نواحي قصورنا في هذا المجال ، وهو ينادي بإنفاق وقت أطول في تعليم الطلبة هذه الأشياء ، حيث يقول : " من الغريب أننا نتوقع

من الطلبة أن يتعلّموا ، ومع ذلك يندر أن نعلمهم كيفية التعلم ، ونحن نتوقع من الطلبة أن يحلوا مشكلات ، ومع ذلك يندر أن نعلمهم كيفية حل المشكلات ، وبالمثل ، أحياناً نطلب من الطلبة أن يحفظوا ويتذكروا قدراً كبيراً من المادة ، ومع ذلك يندر أن ندرس لهم جوانب الذاكرة ، وقد حان الوقت أن نعوض هذا النقص ، وهو وقت طورنا فيه علوم التعلم وحل المشكلات والذاكرة التطبيقية ، إننا في حاجة إلى تطوير المبادئ العامة لكيفية التعلّم ، وكيفية التذكر ، وحل المشكلات ، ثم نطور المساقات أو المقررات الدراسية التطبيقية ، ثم نعضد مكانة هذه الطرق في المنهج التعليمي الأكاديمي .

إن هذه الحجج القوية تبرز أهمية تعليم الاستراتيجية ، فتعليم الاستراتيجية يعتمد على مسلمة هي : أن نجاح الطلبة يعتمد إلى حد كبير على كفاءتهم في التعلّم ، معتمدين على أنفسهم وأن يراقبوا تعلمهم ، وهذا يجعل من الواجب والضروري أن ندرس استراتيجيات التعلم والتعليم للطلبة على نحو صريح .

خصائص المتعلم الاستراتيجي Strategic Learner

يذكر جابر عبد الحميد (1999) أن الغرض الرئيس من استراتيجية التعلم هو أن نعلّم المتعلمين أن يتعلموا معتمدين على أنفسهم ، وهناك عدة مصطلحات تصف هذا النمط من التعلم ، منها متعلم مستقل Independent Learner ومتعلم استراتيجي Strategic Learner ومتعلم ذاتي التنظيم Self-regulated Learner ، كل ذلك يشير إلى أولئك المتعلمين أو الطلبة الذين يستطيعون القيام بأربعة أشياء هامة ، هي :

1-أن يشخصوا موقفاً تعليمياً معيناً تشخيصاً صحيحاً ودقيقاً .

2-أن يختاروا استراتيجية تعلم لمعالجة مشكلة التعلم المطروحة .

3-أن يراقبوا الاستراتيجية .

4-أن يكون لديهم الدافعية ليندمجوا في موقف التعلم حتى يتم .

ومثال المتعلم ذاتي التنظيم هو ذلك الذي يعرف أنه من المهم أن يلخص وهو يقرأ موضوعاً في كتاب ، أو يطرح أسئلة أثناء هذه القراءة ، أو يصغي لعرض المعلم وأن يكون مدفوعاً لأداء مثل هذه العمليات ، وأن يراقب نجاحه . إن هذا المتعلم يعرف الأوقات والمواقف التي لا تتطلب استخدام استراتيجية معينة .

أهم سمات المتعلم الاستراتيجي هو الاستقلال الفكري والعقلي ، وهنا دليلان على الاستقلال الذاتي :
الأول : هو السيطرة على وسائل التعلم .
الثاني : هو أن تكون الفرصة متاحة لتحديد أغراض التعلم .

هذا النوع من التدريس أو التعليم قد أدى إلى ما أطلق عليه بياجيه وآخرون الاتكالية الفكرية Intellectual heteronony أي الاعتماد على الآخرين ، ليبينوا لنا ما هو صواب وما هو خطأ ، أو ما إذا كنا قد تعلّمنا موضوعاً أم لم نتعلّمه بعد .

وإذا كان البحث أو الاستقصاء مستقلاً ذاتياً ، فإن الباحث يكون مسؤولاً عن نفسه واعياً بذاته وناقداً لها ، كباحث ومستقص. إن الاستقلال الذاتي الفكري هو قدرة الفرد على الحكم على الأشياء بنفسه ولنفسه ، وذلك بعد أن يدخل في الاعتبار شواهد منوعة ووجهات نظر الآخرين ، وهو ما يقتضي أن يشارك الطلبة في تقويم عملهم ، وكذلك في تحديد معايير أدائهم .

ويورد كوستا (Costa(1997 عن جلاثورن ، وبارون Glathorn & Baron عام 1985 مقارنة بين المتعلم الاستراتيجي والمتعلم غير الاستراتيجي .

مقارنة بين المتعلم الاستراتيجي والمتعلم الاستراتيجي

العنصر	المتعلم الاستراتيجي	المتعلم غير الاستراتيجي
السمات العامة	• يرحب بالمواقف المشكلة ويتحمل الغموض . • ناقد للذات بما فيه الكفاية ، ينظر في احتمالات وأهداف بديلة ، ينظر في الأدلة من زوايا مختلفة . • متأمل ومتأن ، يبحث بتوسع كلما كان ذلك مناسباً .	• يسعى إلى اليقين ولا يتحمل الغموض . • ليس ناقداً للذات – ورضى بالمحاولات الأولى . • مندفع ، ييأس بسرعة وقبل الأوان ويتمتع بثقة زائدة في صحة الأفكار المبكرة .
الأهداف	• متأن في استكشاف الأهداف . • يراجع الأهداف كلما كان ذلك ضرورياً .	• مندفع في استكشاف الأهداف . • لا يراجع الأهداف .
الاحتمالات	• منفتح على الاحتمالات المتعددة ويأخذ البدائل في الاعتبار .	• يفضل التعامل مع احتمالات محدودة ولا يبحث عن بدائل للاحتمالات الأولى .
الأدلة	• متأن في تحليل الاحتمالات. • يستخدم الأدلة التي تتحدى الاحتمالات المتاحة . • يبحث عن أدلة مضادة للاحتمالات القوية وأدلة مؤيدة للاحتمالات الضعيفة .	• مندفع في اختيار الاحتمالات . • يتجاهل الأدلة التي تتحدى الاحتمالات المفضلة . • ينتقي الأدلة المؤيدة للاحتمالات القوية فقط .

توجيه العمليات المعرفية أثناء التعلم الاستراتيجي

يهدف التدريس الاستراتيجي إلى إستثارة عمليات المتعلم المعرفية وتوجيهها أثناء التعليم ، والمتعلم الذي يوجه ذاته يمتلك استراتيجيات درس ومذاكرة ملائمة ويستخدمها في الأوقات المناسبة ، وفي المواضع أو الأماكن الملائمة أثناء التعلّم ، ويعرف متى يستخدم استراتيجيات معينة في الدرس والمذاكرة .

وحين يكون هدف المتعلم مجرد الحفظ الجيد عندئذ تكون استراتيجيات الدرس التي تنمي وتحسن عمليات الانتقاء والاختيار هي الاستراتيجيات الهامة ، وحين يكون هدف المتعلم انتقال أثر أدائه بالإضافة إلى حفظه ، عندئذ ينبغي استخدام استراتيجيات الدرس والمذاكرة التي تقوم بعمليات الاختيار والتنظيم والتكامل .

ويمكن تقسيم استراتيجحيات الدرس على أساس العمليات المعرفية التي تؤثر فيها استراتيجيات تنمية الاختيار ، والتنظيم أو التكامل ، فوضع خطوط تحت كلمات مختارة أو نقل هذه الكلمات حرفياً في درس من كتاب ، مثالان لاستراتيجية درس ستهدف أساساً اختيار المعلومات المناسبة . وهذه الأنواع من الأنشطة يغلب أن توجه انتباه المتعلم نحو المادة التي تنقل أو يوضع تحتها خط . إن وضع مخطط مختصر للموضوع أو لمادة من كتاب مثالاً لاستراتيجية درس تؤثر في اختبار المعلومات المناسبة وتنظيمها في بنية متماسكة . وكتابة وصف لكيفية ارتباط مادة بشيء آخر بلغة الفرد قد تستثير عمليات التعلم الأساسية الثلاثة، وعندئذ تشجع المتعلم على أن يتعدى المعلومات المعروضة . فاستراتيجيات التفصيل والتوضيح تدفع المتعلمين إلى استخدام معرفتهم الموجودة في الذاكرة طويلة المدى لكي تضفي معنى على المادة الجديدة .

نماذج التعليم الاستراتيجي

هناك عدة نماذج اهتمت بتصميم سياقات التدريس أثناء تعلم الاستراتيجية، ويجمل برادلى وآخرون Bradley,et al.1997 في كوستا (1997) النماذج في الجدول الآتي:

نماذج التعليم الاستراتيجي

نموذج التدخل الاستراتيجي	نموذج السقالات المعرفية	التعلم الذاتي للاستراتيجيات	الشرح المباشر للاستراتيجيات
الاختبار القبلي والتأكد من التزام الطلبة بتعلم الاستراتيجية .	تقديم الاستراتيجية المعرفية	تنمية المهارات السابقة	-
وصف استراتيجية	تذليل الصعوبات من خلال التدريبات الموجهة	الاجتماع مع الطالب	تقديم نموذج لاستخدام الاستراتيجية
تقديم نموذج لأداء الاستراتيجية	توفير موضوعات مختلفة لتدريب الطلبة	مناقشة الاستراتيجية	التدريبات الموجهة
التدريب اللفظي	تقديم التغذية الراجعة	النمذجة ووضع الأهداف	التدريب المستقل
تدريب مضبوط/موجه تحت الإشراف ، وتقديم التغذية الراجعة .	زيادة مسؤوليات الطالب .	اتقان خطوات الاستراتيجية والتعليقات الذاتية	فرص لتطبيق الاستراتيجية
تدريبات وتغذية راجعة	ظروف التدريب المستقل	تدريبات تعاونية مع وضع الأهداف	-
الاختبار البعدي والتأكد من التصميم	-	تدريبات مستقلة مع وضع الأهداف	-
التعميم	-	التعميم والدعم	-

تدريس التفكير الاستراتيجي

طرح كوستا (1997) النموذج الذي صاغه مارزانو وباربارابريسيس عام (1988) وهو نموذج إجرائي لأبعاد التفكير الاستراتيجي كإطار للتعليم .

ويمثل نموذج أبعاد التفكير لمارزانو وزملائه إطاراً يهدف إلى وصف الأنماط المختلفة من التفكير التي ينبغي معالجتها ضمن جهد شامل لتدريس التفكير الاستراتيجي . وهناك خمسة أبعاد للتفكير الاستراتيجي ، تظهر في الشكل التالي :

أبعاد التفكير الاستراتيجي

البعد الأول : مهارات التفكير الأساسية ، ويشمل المهارات التالية :

1- مهارات التحديد : تحديد المشكلات ، وتحديد الأهداف .

2- مهارات جمع المعلومات : الملاحظة ، وصياغة الأسئلة .

3- مهارات التذكر : الترميز والاستدعاء .

4- مهارات التنظيم : المقارنة ، التصنيف ، الترتيب ، التمثيل .

5- مهارات التحليل : تحديد الخصائص والمكونات ، تحديد العلاقات والأنماط ، تحديد الأفكار الرئيسة ، وتحديد الأخطاء .

6- المهارات التوليدية : الاستنتاج ، التنبؤ ، تطوير الفكرة .

7- مهارات التكامل : التلخيص ، إعادة البناء .

8- مهارات التقييم : تحديد المحكات والتأكد .

البعد الثاني : العمليات المعرفية :

تعد العمليات المعرفية أحد أهم أبعاد الأداء الاستراتيجي والعمليات المعرفية ، وعمليات التفكير من قبيل تكوين المفاهيم واتخاذ القرار والبحث والتقييم ، وهي عمليات سريعة متعددة الجوانب ومركبة تتضمن العديد من مهارات التفكير . والعمليات المعرفية تعد أوسع مدى وتأخذ وقتاً أطول في اكتمالها ، وهذه العمليات هي :

تكوين المفهوم ، تكوين المبدأ ، الفهم ، حل المشكلات ، اتخاذ القرارات ، البحث ، الصياغة ، والخطاب اللفظي .

البعد الثالث : التفكير الناقد والإبداعي :

يورد كوستا عناصر التفكير الناقد فيما يلي :

الاستراتيجيات المعرفية – المهارات الصغرى :

● مقارنة المواقف المثالية ومقابلتها مع الممارسة الفعلية .

- التفكير الدقيق في التفكير .

- ملاحظة الفروق وأوجه الشبه الجوهرية .

- فحص وتقييم الافتراضات .

- تمييز الحقائق المتعلقة من غير المتعلقة بالموضوع .

- القيام باستنتاجات وتنبؤات وتفسيرات معقولة .

- إعطاء الأسباب وتقييم الأدلة والادعاءات .

- التعرف على المتناقضات .

- استكشاف المتضمنات والمترتبات .

الاستراتيجيات المعرفية : القدرات واسعة النطاق :

- تدقيق التعميمات وتجنب التبسيط الزائد .

- مقارنة مواقف متماثلة ، نقل الاستبصار إلى سياقات جديدة .

- تنمية منظومة معينة خاصة بالشخص ، تكوين المعتقدات والحجج والنظريات وفحصها .

- توضيح القضايا والاستنتاجات والمعتقدات .

- تكوين محكات للتقييم .

- تقييم مصداقية مصادر المعلومات .

- الاستفسار المتعمق .

- تحليل وتقييم الحجج والتفسيرات والمعتقدات والنظريات .

- توليد الحلول وتقييمها .

- تحليل وتقييم الأفعال والسياسات .

- القراءة الناقدة : توضيح ونقد النصوص .

- الإنصات الناقد ، في الحوار الصامت .

- الربط بين المعارف المختلفة .

- ممارسة الحوار السقراطي: توضيح المعتقدات والنظريات ووجهات النظر والتشكيك فيها .

- التفكير الحواري : مقارنة وجهات النظر والتفسيرات والنظريات .

الاستراتيجيات الوجدانية : سمات العقل :

- التفكير باستقلالية .

- فهم ما يعنى بالتمركز حول الذات والتمركز حول الجماعة .

- ممارسة الحس العقلي العادل .

- استكشاف الأفكار القائمة وراء المشاعر .

- تنمية قيمة التواضع الفكري وتأجيل الحكم .

- تنمية قيمة الشجاعة الفكرية .

- تنمية النزاهة الفكرية . تنمية قيمة المثابرة الفكرية . تنمية قيمة الثقة بالعمل .

البعد الرابع : ما وراء المعرفة ، ويشمل :

- الدراية بالذات والتحكم فيها (الوعي) .

- الدراية بالعملية والتحكم فيها .

البعد الخامس : وجود محتوى معلوماتي :

إن كل الأبعاد السابقة يقصد بها أن تستخدم أثناء تحصيل معرفة بمحتوى معين أو مجال من مجالات الخبرة ، ويعنى هذا أيضاً أن تدريس التفكير الاستراتيجي لا يمكن أن يتم

بمعزل عن محتوى التعلّم ، ويترتب على هذا أن تدريس التفكير يجب أن يكون جزءاً متكاملاً من خطة التدريس في الفصل .

نظريات التعلم المعرفية وأهميتها في التدريس

أولا : نظرية بياجيه (Piaget Theory)

يشكل التطور المعرفي أساساً مهماً لفهم كيف يتطور الفهم ، وكيف تتطور المعرفة لدى الطلبة ، ويستند هذا الأساس إلى افتراض " أن التطور المعرفي هو تطور التفكير، وتطور الاستراتيجيات ، وتطور للمعالجات العقلية ...... وهناك افتراض آخر مفاده أن التفكير، والعمليات المعرفية هي أداءات معرفية تنمو وتتطور مع العمر (قطامي ، 2000) .

ومن القضايا المهمة في التطور المعرفي لبياجيه :

1- أن التطور المعرفي هو نتيجة طبيعية لتفاعل الفرد مع البيئة التي يعيش فيها ، لأن الطفل لا يكتسب من خلال هذا التفاعل الخبرات المباشرة الناتجة منه فحسب ، بل يتعلّم كيف يتعامل مع البيئة .فالطفل يكتسب أنماطاً من التفكير يدمجها في تنظيمه المعرفي . لذلك فالتطور المعرفي عند بياجيه ليس تطوراً كمياً في المقام الأول ، بل هو تطور كيفي لأساليب التفكير ووسائله ، وهذا التطور يخضع لتتابع متدرج في مراحل معينة ، اقترح لها بياجيه فئات أعمار تقريبية ، وأن يجد لها الخصائص المميزة للتنظيم المعرفي (التفكير) .

2- كيف يكتسب الطفل المقدرات التعليمية العقلية Cognitive Capabilities التي تنقله من مرحلة نمائية إلى المرحلة التي تليها ؟ إن الطفل يحقق ذلك ، عن طريق النماء ، من خلال سعيه لتحقيق التوازن بين ما يدرك ويعرف ويفهم من ناحية ، وبين ما يشاهد من ظواهر وخبرات أو يصادف من مشكلات من ناحية ثانية .

وقد استطاع بياجيه أن يوضح أربعة عوامل أساسية تتفاعل معا لتؤثر على التفكير، وهي:

1- النضج البيولوجي:	(Biological Maturation)

تعد التغيرات البيولوجية للفرد إحدى أبرز العناصر التي تؤثر على فهمه للعالم الذي يحيط به.

إن نمو الجهاز العصبي المركزي والدماغ، والتناسق الحركي وغيرها من جوانب النمو الجسمي تؤثر في النمو المعرفي، فإذا لم تتطور قدرة الطفل على التنسيق الحركي إلى حد معين،فلن يتمكن الطفل من المشي، وإذا كانت قدرات الطفل في اكتشاف بيئته محدودة فإنه لن يتعلم الكثير عنها. ورغم أن النضج يعتبر عاملاً مهماً في النمو العقلي،غير أنه لا يفسره بشكل كاف، ولو كان النضج كافياً لتفسير ذلك، فإن الدور الذي يمكن أن يلعبه المعلمون في هذا النمو سيكون دوراً هامشياً محدوداً. فكلما تقدم النمو ، اتسعت مظاهره وأبعاده ، وبشكل خاص العمليات الذهنية الإدراكية المعرفية ، والعمليات الحركية التي تدعم العمليات الذهنية أو التنسيق بينها ، كما يظهرون تتبع تطور وظائف العمليات العقلية .

2- التفاعل مع الخبرة المادية Physical experience

يمكن أن يؤدي تفاعل الطفل مع بيئته المادية إلى زيادة نسبة النمو، لأن ملاحظة الأشياء والتحكم فيها يساعد في تدخل عمليات تفكير أكثر تعقيداً. فالخبرات الحسية تزيد من كفاءة الطفل الذهنية ، فالطفل يستطيع تحصيل المعرفة الحسية ، وتعرّف خصائصها، وتوصيفها عن طريق معالجة الأشياء . إن العمليات الحسية وعمليات المعالجة ، تسهم في التطور المعرفي المنطقي ، ويجري ذلك عن طريق البناء والتنظيم .

3- التفاعل مع البيئة الاجتماعية Social Interaction

ويشير ذلك إلى أثر اللغة، والتدريس والقراءة، بالإضافة إلى عملية التفاعل الاجتماعي مع مجموعة الرفاق والأقران، هذه الخبرات أيضاً تؤثر في النمو المعرفي . فكلما زاد عدد الأفراد الذين يتعامل معهم الطفل مثل الوالدين ، والرفاق ، والأخوة ، والمعلمين، يزداد عدد وجهات النظر التي يستمع إليها ، وسيتيح له ذلك الفرصة للتفاعل مع وجهات النظر المختلفة ، والتفكير فيها ، وستزوده هذه التفاعلات بمصدر مهم من الخبرات، والأسماء والأفكار وغيرها .

4- الفعاليات Activities

قدرة الفرد على التفاعل مع العالم المحيط به والتعلم منه, من خلال الملاحظة, والاستكشاف , وترتيب المعلومات.

5- الخبرة الاجتماعية: Social Experience

يتأثر التطور المعرفي للفرد من خلال التواصل الاجتماعي, وتفاعله مع الناس من حوله.

مفاهيم نظرية بياجيه

- الاتزان Equilibration

التوازن بمفهومه العام ، عملية تقدمية ذات تنظيم ذاتي تهدف إلى تكييف الطفل مع البيئة.فالتوازن عملية ذهنية معرفية تتوسط عمليتين متكاملتين هما عملية التمثل والمواءمة، وتمثل حالة التكيف عمليتي التمثل والمواءمة . وحتى يتم ذلك لا بدّ من وجود توازن بين الفرد والبيئة ، وتعتبر عملية التوازن المعرفي هدف التطور المعرفي .

ويعتبر بياجيه أن للتفكير وظيفتين أساسيتين هما:

أ-   التنظيم Organizing

ترتيب الأفكار والسلوكيات في نظام مترابط ومتماسك وفق تراكيب ومبان (صور ذهنية Schemes) تمثل الأنظمة التي نستطيع من خلالها التفاعل مع العالم من حولنا.

ب-التكيف Adaptation

نزعة الفرد نحو التكيف والتآلف مع البيئة التي يعيش فيها. ويقوم التكيف على عمليتين متكاملتين هما:

1-التمثيل Assimilation

فهم الأشياء الجديدة عن طريق ملاءمتها مع معارفنا السابقة, واستعمال الصور الذهنية (Schemes) التي نمتلكها من أجل فهم الأحداث من حولنا.

2-المواءمة Accommodation

تعديل تفكير الفرد حتى يتلاءم مع المعلومات الجديدة التي لا يستطيع تفسيرها أو تصنيفها في ضوء ما يعرفه, فيضطر إلى تغيير صورة ذهنية (Schemes) سابقة للاستجابة للموقف الجديد (Salvin, 2000).

لذا فإن النمو العقلي للفرد كما يراه بياجيه عبارة عن اختلال التوازن واستعادته أثناء التفاعل مع بيئته المحيطة من خلال استخدام عمليتي التمثيل (Assimilation) والمواءمة (Accommodation) بصورة متكاملة (Brooks, 1999).

ويصف بياجيه التعلم بأنه تغيرات في نظم التفكير بحيث تصبح المعرفة الجديدة جزءاً من البناء المعرفي للمتعلم. وقد ميز بياجيه بين التفكير الحسي والتفكير المجرد, حيث اعتبر أن التفكير الحسي للفرد يحدث في المراحل الثلاث الأولى وهي:

- المرحلة الحس حركية Sensorimotor Stage

تمتد هذه المرحلة من الولادة وحتى نهاية السنة الثانية من العمر, ويكون الطفل مشغولاً في اكتشاف العلاقة بين الأحاسيس والسلوك الحركي. ولهذه المرحلة أهمية كبيرة لما لها من دور بارز في التطور المعرفي في المراحل التالية ، وخاصة أن هذه المرحلة تطور السكيمات الأولية كخطط عقلية مترتبة عن التفاعلات المعرفية التي يجريها الطفل في البيئة من حوله . ويعتمد الأطفال على حواسهم كأدوات أولية أساسية للحصول على المعرفة والخبرة .

مرحلة ما قبل العمليات Preoperational Stage

تمتد هذه المرحلة من السنة الثانية وحتى السنة السابعة, ويستطيع الطفل في هذه المرحلة إجراء عمليات عقلية باتجاه واحد, وتصنيف الأشياء بناء على بعد واحد, كأن يصنفها بناء على حجمها, كما يعتبر أن العالم متمركز حول ذاته.

- مرحلة العمليات الحسية: (Concrete operational Stage)

تمتد هذه المرحلة من نهاية السنة السابعة وحتى نهاية السنة الحادية عشرة أو الثانية عشرة , ويستطيع الطفل تصنيف الأشياء وفق أبعاد مختلفة, كأن يصنفها بناء على حجمها ولونها, ويصبح قادرا على التفكير المنطقي.أما التفكير المجرد فإنه يحدث في المرحلة الأخيرة. ونشير هنا إلى أن بياجيه يعرّف العملية بأنها صورة عقلية لخطة ما أو عمل ما يستطيع الفرد استرجاعها إلى نقطة بدايتها التي يمكن دمجها مع غيرها من الأعمال التي تتمتع بنفس خاصية المقلوبية (المعكوسية Reveasibility) .

وإذا استطاع طفل هذه المرحلة أن ينظم مجموعة أشياء في سلسلة تنظيمات مختلفة فإنه ينجح في :

● تنظيم الأشياء المحسوسة أو إعادة تنظيمها .

● تكملة مشكلة باستخدام الرموز وباستخدام القلم والورقة .

● تنظيم الأشياء بطرق مجردة أخرى .

- مرحلة التفكير المجرد (Formal operational Stage)

تمتد هذه المرحلة من نهاية السنة الحادية عشرة أو الثانية عشرة وحتى السنة الخامسة عشرة من العمر, ويستمر استخدام التفكير المجرد إلى نهاية العمر, ويصبح الفرد قادراً على استخدام الرموز, وحل المشكلات المجردة, وفرض الفروض والحلول الممكنة للمشكلات التي تواجهه (Green,et al., 2002).

ويفضل في هذه المرحلة تقديم مشكلات قائمة على عدة متغيرات (ثلاثة أو أربعة متغيرات مثلاً),كأن نعرض أمام الطلبة حركة البندول من خلال ثلاثة متغيرات: طول الخيط, الزاوية, كتلة الجسم, بهدف مساعدتهم على فهم وضبط العلاقة بين المتغيرات, وتنمية مهارات التفكير العليا لديهم (Boohan,et al. , 2002).

أفكار بياجيه والتدريس:

استخدم بياجيه الأسئلة التشخيصية بهدف حفز التفكير وتنميته , لذا يفترض عدم استخدام المعلم لأسئلة تركز على قدرة المتعلم على الحفظ والتذكر, بل يستخدمها لإثارة تفكيره , فإذا أعطى الطالب إجابة خاطئة وجب على المعلم ألا يصحح هذا الجواب مباشرة, بل يهيئ فرصاً له ليصحح جوابه بنفسه , وإذا أعطى إجابة صحيحة فإن المعلم لا يكتفي بذلك, وإنما يسأله كيف عرفت ذلك , والتدريس يحتاج إلى بيئة غنية بالوسائل التعليمية المختلفة والأنشطة المتعددة التي تثير في المتعلم حب الاستطلاع والبحث والتقصي , كما أن تهيئة البيئة التعليمية تتطلب توفير الوقت الكافي للتعلم , وهذا يعني عدم حشو المناهج الدراسية بالحقائق والمفاهيم والمبادئ ؛ لأن بياجيه يرى أن يكيف المنهج للطفل لا أن يكيف الطفل للمنهج (العاني , 1996).

ويرى زيتون (2000) أنه يمكن تنمية مهارات التفكير لدى الطلبة انطلاقاً من أفكار بياجيه عندما نأخذ بعين الاعتبار ما يأتي :

- مراعاة مرحلة النمو العقلي للمتعلم عند تعليم المفاهيم وعمليات العلم.
- التدريس بطرق الاكتشاف, والاستقصاء, وحل المشكلات.
- إعطاء الفرصة للمتعلم ليكتشف بنفسه الحقائق, والمفاهيم, والمبادئ والنظريات.
- تشجيع المتعلم على ممارسة عمليات العلم المختلفة من خلال التجريب.
- استخدام الوسائل التعليمية المختلفة في التدريس .

أما " سند Sund " فيرى أنه يمكن تطبيق نظرية بياجيه في التدريس كما يلي:

- طرح أسئلة توجه المتعلم للبحث والاكتشاف.
- توفير الأدوات والمواد اللازمة لممارسة عمليات العلم المختلفة من قبل الطلبة.
- إشراك الطلبة في أنشطة قائمة على استراتيجية حل المشكلات, وذلك بطرح مشكلات للطلبة تثير فيهم الشك والحيرة, وتدفعهم للتفكير في حلول لها.
- التركيز على نشاط المتعلم الذاتي في عملية التعلم (Sund, 1973).

ثانيا: نظرية برونر ودورها في التدريس   Bruner Theory

تعد نظرية " برونر " تدعيماً لنظرية بياجيه , حيث ركز على تنظيم المتعلم للأشياء في بيئته , وكيفية الاستفادة منها لزيادة حصيلته المعرفية , ويرى أن عملية التعلم تتضمن معالجة نشطة للمعلومات , وتختلف هذه المعالجة من شخص لآخر, كما ركز على معرفة كيفية حدوث الشيء أو لماذا حدث هذا الشيء , وبذلك يهتم التعليم بالمهارات والعمليات المختلفة أكثر من اهتمامه بالحقائق والمعلومات(الشهراني وآخرون,1997).

تحتل عملية التمثيل (Representation) أهمية كبيرة في النمو المعرفي عند برونر, التي تمثل تطوير الفرد منظومات لمعالجة المعلومات بحيث تساعده في تخزين واستعادة الخبرات, حيث يرى برونر أن المعرفة تتمثل بطرق ثلاث هي :

- **التمثيل بالفعل المجسد Enactive Representation Stage**

ويقصد به تمثيل الأحداث من خلال استجابات عملية وحركية مناسبة ، فالأطفال مثلاً قد لا يستطيعون وصف الطريق إلى منازلهم من مكان ما ، ولكنهم قادرون أن يسلكوا الطريق بأنفسهم . إذ يتعرف الطفل إلى الأشياء المحيطة به عن طريق الأفعال والحركات التي يقوم بها نحو هذه الأشياء.

- **التمثيل التصوري (الايقوني) Iconic Representation Stage**

يستطيع الطفل أن يمثل ما يحيطه من أشياء عن طريق الخيالات والصور التي تظهر وتلخص الفعل. إذ يتم تمثيل الأحداث على شكل تصورات مكانية وخيالات ، فالطفل يمكنه رسم خارطة توضح الطريق من مكان ما إلى منزله .

- **التمثيل الرمزي Symbolic Representation Stage**

وفيه يتم تمثيل الأشياء والأحداث على شكل رموز كاللغة والأرقام الرياضية والرموز العلمية ، وفي هذه الحالة يستطيع الطفل وصف الطريق إلى منزله بتعابير لفظية ، إذ يصبح الطفل قادراً على صياغة خبراته في رموز لغوية وغير لغوية أو معادلات رياضية,

وبذلك يصبح قادراً على تأليف الأفكار وتخزينها واستعادتها من جديد(Woolfolk,2001), (أبو حويج وآخرون, 2004),(توق وآخرون, 2003).

كما وضح " برونر " أهم المتغيرات التي تتضمنها عملية التعليم والتعلم وهي:

- تحديد الخبرات التي ينبغي أن يمر بها المتعلم.

- تنظيم المادة التعليمية بما يتناسب وقدرات المتعلمين.

- تحديد طريقة تعلم المادة التعليمية بشكل منظم.

- استعمال التعزيز أثناء عملية التعليم بشكل فعال (الحيلة, 2003).

واهتم " برونر " بالتعلم الاكتشافي الذي يسمح للطلبة بالتحرك من خلال هذه المراحل الثلاث, فالطالب يمارس ويمثل المادة, ويتخيل ويتوصل إلى الأفكار المجردة. كما أن الفهم الحقيقي للطلبة لا يتحقق إلا من خلال اعتمادهم على أنفسهم في عملية التعلم أكثر من اعتمادهم على توجيهات وملاحظات المعلم (Woolfolk,2001).

أراء برونر والتدريس:

يتضح مما سبق أهمية تطبيق نظرية برونر في التدريس؛ لما ركزت عليه من إيجابية المتعلم في المواقف التعليمية التعلمية, ومنحه الحرية لممارسة عمليات العلم من خلال توفير سبل الاكتشاف له, واقتصار دور المعلم على التوجيه وتوفير الأدوات للبحث والاكتشاف؛ ولتحقيق ذلك لا بد من مراعاة ما يلي:

- تهيئة الفرصة أمام المتعلم لممارسة عمليات العلم المختلفة كالملاحظة, والقياس, والتنبؤ, وفرض الفروض, والتصنيف, والاستنتاج؛ لتساعده على تطوير إستراتيجيات لمعالجة المعلومات, وتحثه على التفكير كما يفكر العلماء.

- عرض المادة التعليمية في صورة أسئلة, وأنشطة, ومواقف تعليمية تثير في المتعلم البحث والتجريب والاكتشاف.

ثالثا: نظرية أوزبل ودورها في التدريس Ausubel Theory

تعد المنظمات المتقدمة أهم إنجازات " أوزبل "التي أسهمت في تنظيم الأفكار والمفاهيم والمبادئ العامة في المادة التعليمية بطريقة هرمية , وبشكل يتوافق والعمليات المعرفية للمتعلم، كما ساعدت المتعلم على دمج المعلومات الجديدة ببنيته المعرفية بشكل أسهل (الحيلة،1999). ويفترض " أوزبل " أن الطلبة يتعلمون عن طريق تنظيم المعلومات الجديدة في نظامهم التسجيلي؛ لذا على المعلمين تقديم المادة التعليمية بصورة منظمة ومتتالية ومرتبة، الأمر الذي سيمكن الطلبة من استقبالها بسهولة ويسر(قطامي،1998).

ويركز أوزبل على التعلم ذي المعنى, الذي يتم من خلال ربط المعلومات الجديدة التي تعلمها أو اكتسبها المتعلم مع المعلومات التي لديه في بنيته المعرفية, كما تشتمل نظريته على نوعين من التعلم هما:

- **التعلم الاستقبالي (التلقي) Reception Learning**

يتعلم الطالب من خلال الاستماع والتلقي والقراءة، ويندرج تحته نوعان هما:

أ- **التعلم بالتلقي ذي المعنى   Meaning Reception Learning**

يستقبل المتعلم المعلومات منظمة، ويربطها بمعلوماته السابقة في بنيته المعرفية.

ب- **التعلم بالتلقي الصم   Rote Reception Learning**

يقوم المتعلم بحفظ المعلومات والمعارف, دون أن يربطها بالمعلومات التي يعرفها.

- **التعلم بالاكتشاف   Discovery Learning**

يؤكد أوزبل على أن التعلم بالاكتشاف يتطلب من المتعلم البحث والاكتشاف؛ لتحديد العلاقات بين المفاهيم قبل أن يدمجها في بنيته المعرفية, ويتضمن التعلم بالاكتشاف ما يلي:

أ-   التعلم بالاكتشاف ذي المعنى   Meaningful Discovery Learning

يقوم المتعلم باكتشاف العلاقات والمعلومات, ويربطها بخبراته ومعارفه السابقة.

ب-   التعلم بالاكتشاف الصم   Rote Discovery Learning

يقوم المتعلم بالبحث واكتشاف العلاقات, ولكن لا يربط ما اكتشفه مع خبراته ومعارفه السابقة (الشهراني وآخرون, 1997).

أراء أوزبل والتدريس:

يتضح مما سبق أن اكتساب المفاهيم وفق أراء أوزبل يحتاج إلى كفاية البنية المعرفية السابقة, مما يسهل على المتعلم ربط المفاهيم والمعارف الجديدة في بنيته المعرفية؛ ولتحقيق ذلك لا بد من مراعاة ما يلي:

-   تنظم المعرفة العلمية في تدرج هرمي بحيث ترتب المفاهيم السابقة كأساس للمفاهيم الجديدة.

-   توفير السبل أمام المتعلم؛ لاكتشاف المعرفة الجديدة بنفسه.

-   تقديم المفاهيم العلمية بشكل منظم من خلال مواقف تعليمية قائمة على النشاط الذاتي للمتعلم.

رابعا: نظرية جانييه ودورها في التدريس: Gagne Theory

يؤكد جانييه أن عملية تحليل المهام (Task Analysis) عملية مهمة في التعرف على بنية المعلومات التي تقدم للمتعلم, وهذا ما أطلق عليه البناء الهرمي للتعلم. ويبدو التسلسل واضحاً في هرم التعلم كما في الشكل التالي:

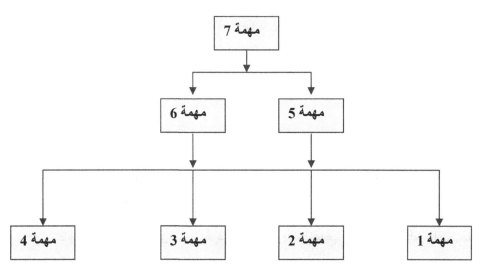

شكل (1)

تحليل المهام

ويرى جانييه أنه يفترض من المتعلم أن يكون قادرا على القيام بالمهام الفرعية (مهمة1, مهمة2, مهمة3, مهمة4) قبل أن ينتقل إلى المهام التي تعلوها في الهرم وهي: مهمة5, ومهمة 6, وكذلك أن يكون قادرا على القيام بالمهمة 5, والمهمة6 قبل الانتقال إلى المهمة 7, وهي المهمة النهائية أو الهدف النهائي (الشهراني وآخرون,1997).

ويفترض أن عملية التعلم ذات طبيعة هرمية تتكون من ثماني مراحل هي: التعلم الإشاري, وتعلم المثير والاستجابة, وتعلم التسلسل, والترابطات اللفظية, والتمايزات, وتعلم المفهوم, وتعلم المبدأ, وتعلم حل المشكلات, وتتميز كل مرحلة بخصائص أو صفات سماها المقدرات (Capabilities) وتعني قدرة الفرد على القيام بشيء ما. كما يفترض وجود الاستعداد المسبق للتعلم إذ يستطيع المتعلم تعلم أي خبرة جديدة, إذا ما توفرت لديه المقدرات السابقة والضرورية للتعلم الجديد, وقد حدد نقطة البدء في التعلم بالنقطة التي يتم

فيها تحديد الاستعداد المدخلي (Entry Behavior)، وذلك بتحديد خبرات المتعلم السابقة المتعلقة بالخبرات الجديدة، وكذلك أعطى جانييه أهمية كبيرة للمتطلبات السابقة (Prerequisite) التي تتضمن المعارف والمعلومات والخبرات الضرورية للتعلم الحالي (قطامي وآخرون، 2000).

كذلك افترض جانييه أن هنالك ثلاثة مؤشرات رئيسة من خلالها يمكن التأكد من استعداد الطالب للتعلم، وهي:

- **الانتباه:** يعد من العوامل الداخلية والتي لها علاقة قوية بالموضوع المراد تدريسه، ويزيد من فعالية ونجاح عملية التعليم والتعلم.

- **الدوافع:** تكتسب أهميتها من تحفيزها الطلبة للانتباه إلى المواقف والخبرات والأنشطة التعليمية.

- **مستوى النمو:** فالمتعلم له خصائص معرفية وطبيعية، ومن خلال المعرفة السابقة لخصائصه فإنه يمكن تحديد ما يستطيع تعلمه في كل مرحلة من مراحل نموه (الشهراني وآخرون، 1997).

أراء جانييه والتدريس:

يتضح مما سبق أهمية تطبيق نظرية جانييه في التدريس، وتنظيم الخبرات والمفاهيم العلمية في المحتوى الدراسي من خلال الاهتمام بالمتطلبات السابقة للتعلم الجديد، وتسلسل المفاهيم العلمية بشكل هرمي؛ ولتحقيق ذلك لا بد من مراعاة ما يلي:

- يحتاج المعلم عند تدريسه لموضوع دراسي تحليله إلى مهام فرعية بحيث يبدأ التدريس بالمهمة التي يرى أن المتعلم قادراً على تعلمها، وينتقل إلى مهمة أخرى بعد التأكد من قيام المتعلم بالمهمة السابقة.

- تنظم المادة العلمية بشكل هرمي، بحيث يكون كل مستوى متطلباً للمستوى الذي يعلوه.

نظريات التعلم ودورها في التدريس:

يمكن الاستفادة من نظريات التعلم في التدريس باتباع ما يلي:

- تأكد المعلم من امتلاك الطلبة للمعلومات والخبرات السابقة المتعلقة بالموضوع المراد تدريسه, وعليه أن يقوم بتدريسها للطلبة إن لم تكن متوفرة لديهم.

- تدرج المعلم في عرض المادة التعليمية من العام إلى الخاص, أو من البسيط إلى المركب, بمعنى هل يبدأ بالأفكار العامة التي تمثل موضوع الدرس ثم ينتقل إلى الأمثلة, أم يبدأ من الملاحظات والأمثلة ويتدرج في الدرس إلى أن يصل إلى التعميمات والقواعد.

- حث الطلبة على ممارسة العمليات العقلية المختلفة من خلال توفير مواقف تعليمية تحقق ذلك.

- منح الطلبة الوقت الكافي للبحث والتقصي واكتشاف المعلومات من خلال السماح لهم بحرية الملاحظة والتساؤل ووضع الفروض والتجريب.

- عرض المادة التعليمية في صورة أنشطة ومواقف تعليمية تثير في المتعلم الشكوك وحب الاستطلاع.

- تشجيع المتعلم على الاستقلالية في التعلم من خلال توفير استراتيجيات تدريسية قائمة على التعلم الذاتي للمتعلم.

- حث الطلبة على التفكير بدلاً من الحفظ والتلقين, عن طريق تهيئة مواقف تعليمية تثير فيهم الشك وتتحدى تفكيرهم.

- استخدام استراتيجية حل المشكلات في التدريس لما لها من أثر واضح في مساعدة المتعلم على البحث والتقصي واستخدام مهاراته العقلية المختلفة في سبيل حل المشكلة الموكل في حلها.

- تشجيع المعلمين على استخدام استراتيجيات تدريسية قادرة على مساعدة الطلبة على التفكير في مشكلات حياتية يومية لأن الهدف هو تنمية مهارات التفكير المختلفة لدى الطلبة، ومن هذه الاستراتيجيات استراتيجية حل المشكلات.

الفصل الثاني

دور التدريس في تنمية مهارات التفكير

هل نخلق الذكاء؟

ما الدور الذي يلعبه المدرس في تنمية ذكاء الطالب ؟

التعليم المنهجي

استخدام حركة العين للتفكير والتعلّم

أهمية التفكير

تنمية مهارة التفكير

التفكير	Thinking
مهارة التحليل	Analysis Skill
مهارة التركيب	Synthesis Skill
مهارة الاستقراء	Inductive
مهارة الاستنتاج	Deductive

الفصل الثاني

دور التدريس في تنمية مهارات التفكير

هل نخلق الذكاء؟

سمعنا كثيراً من قبل طلبة يطلق عليهم : فذ ، متفوق ، ذكي ، موهوب ، ويملك قدرة رائعة على الإنجاز ، كما سمعنا أيضاً بطلبة يطلق عليهم وصف : غير متحمس ، قليل المهارات ، كسول ، بطيء ، محدود الإمكانات ، أو متأخر تعليمياً . هل من الإنصاف أن نوصم الطلاب بمثل هذه النعوت فقط لأنهم يفتقرون إلى مواهب معينة ؟ ولكي نتحدث عن الذكاء يجدر بنا أن نعرف معنى الذكاء . يقول "روبرت ستنبرج" (1985) إننا عندما نفكّر في الذكاء ، فهذا يعني أننا نتحدث عن قدرتنا على التفاعل التلقائي والمبدع والبناء مع نطاق واسع من التجارب . بعبارة أخرى يمكن القول بأن " ذكاء الشارع" لا يقل أهمية عن " ذكاء الكتاب " .

ما الدور الذي يلعبه المدرس في تنمية ذكاء الطالب ؟

أنت تلعب دوراً حيوياً في إكساب طلابك نوعيات ذكاء معينة ، لأن هناك العديد من المهارات والمواهب التي تكمن داخل كل شخص ، ولكنها تكون بحاجة إلى من يكشف عنها ويغذيها . إن الطريقة التي ينظر بها الطالب إلى الذكاء يمكن أن تتأثر بدرجة كبيرة بالمدرس مما يؤثر – بدوره- على قدرات الطالب .

إن المفهوم القديم الذي يحصر الذكاء في نطاق ضيق قد أصبح مفهوماً بالياً ، بل إنه قد أضر كثيراً بالطلبة وقوض من اعتزازاهم بذاتهم وأضر بحياتهم كاملة . إن كنت تؤمن بأنك متدني الذكاء ، فهذا يعني أنك تحد من الاختيارات المتاحة أمامك . وسرعان ما سوف تتحول معتقدات أي نبوءة واجبة التحقق . هل تعتقد أن هذا أمر بعيد المنال ؟ ففي عام 1968، وصف البروفيسور "روبرت روزنثال" التجارب التي عملت فيها توقعات المدرس بشأن ذكاء الطالب على رفع نتائج حاصل الذكاء ، كم مرة سمعت بهذا ؟ كثيراً . والنتائج التي ذكرها

البروفيسور روبرت في كتابه الرائع Pymalion In The Classroom أخـذت تؤكد مـا يـلي (إيريك جنسن ، 2006):

* تشكيل التوقعات هو أمر طبيعي لا يمكن تجنبه .

* بما أن تتشكل هذه التوقعات ، فإنها تميل إلى أن تكون ذاتيـة التحقـق ، فنحن ننقـل هـذه التوقعات من خلال إشارات دقيقة وقوية .

* نشعر بارتياح أكبر مع الأشخاص الذين يحققون توقعاتنا وبدرجة ارتياح أقل مـع الأشخاص الذين لا يحققون هذه التوقعات .

دعنا نطبق تحديداً هذه النتائج على التعليم :

* التوقعات المرتفعة تقود إلى مستوى أداء مرتفع .

* مستوى الأداء الجيد يقود إلى قدر أعلى من تحمل المسؤولية من قبل الطالب .

* نحن نعامل من نحبه أكثر بشكل أفضل وبالتالي يتعلّمون أكثر .

من أين نبعث كل هذه التوقعات المرتفعة والمنخفضة ؟ يرى معظم المدرسـين أن هـذه التوقعات تنبع من معلمين آخرين أو من سجلات الفصل أو الأهـل أو الخلفيـة الاجتماعيـة الاقتصادية أو من خلال المراقبة .ولكن كل هـذا بعيد كـل البعـد عـن الواقـع . إن توقعـات المدرس تنبع من داخله . إن توقعاتك بالنسبة للطالب تنبع مباشرة مـن معتقدات بشـأن نفسك. إلى أي مدى تؤمن بأنك تملك القدرة على التأثير الإيجابي على الطالب ؟ باختصار ، إن المدرس الناجح ، المـدرس الـذي يملك توقعـات مرتفعـة ويحقـق نتائج مرتفعـة ، لا يشـكل توقعاته من العوامل الخارجية ، وإنما يولد هذه التوقعات بناءً على مهاراته الذاتيـة وتجاربـه وبنجاحاته في استخراج القدرات من داخل الطالب .

التعليم المنهجي :

هل يجب أن يكون كل التعليم والتفكير متسلسلاً ومنهجياً ؟ كلا . يقول الباحثون إن مناخ التجديد والإثارة والدهشة وعدم الاتزان والتشكك والفوضى يمكن أن يقود إلى فهم

أكثر ثراء للمحتوى .البعض يقول إن العقل مصمم للفوضى . بل إن النظم السلوكية والقائمة على الثواب والعقاب والنظم بالغة التنظيم التي تطبق في مجال التعليم هي على الأرجح الأقل قدرة على تحقيق النتائج المرجوة ، لماذا ؟ لأن التعليم الفعّال هو التعليم ، أما الذي يتم في واقع الحياة أو الذي ينظم وفق وواقع الحياة يكون دائماً مثيراً للدهشة والإثارة والتشويق والتشكك والفوضى أو عدم النظام .

نحن في معظم الوقت ، نميل إلى تكرار البرامج المختزنة . هذا لا يمثل التعليم بالضرورة وإنما هو تكرار بحكم العادة ، فالعقل يدير برامج وأنماطاً طوال اليوم . فقط عندما يعترض طريقنا مشكلة ما أو موقف معين يجبرنا على إعادة التفكير فإنه سوف يفتح أمامنا مجال التعلم الجديد .سوف يعمد الطلبة بشكل طبيعي –لمعظم الوقت – حتى عند مواجهة مأزق أن يختاروا الطرق المجربة المثبتة مما يسد الطريق أمام التعلّم .

فهم الطريقة التي يفكر بها الطالب

عندما تقول أنت أو أقول أنا : " أنا أفكر" فإن ما نقوله في واقع الأمر هو " إنني أحاول أن أنقل نظامي الداخلي بشكل له معنى " . إن التفكير يتألف من بلوغ نماذج عرض سابقة أو ابتكار نماذج عرض جديدة . كل أنواع العروض تنتمي إلى فئة من الفئات التالية :

* **النمط البصري** : من خلال الصور والرموز والكلمات أو " الأقلام الداخلية " .

* **النمط السمعي** : من خلال الأصوات والموسيقى والطبيعة والتكنولوجيا .

* **المشاعر حيال شيء ما جزء من التفكير واتخاذ القرار وخاصة بالنسبة للطالب الحركي** .

* **الحواس الأخرى التي تشمل نسبة ضئيلة من تفكيرنا** .

إن عقولنا وأجسامنا ومشاعرنا كلها جزء لا يتجزأ من التعليم والمعالجة . ليس هناك فواصل . ولذلك فليس هناك مدعاة للدهشة في تعرفك على الكيفية التي تفكر بها من خلال مراقبة جسدك . نحن عندما نكون في حالة توتر فإن الآخرين سوف يتمكنون من ملاحظة لغة الجسد التي نشعر بها حتى بدون أن ننطق بكلمة واحدة . إن عينيك يمكن أن تعبران ببلاغة عن كل ما يجري بداخلك ، كما أن عقولنا مصممة بحيث يمكن أن تحدد نمط التفكير من خلال انتقالات معينة أو تحركات معينة للعين (أنماط حركة العين) .

استخدام حركة العين للتفكير والتعلّم

إن وضع العين يسمح للعقل بالتواصل مع حواس معينة . هناك سبعة أنماط أساسية لحركة العين ترتبط بعملية التفكير . تصح هذه الأنماط بنسبة 90% على الطالب الذي يستخدم يده اليمنى وتكون معكوسة بالنسبة للطالب الذي يستخدم يده اليسرى (ولكن ليس دائماً) .

1- التفكير البصري للذكريات المصورة المختزنة

النظر إلى أعلى أو إلى الجانب الأيسر يسمح لك بأن تصل إلى الصورة المختزنة (الاسترجاع أو التذكر البصري) . هناك أسئلة يمكنك استخدامها لكي تتحقق من صدق ذلك وهي :

* ما السيارة التي كانت تقف بجوار سيارتك في موقف السيارات ؟

* صف غرفة نومك ؟

* صف لي ملابسك داخل دولاب أو خزانة الملابس ؟

2- التفكير البصري للصور المبتكرة

النظر إلى أعلى جهة اليمين هي الجهة التي تنظر فيها العين عادة لابتكار صور جديدة . هناك أسئلة يمكن أن تطرحها لكي تتأكد من صدق ذلك مثل :

* كيف ستبدو صورتك إن صففت شعرك بطريقة مختلفة تماماً ؟

* ما الذي يمكن أن تغيره لكي تعيد تنظيم غرفة المعيشة في بيتك ؟

* كيف سيبدو الكلب إن اقتنى سيقان قطة ؟

3- التفكير السمعي وأصوات التذكر :

ترتفع العين إلى الجانب الأيسر ، هذه هي الطريقة المعتادة للوصول إلى الأصوات المختزنة (ما قيل أو سمع) . هناك أسئلة يمكنك أن تستخدمها لكي تتحقق من صدق ذلك مثل :

* ما الذي قاله الشخص الآخر في نهاية المحادثة الهاتفية ؟

* عندما كنت طفلاً كيف كانت أمك تحادثك ؟

* ما الذي كانت تطلقه عليك عندما تكون غاضبة ؟

4- التفكير السمعي والأصوات الجديدة المبتكرة

تتجه العين إلى اليمين عند ابتكار أصوات جديدة . هناك بعض الأسئلة التي يمكنك استخدامها للتحقق من صدق ذلك مثل :

* كيف سيكون صوت الكلب إذا كان له صوت مثل الحمار ؟

* ما الصوت الذي يمكن أن تسمعه إن وصلك صوت صفارة إنذار وصوت ديك في آن واحد؟

5- الحوار الداخلي (التحدث مع النفس)

تنظر العين إلى أسفل جهة اليسار ، عندما تشاهد شخصاً يسير في الشارع يتحدث مع نفسه لاحظ الاتجاه الذي ينظر فيه .

6- استشعار المشاعر

في هذه الحالة تنظر العين إلى أسفل جهة اليمين . إن كنت تعرف أن هناك شخصاً قد فشل في استكمال مهمة معينة ، يمكنك ان تسأله : هل أكملت مهمتك ؟ في معظم الأحوال

سوف تجده قبل أن يجيبك ينظر إلى أسفل (بمعنى انه يشعر بالاستياء من ذلك) ثم يعـود إلى أعلى ثانية لكي يستكمل حديثه .

7- الرقمية لاستحضار المعلومة المختزنة في الذاكرة أو المعلومة الفورية

سوف تنظر العين إلى الأمام في ظل هذا التفاعل . إن سئلت " : كيـف حالـك ؟ " فسـوف تكون إجابتك المهذبة " على خير ما يرام ، أشكرك " . سوف تبقى عينك مصوبة نحـو الأمـام على الأرجح طوال الوقت لأنك لم تكن بحاجة للبحث عن إجابة .

أهمية التفكير

من الناحية البيولوجية ، يتعلّم المخ حل المشاكل لكي يزيد مـن فرص البقـاء . إن أفضـل شيء يمكن عمله إذن مـن وجهـة نظـر العقـل والـتعلم هـو أن تعلّـم الطالـب كيـف يفكّر ، فالتفكير يتخذ أشكالاً متعددة :

أشكال التفكير

* التعلم لجمع المعلومات .
* المرونة في الشكل والنمط .
* طرح أسئلة ذات أهمية ومعنى .
* القدرة على تقييم البدائل .
* فهم وابتكار صور ونماذج .
* استراتيجيات للتصور .
* القدرة على التعامل مع الابتكار والتجديد .
* توليد استراتيجيات ممكنة .
* مهارات المناقشة وتعصيف الأفكار .
* التحلي بالكفاءة في البحث عن الأخطاء والاختلافات وكل ماهو غير منطقي .
* توليد طرق وأساليب بديلة خارج مجالك المعروف .
* استراتيجيات لاختبار الفرضيات .
* التعميم والتعرف على النقاط الهامة .
* التفكير في معان جديدة للأشياء .

إن التفكير يمكن أن يدرس ، أحياناً تكون أفضل طريقة لتدريس التفكير هي أن تفكر . بمعنى أن تمر بكل خطوات التفكير الشخصية الخاصة بك بصوت مرتفع بحيث يتعلّم طلابك منك بشكل عملي .

الإبداع ومهارات حل المشكلات ومهارات الحياة هي المهارات الأساسية في تدريس التفكير . فهل يمكن تدريس أو تعليم كل أنواع التفكير ؟ بالطبع نعم . بل إنها لا يجب أن تعلم فقط وإنما يجب أن تتحول إلى جزء أساسي من البرنامج التعليمي . يجب أن تكون جزءاً أساسياً من المهارات الأساسية اللازمة للبقاء في عالمنا اليوم .

مهارات التفكير

*القدرة على التعرف وتنظيم المعلومات والقيم والأحداث .
*تعلّم شيئاً وتعلم وصف هذا الشيء بشكل موضوعي .
*التسلسل : تصور الترتيب المنطقي والطبيعي للأحداث .
*حل المسائل : من خلال تقييم المشاكل الظاهرة والحلول المحتملة .
*خرائط المفاهيم أو المرتبطة بكلمة أو موضوع معين : الجمع ، التوصل إلى معلومات خاصة بالموضوع بناء على تعريف المواصفات مثل السن والمكان والوظيفة والثقافة والقيمة ...الخ .
*التفكير الإبداعي : من خلال التجديد أو الابتكار أو التوصل إلى مقاربة جديدة تماماً .
*القدرة على الخروج عن حدود دورك أو ثقافتك .
*نظم أو ابتكر طريقة تفكير جديدة .
*تعلم كيفية إعادة تأطير المشكلة بحيث لا تبقى مشكلة .
*تعلم اكتشاف مصدر المشاكل للوقاية من تكرارها .
*العثور على سبل للتعامل مع صعوبات الحياة .
*العملية أو الأسباب : اكتشافا لمجريات والتنبؤ بالأسباب .
*التفكير بشأن التفكير (ما وراء الإدراك) .
*تغيير أنماطك الشخصية في التفكير .
*تطبيق مهارات التفكير الخاصة بك لكي تضفى القيمة والمتعة على حياتك الشخصية .
*تطبيق التفكير لتحسين حياة الآخرين .

ما أفضل طريقة لتعليم حل المشاكل والإبداع والتفكير ؟ أفضل طريقة هي تدريسها بطريقة متوافقة مع العقل . أي من خلال مشاكل العالم الحقيقية ومن خلال أشخاص حقيقيين وتحت ظروف واقعية . عندما يواجه العقل بظروف مثيرة للتحدي متصلة ببقائه (سواء كانت هذه الظروف متصورة أو واقعية ولكن مع توافر الضغوط الإيجابية) فسوف يتفوق في مجال التعلم . إن العقل يحب ويعشق التفكير والتعلم . بالنسبة للأطفال تنصب الألعاب بشكل أساسي على ابتكار طرق جديدة للتفكير . بالنسبة لسن المراهقة ، فإن البقاء المدرسي يتطلب مهارات تفكير . أما الكبار فهم بحاجة إلى مهارات تفكير للتعامل مع تحديات الحياة اليومية .

التفكير: Thinking

تعددت التعريفات التي وضعت لمفهوم التفكير؛ لما ينطوي عليه الكثير من التعقيد في عمل الدماغ, واهتمام العلماء على اختلاف تخصصاتهم بتوضيح هذا المفهوم, ولما كانت تنمية قدرة الطلبة على التفكير أحد أهداف التدريس, زاد الاهتمام بطرق التدريس التي تستدعي استخدام المعرفة العلمية في مواقف جديدة, وتشجع أسلوب البحث العلمي لدى الطلبة. لذا يعد التفكير سلسلة من النشاطات العقلية التي يقوم بها الدماغ عندما يتعرض لمثير عن طريق واحدة أو أكثر من الحواس الخمس: اللمس, والبصر, والسمع, والشم, والتذوق. والتفكير مفهوم مجرد؛ لأن النشاطات التي يقوم بها الدماغ غير مرئية وغير ملموسة, وما نشاهده ونلمسه في الواقع ليس إلا نواتج فعل التفكير سواء أكانت بصورة مكتوبة أم منطوقة أم حركية(جروان, 2002).

وترى قطامي أن التفكير عملية يتفاعل فيها المتعلم مع ما يواجهه من خبرات ومواقف؛ لتوليد الأفكار وتحليلها بهدف إدماجها في بنائه الذهني(قطامي, 2001). والتفكير سلوك تطوري يزداد تعقيدا بنمو الفرد وتراكم خبراته (الحيلة, 2001). ويعرفه " ايغين " بأنه نشاط عقلي معقد يحتاج إلى أفضل المعلومات لحل مشكلة ما (Eggen,et al. , 2000).

كما يرى " ايزينك Eysenck" أن للتفكير ثلاثة مظاهر هي:

- يحدث التفكير بأشكال مختلفة (لفظية, ورمزية, وشكلية, ومكانية).

- المعرفة التي يحتاجها الفرد للتفكير كبيرة ومتنوعة.

- التفكير سلوك هادف ومقصود (Eysenck, 2000).

ويشمل التفكير جميع العمليات العقلية كالتذكر, والتصور, والتخيل, والاستدلال وإصدار الأحكام , والتعليل , والتعميم, وغيرها من العمليات العقلية , ويقع التفكير في ثلاثة مستويات هي:

- **المستوى الحسي:** يدور حول أشياء مفردة ومحسوسة, وهو اكثر شيوعاً عند الأطفال دون السادسة من العمر.

- **المستوى التصوري:** يتطلب صوراً حسية مختلفة, وهو اكثر شيوعاً عند الأطفال ما بين السادسة والثانية عشرة من العمر.

- **مستوى التفكير المجرد:** يعتمد على معاني الأشياء, وما يقابلها من ألفاظ وأرقام (ناصر, 2001).

ومن هنا يمكن تعريف التفكير بأنه: نشاط عقلي يقوم به الفرد عندما يتعرض لموقف مشكل أو مثير عن طريق واحدة أو أكثر من حواسه الخمس, ويسهم في تنمية القدرة على حل المشكلات؛ واتخاذ القرار.

وتعد المهارة سلسلة من الإجراءات التي يمارسها المتعلم لأداء مهمة ما, ويحتاج تعلمها إلى السير وفق خطوات ثابتة ومنظمة ومتتابعة ومتدرجة, وتكون المهارة معرفية (Cognitive),أو حس حركية(Sensory motor), أو نفس حركية (Psychomotor), وتترسخ المهارة بالتكرار والإعادة (قطامي, 2003).

أما " مرعي " فيرى أن المهارة نمط معقد من النشاط الهادف الذي يتطلب أداؤه معالجة وتدبر وتنسيق المعلومات, وتتراوح المهارة من حيث التعقيد وصعوبة الأداء بين البسيط النسبي كاستعمال مسطرة أو المشي مثلا, والشديد التعقيد كحل المشكلات. ولتعليم المهارة لا بد من مراعات المبادئ التالية:

- أن تكون المهارة ذات أهمية للمتعلم.

- يفضل تعلم المهارة من خلال أنشطة تعليمية.

- يتطلب تعليم المهارة طرائق جيدة وفعالة (مرعي وآخرون, 2002).

ويعرف " عصر " مهارات التفكير بأنها إجراءات نؤديها أداءً حرفياً لنتناول بها البيانات والمعلومات بشكل مقصود؛ لنحقق أهداف تفكيرنا, أو لنقيم الأمور التي تعرض لنا أو لنحل مشكلة ما, أو لنتخذ قرارا ما (عصر, 2001).

ويمكن التفريق بين التفكير ومهارات التفكير باعتبار أن التفكير عملية كلية نقوم عن طريقها بمعالجة عقلية للمدخلات الحسية والمعلومات المسترجعة لتكوين الأفكار أو الحكم عليها, وتتضمن العملية: الإدراك, والخبرة السابقة, والمعالجة الواعية, والحدس, وعن طريقها تكتسب الخبرة معنى. أما مهارات التفكير فهي عمليات محددة نمارسها ونستخدمها عن قصد في معالجة المعلومات مثل: تحديد المشكلة, أو وضع الفروض, أو تقييم الدليل أو الادعاء (جروان,2002).

ويرى " كوينز "(Cowens) أن مهارات التفكير تتضمن ما يلي: التفسير, والتحليل, والتركيب, والتصنيف, والمقارنة, والتقويم, والطلاقة, والمرونة, والتنبؤ, والتعميم, وفرض الفروض, وحل المشكلات (Cowens, 1999). وبالرغم من عدم وجود اتفاق على تصنيف مهارات التفكير, إلا أن " ماثيسيس " (Mathesis) حددها بمهارات التفكير المنطقي (Mathesis,et al.,1992), في حين أن " زيدلار " حددها بمهارات التفكير الناقد والاستقراء والاستنتاج (Zeidler, et al., 1992) , كذلك حددها " أورليش " بأنها مهارات التفكير الناقد وتتألف من تطبيق مهارات التحليل والتركيب عند بلوم (Orlich, et al. , 2001).

وتختلف أراء الباحثين في تصنيفهم لمهارات التفكير, فمنهم من يرى أن التفكير الناقد هو الإطار الذي يضم جميع أنماط التفكير, بينما يرى آخرون أن حل المشكلات هو المظلة التي تندرج تحتها جميع العمليات العقلية, ويرى جروان أن مهارات التفكير الناقد

تضم كلا من مهارات الاستقراء, والاستنتاج, والتقويم. بينما مهارات حل المشكلات تضم كلا من التحليل, والتركيب , والتقويم. (جروان, 2002)

أما الهويدي فقد صنف مهارات التفكير إلى قسمين هما:

- مهارات التفكير الأساسية وهي: حفظ المعلومات, والاستيعاب, والتفسير, والتطبيق.

- مهارات التفكير العليا وهي: التحليل, والتركيب, والاستقراء, والاستنتاج, وفرض الفروض (الهويدي, 2002).

وأشار عبد الهادي إلى أن المهارات التي تتطلب قدرة المتعلم على التصنيف, والمقارنة, والتفكير الناقد, وحل المشكلات هي مهارات تفكير عليا (عبد الهادي وآخرون, 2003). بينما أشار حبيب إلى أن مهارات التفكير العليا تتضمن قدرة المتعلم على ما يلي:

- التحليل, والتركيب, والتقويم.

- جوانب التفكير المختلفة مثل: التفكير الناقد, والاستقرائي, والاستنتاجي (حبيب, 2003).

كذلك حددت رضوان مهارات التفكير العليا التي استخدمتها في دراستها كما يلي:

- مهارات التفكير الناقد تتطلب قدرة المتعلم على الاستقراء, والاستنتاج.

- مهارات التفكير الابتكاري التي يمكن إخضاعها للقياس بواسطة الاختبارات هي مهارات الاستنتاج والتحليل.

- مهارات التفكير العليا عند بلوم وهي: التحليل والتركيب والتقويم, وحتى تتكون لدى المتعلم مهارة التقويم لا بد أن يمتلك مهارة التحليل والتركيب والاستقراء والاستنتاج(رضوان,2002).

أما " ويكفيلد " (Wakefield) فقد حدد مهارات التفكير كما يلي:

- مهارات تفكير أساسية: التذكر, والفهم, والتطبيق.

- مهارات تفكير عليا: التحليل, والتركيب, والتقويم. واعتبر أن مهارة حل المشكلات تتضمن مهارة التحليل والتركيب والتقويم(Wakefield, 1996).

و يمكن تصنيف مهارات التفكير كالآتي:

- مهارات تفكير أساسية: تتطلب قدرة المتعلم على التذكر والفهم والتطبيق, وبالتالي فهي تشكل المستويات الثلاثة الأولى لبلوم.

- مهارات تفكير عليا وتشمل ما يلي:

- التحليل والتركيب.

- الاستقراء والاستنتاج.

- التقويم: ويتطلب قدرة المتعلم على التحليل والتركيب.

- مهارة حل المشكلات: وتتضمن مهارة التحليل والتركيب والتقويم.

- مهارة التفكير الناقد: وتتطلب قدرة الطالب على الاستقراء والاستنتاج.

مهارة التحليل Analysis Skill

يعرفها توق بأنها مهارة عقلية تتطلب القدرة على تحليل المعرفة والأشياء والعلاقات والمواقف إلى عناصرها (توق, 2003). ويوصف الفرد الذي يمتلك القدرة على التحليل بأنه يستطيع التعرف على تفاصيل أجزاء الشيء, وتحليل الكل إلى عناصره الأساسية (جمل وآخرون, 2003). أما أبو الهيجا فيعرفها بأنها مهارة تتطلب من المتعلم تجزئة المادة العلمية إلى عناصرها الفرعية أو الثانوية, وإدراك ما بينها من روابط أو علاقات (أبو الهيجا,2001). كما يعرفها قطامي بأنها معرفة الافتراضات المتضمنة بين الأشياء, وتحليل المادة العلمية إلى مكوناتها, والتعرف على أجزائها, وإدراك الأسس التنظيمية لها (قطامي, 1998).

وتتطلب مهارة التحليل قدرة المتعلم على التمييز بين الأسباب والعوامل التي أدت إلى حدوث ظاهرة معينة, أو مقارنة بين أشياء مختلفة كإيجاد أوجه الشبه والاختلاف, أو تحديد العلاقات الترابطية أو السببية بين العناصر والأشياء, أو اكتشاف الغرض من بيانات متوفرة (العاني , 1996). أما زيتون فيرى أن التحليل هو قدرة المتعلم على تفكيك المادة العلمية إلى أجزائها (عناصرها) المختلفة, وإدراك ما بينها من علاقات, ويتضمن التحليل ما يلي:

- تحليل المركبات إلى عناصرها.

- تحليل العلاقات.

- تحليل البناء التنظيمي لمادة ما.

- تحديد أوجه الشبه والاختلاف.

- التمييز بين المكونات المختلفة لمادة ما (زيتون, 2001).

كما يرى " إبراهيم " أن مهارة التحليل هي: قدرة المتعلم على تجزئة الموقف التعليمي إلى عناصره, واكتشاف العلاقات بين تلك العناصر. وبذلك فان مهارة التحليل تشتمل على بعدين رئيسين هما: تحليل العناصر, وتحليل العلاقات. وتتضمن مهارة التحليل المهارات الفرعية التالية:

- تصنيف العناصر.

- تجزئة المعلومات إلى عناصرها المكونة.

- اكتشاف العلاقات المنظمة للعناصر.

- استخراج المعاني والتوصل إلى استنتاجات (إبراهيم, 1999).

وبذلك يتضح أن مهارة التحليل تتطلب معرفة المتعلم للعناصر والعلاقات التي تربط الأشياء بعضها ببعض. وتحدد بالمهارات الفرعية التالية:

- اكتشاف العلاقات التنظيمية للبيانات المعطاة.

- التعرف على تفاصيل الأشياء.

تنمية مهارات التفكير

كيف تحث طلابك على زيادة قدرتهم على التفكير ؟ هناك طرق عديدة لتعلّم مهارات التفكير . بما أن التفكير يكون في المقام الأول داخلياً ، فإن حيلة التعليم والتدريس هي أن تجعل التفكير يتم خارجياً بحيث يكتشف الآخرون ما يجري . إليك بعض الأمثلة عن كيفية تدريس التفكير بشكل أفضل للآخرين .

تدريس التفكير

* استخدام الأمثلة أو القصص التي تنقل معنى شخصياً .
* استخدم أمثلة ذات صلة بالطرق التي يستخدمها الآخرون لحل المشاكل .
*ابتكر بعض المشاريع بحيث يشعر كل شخص بالارتياح عند استخدام خيارات ما وراء التفكير .
* امنح طلابك وقتاً للتفكير بشأن التفكير وقم بإجراء مناقشات معهم حول هذا الأمر .
* كن قدوة ونموذجاً ، أي عرف طلابك بالعملية .
* يمكنك أن تشترك مع طلابك في حل مشكلة معاً ، فكر بصوت مرتفع .
* علم من خلال الجدل أو الحوار المجدي أو المناقشة .
* حدد مدرباً ومستمعاً ومفكراً لكي تحلل العملية التعليمية ثم غير الأدوار .
* قدم تدريبات تتطلب تفكيراً وتأملاً باطنياً وتغذية راجعة .
* شجع الطلبة على كتابة الصحف أو الشعر أو القصص القصيرة ....الخ .
* من خلال تقديم مشروعات كبيرة جماعية مثيرة للتحدي مع تحديد مواعيد نهائية للعرض العلني ، سوف تحمل الطلبة على تعلم كيفية البقاء .

مهارة التركيب   Synthesis Skill

يعرفها " حسين " بأنها وضع العناصر أو الأجزاء معا في صورة جديدة لإنتاج شيء مبتكر (حسين وآخرون, 2002). بينما يعرفها توق بأنها تركيب العناصر المختلفة؛ لانتاج شيء جديد منه, سواء أكان مادياًأم فكرياًأم معنوياً(توق وآخرون,2003). ويتمتع الفرد القادر على التركيب بأن لديه القدرة على إضافة الأجزاء أو التفصيلات إلى بعضها؛ ليظهر الشيء في صورته المتكاملة(جمل وآخرون, 2003).

أما "زيتون"   فيعرفها بأنها القدرة عل دمج الأجزاء المختلفة مع بعضها البعض؛ لتكوين مركب أو مادة جديدة, وتتضمن ما يلي:

- كتابة خطة عمل (مشروع) جديدة.

- اقتراح خطة لإجراء تجربة (علمية) ما.

- استنتاج علاقات جديدة من مجموعة قضايا وعلاقات متوفرة.

- اقتراح نظام جديد لتصنيف الأشياء (زيتون, 2001).

وتتضمن مهارة التركيب انتقال المتعلم من الجزء إلى الكل, ومن التفصيل إلى التعميم, أي تجميع أو تنظيم العناصر والأجزاء؛ لتكوين تركيب أو نموذج أوسع لم يكن موجوداً في ذهن الطالب من قبل, ومن مهارات التركيب ما يلي: فرض الفروض, وكتابة نتائج تجربة ما, وتصميم تجربة ما, ووضع خطة, واقتراح حلول, وتجميع ملاحظات للتوصل إلى حل لمشكلة؛ وتكوين عموميات وقواعد (العاني, 1996).

ويشير " أبو حويج " إلى أن التركيب يعني التأليف بين العناصر والأجزاء بحيث تشكل بنية كلية جديدة, وتقسم مهارات التركيب إلى ما يلي:

- إنتاج محتوى فريد: وتعني إنتاج أفكار ونقلها إلى الآخرين, مثل كتابة قصة.

- إنتاج العلاقات المجردة: وتعني اشتقاق مجموعة من العلاقات المجردة بهدف تفسير البيانات أو الظواهر.

- إنتاج خطة عمل: كوضع خطة بحث مثلا(أبو حويج وآخرون, 2004).

ويرى " إبراهيم " أن مهارة التركيب هي: قدرة المتعلم على تنظيم وتوفيق العناصر والأجزاء والتفاصيل؛ لتشكل نمطاً أو هيكلاً لم يكن موجوداً من قبل. وتتضمن مهارة التركيب المهارات التالية:

- إيصال الأفكار ووجهات النظر إلى الآخرين.
- تركيب الأدوات والمواد المخبرية المختلفة.
- إعداد تصاميم تبعا لتعليمات معطاة.
- اقتراح خطة لدراسة موضوع معين.
- اشتقاق فئة من العلاقات المجردة (إبراهيم, 1999).

ومن هنا يمكن تعريف مهارة التركيب بأنها: تكوين بنية جديدة عن طريق جمع العناصر والأشياء في قالب جديد لم يكن موجودا من قبل. وتحدد بالمهارات الفرعية التالية:

- اشتقاق علاقة مجردة.
- تكوين بنية جديدة ذات دلالة.

مهارة الاستقراء:

يعرفها " زيتون " أنها الوصول إلى التعميمات من خلال الحقائق والمواقف الجزيئية (الأمثلة), إذ ينتقل المتعلم من الجزيئات إلى الكليات,أو من الخاص إلى العام(زيتون,2001). بينما يعرفها" ماير " الوصول إلى القاعدة العامة من خلال الحقائق المفردة (Mayer, 2003). أما سلامة فيرى أنها الانتقال من الجزيئات والتفصيلات إلى الكليات والعموميات؛ والوصول إلى النتائج من خلال الملاحظات المتعددة (سلامة,2004).

ويسهم التفكير الاستقرائي في فهمنا لقوانين الطبيعة أو اكتشافها عن طريق الأدلة والمعلومات المتوفرة, وإيجاد الترابط فيما بينها حتى يتوصل الفرد إلى التعميم, كما ينمي

قدرة الطلبة على التصنيف وفرض الفروض (Joyce, et al.,1999). ويشير " ايغن " إلى أن التفكير الاستقرائي يحقق هدفين هما:

- يساعد المتعلم على التفكير بشكل معمق في المواضيع المطروحة.

- يزيد من فاعلية المتعلم وإيجابيته نحو التعلم (Eggen,et al.,2000).

كما يشير " آرمسترونج " إلى أن مهارة الاستقراء هي انتقال المتعلم من الخاص إلى العام, أو من الأمثلة والمشاهدات إلى التعميمات, ويمكن تنمية هذه المهارة لدى الطلبة باستخدام استراتيجية الاكتشاف واستراتيجية حل المشكلات (Armstrong, 2000). أما " أورليش " فيرى أنها وصول المتعلم إلى مفهوم أو تعميم أو حل لمشكلة ما من خلال أمثلة؛ ومعطيات متوفرة (Orlich , et al., 2001).

في ضوء ما سبق يمكن تعريف مهارة الاستقراء بأنها: استخدام المتعلم الملاحظات, والمشاهدات, والبيانات المتوفرة لديه للوصول إلى قواعد عامة أو تعميمات. وتحدد بالمهارات الفرعية التالية:

- الوصول إلى القاعدة من جزيئاتها.

- الوصول إلى حل لمشكلة ما.

مهارة الاستنتاج:

يعرفها " ماير" بأنها إعطاء المتعلم القاعدة العامة وتركه يتوصل إلى تفسير المواقف المفردة (Mayer, 2003). أما " أورليش " فيعرفها بأنها الانتقال من العام إلى الخاص, كأن نقدم للطلبة المفاهيم والتعميمات التي تساعدهم للتوصل للملاحظات والأمثلة (Orlich, et al. , 2001).

ويمتاز التفكير الاستنتاجي بأنه يمكن المتعلم من الوصول إلى الحقائق والأمثلة من خلال المبادئ والقوانين والقواعد, ويستطيع معلم العلوم أن يساعد طلبته على اكتساب هذه المهارة عن طريق ما يلي:

- إعطائهم الفرصة للتحقق من صحة المبادئ والقوانين والقواعد العلمية.

- تدريبهم على استنتاج المعلومات في ضوء القواعد والمبادئ المتوفرة.

- مناقشتهم في جزيئات يتوقع معرفتهم لها؛ لأنهم درسوا العموميات التي تندرج تحتها تلك الجزيئات. (الخليلي وآخرون, 1996).

ويهدف التفكير الاستنتاجي إلى التوصل لاستنتاج ما, أو معرفة جديدة وتفسيرها من خلال فروض أو مقدمات موضوعة, ويعود بالنفع على الطلبة من خلال ما يلي:

- تدريبهم على التفكير الناقد والمنطقي.

- التركيز على تعميمات العلم ومبادئه الأساسية.

- يوجههم إلى تطبيق هذه التعميمات في مواقف جديدة (سلامة, 1991).

من خلال ما سبق يمكن تعريف مهارة الاستنتاج بأنها: استخدام المتعلم للقواعد العامة أو التعميمات للوصول إلى المشاهدات والملاحظات. وتحدد بالمهارات الفرعية التالية:

- الوصول إلى الحقائق من معلومات معطاة.

- تفسير موقف مشكل.

الفصل الثالث

حل المشكلات

- مقدمة

- مفهوم المشكلة وحل المشكلة

- حل المشكلات : رؤية نفسية

- الأسس التربوية والنفسية لاستراتيجية حل المشكلات

- ما وراء الإدراك وحل المشكلات

- حل المشكلات والتعلّم المعرفي

- حل المشكلات بين الخبير والمبتدئ

- مبررات استخدام استراتيجية حل المشكلات في التدريس

- معيقات استخدام استراتيجية حل المشكلات

- أنواع المشكلات

- مصادر الخطأ في حل المشكلات .

- شروط تحسين سلوك حل المشكلة

- الأساليب المعرفية للمتعلمين في حل المشكلات

- تنمية تفكير حل المشكلة

الفصل الثالث

حل المشكلات

كثيراً ما تكون صياغة مشكلة ما أكثر أهمية من حلّها الذي قد يكون مجرد مهارة رياضية أو تجريبية . أما طرح أسئلة واحتمالات جديدة والتمعن في مشكلات قديمة من زاوية جديدة فذاك يتطلب خيالاً خلّاقاً ويبشر بتقدم حقيقي . **ألبرت أينشتاين**

مقدمة :

من خصائص الإنسان المميزة نزوعنا إلى ومقدرتنا على العثور على مشكلات لنقوم بحلها . ويعرف حلالو المشكلات الفاعلون كيف يسألون أسئلة من شأنها أن تملأ الفجوات القائمة بين ما يعرفون وما لا يعرفون . ويميل السائلون الفاعلون إلى طرح عدد من الأسئلة:

- ما هو دليلك ؟
- كيف تعرف أنه صحيح ؟
- ما مصداقية مصدر البيانات هذا ؟

ظهر الاهتمام بموضوع حل المشكلات في بدايات القرن العشرين من خلال أعمال العديد من علماء النفس أمثال ثورنդايك وكوهلر ، وتشير المراجعات العلمية إلى أن أسلوب حل المشكلات وضع أسس استخدامه جون ديوي في كتابه " كيف نفكر ؟ ", واشترط وجود بعض المعايير للمشكلات التي تستحق الدراسة وهي:

- استخدام مشكلات تثير الشك لدى الطلبة, وتتطلب البحث والاستكشاف للوصول إلى حلول ممكنة.

- طرح مشكلات ذات أهمية للطلبة والمجتمع (Orlich, et al. 2001).

وتتطلب استراتيجية حل المشكلات عمليات ذهنية بمستويات مختلفة, وتوفر خبرات ملائمة للتعلم, وفرصاً للتفاعل بين الطلبة والمواقف التعليمية (قطامي وآخرون,1996). ويرى "عطا الله " أن هذه الاستراتيجية نشاط تعليمي يسعى فيه المتعلم إلى إيجاد حل(حلول) للموقف المشكل (مسألة أو سؤال), فيقوم بخطوات تماثل خطوات الطريقة العلمية في البحث والتفكير (عطا الله, 2002).

مفهوم المشكلة وحل المشكلة

إن المشكلة /المسألة هي عبارة عن موقف يجابه الفرد ويتطلب حلاً ، ويمتاز الطريق الذي يؤدي إلى الحل بأنه لا يمكن معرفته بصورة مباشرة . وفي الحياة اليومية تبرز المشكلة كأي شيء من المشكلات الشخصية البسيطة مثل أفضل استراتيجية لعبور الشارع (تتم بصورة عامة ، دون تفكير إضافي) إلى المشكلات الأكثر تعقيداً مثل كيف يمكن أن نركب دراجة جديدة . لا ريب أن عبور الشارع قد لا يكون مسألة سهلة في بعض المواقف .

إن المواقف اليومية يمكن حلها ، بصورة تقليدية ، وبطريقة غير واعية (-Sub Conciously) دون أن تضطرنا إلى أخذ ملاحظات صورية للإجراءات التي حققت لنا حلاً مناسباً .

إن الشعور وإدراك ماهية طرائق واستراتيجيات حل المشكلات (التي تسود حياتنا اليومية) تصبح أكثر وضوحاً ، عندما يسافر أحدنا خارج حدود البيئة التي يقطنها، فتشخص آنذاك أمامنا حقيقة عدم توافق أو تطابق أسلوب حياتنا اليومية وعاداتنا السلوكية مع الحالة الجديدة ، من أجل هذا تبرز أهمية التكيف الواعي مع طرائق جديدة من أجل تحقيق أهدافنا التي نعبر إليها.

إن كثيراً مما نفعله يرتكز إلى خبراتنا القبلية (Prior Experience)، وكنتيجة لهذا الأمر ، فإن تغيراً كبيراً سوف يحصل في مستوى التعقيد الذي نتبناه عندما نجابه المسألة التي تشخص أمامنا .

سواء تضمنت المشكلة التي التي نجابهها في حياتنا اليومية اختيار الملابس التي نرتديها يومياً ، أو الاتصال بصديق أو أحد معارفنا ، أو التعامل مع مسألة تخصصية أو

التدابير المالية الشخصية ، فإننا نتصرّف إزاءها بطريقة آلية ، ودون أن نأخذ بعين الاعتبار النهج أو الاستراتيجية التي تكون أكثر ملائمة للموقف الذي تعانيه .

إننا نحاول مقاربة توجيه التحديات التي تفرضها حياتنا اليومية بمنهج يشابه الخوارزميات إلى حد كبير ، وقد نصاب بخيبة أمل أو إحباط لحد ما ، إذا لم يعد هذا المنهج صالحاً للتطبيق على حين غرة .

ويتطلب من ، في مثل هذه المواقف ، إيجاد حل مناسب للمشكلة ، مما يعني ضرورة مباشرتنا لأعمال بحث واستقصاء في خبراتنا السابقة لإيجاد طريقة ما قمنا باستخدامها لحل مشكلات مشابهة في زمن ماض . (إن هذه ملاحظة قد صاغها ببلاغة وفصاحة مميزة جورج يوليا 1957) .

عرّف جيتس وآخرون (1966) حل المشكلة بأنها حالة يسعى خلالها الفرد للوصول إلى هدف يصعب الوصول إليه بسبب عدم وضوح أسلوب الحل أو صعوبة تحديد وسائل وطرق تحقيق الهدف ، أو بسبب عقبات تعترض هذا الحل وتحول دون وصول الفرد إلى ما يريد (الزغول والزغول ، 2003) .

وتعرّف المشكلة على أنها حالة من التناقض بين الوضع الحالي والوضع المنشود ، وإذا استخدم أسلوب حل المشكلات بالطريقة الصحيحة في التدريس ، فإنه يوفر للطلبة الفرصة المناسبة لتحقيق ذواتهم ، وتنمية قدراتهم الفعلية ، وتحقيق ما تصبو إليه عملية التطوير الجديدة (Bransford & stein,1995).

ويعرّف جانييه حل المشكلة على أنه عملية تفكير يتمكن المتعلم من خلالها اكتشاف الرابط بين قوانين تم تعلّمها مسبقاً ، ويمكن أن يطبقها لحل مشكلة جديدة .، فهي تؤدي إلى تعلم جديد (Reid & Yang,2000).

أما جيلهولي (Gilhooly,1989) فيرى أن مهارة حل المشكلة عبارة عن نظام يتكوّن من قاعدة معرفية تحتوي على معارف ومعلومات حول المشكلة ، ثم تحويل هذه المعرف إلى طرائق وأساليب ومن ثم خطة عمل ، لاختيار أنسب الطرق للحل وتقييم هذه الطريقة في النهاية .

وفي تشريحه للمشكلة يرى روبنشتاين (Robinstien,1986) أنها تنشأ عندما يدرك الفرد العناصر التالية :

1- حالة ابتدائية أو الوضع الراهن Initial State: ومثل هذا الوضع غير مرغوب فيه بالنسبة للفرد يدفعه إلى التخلص منه .

2- هدف يرغب في تحقيقه أو الحالة النهائية Goal State : وهي الحالة التي يسعى الفرد إلى الوصول إليها .

3- مجموعة استراتيجيات Set of Strategies : وهي الوسائل والإجراءات التي يلجأ إليها الفرد للانتقال من الوضع الراهن إلى الوضع المنشود .

تضع استراتيجية حل المشكلة المتعلم أو الطفل في موقف حقيقي يثير فيه الحيرة والشك، بهدف الوصول إلى حالة اتزان معرفي ، وتعد حالة الاتزان المعرفي حالة دافعية يسعى المتعلم أو الطفل إلى تحقيقها، وتتم هذه الحالة عند وصوله إلى حل أو إجابة أو اكتشاف. ويمكن عرض المشكلة في صورة الآتي:

- سؤالاً أو موقفاً يتطلب إجابة أو تفسيراً أو معلومات أو حلاً.

- موقفاً افتراضياً أو واقعياً يمكن اعتباره فرصة للمتعلم لإبداع حل جديد لم يكن معروفاً من قبل.

- موقفاً يواجهه الفرد لتحقيق هدف محدد ولا يستطيع بلوغه بما يتوافر لديه من إمكانيات.

- عائق يحول دون تحقيق غرض في ذهن المتعلم، ومرتبط بالموقف الذي ظهر فيه العائق.

- موقفاً يثير الحيرة والقلق والتوتر لدى المتعلم يهدف المتعلم التخلص منه.

- موقفاً يثير حالة اختلال توازن معرفي لدى المتعلم ، ويسعى المتعلم بما لديه من معرفة للوصول إلى حالة التوازن والذي يتحقق بحصول المتعلم على المعرفة أو المهارة اللازمة.

وتقوم هذه الاستراتيجية على إيجاد الحلول الممكنة للمشكلات التي تقدم للمتعلم بهدف:

- التركيز على العمليات التي يجريها للوصول إلى المعرفة اكثر من المعرفة ذاتها.

- تشجيعه على ممارسة أنواع مختلفة من الأنشطة مثل جمع المعلومات, وإجراء التجارب, وتفسير النتائج وتعميمها.

- الإفادة من أساليب التفكير التي يستخدمها لحل المشكلات في مواقف أخرى في حياته اليومية (Seifert, et al. ,1991).

ويمكن توضيح أهمية استخدام هذه الاستراتيجية في الآتي:

- ترفع من مستوى الأداء لدى الطلبة, وتهيئ الفرص أمامهم لاستخدام المعلومات في مواقف جديدة (Land, et al. ,2000).

- تزيد من قدرة الطلبة على التذكر والاحتفاظ (الشهابي, 2003).

- تنمي عند الطلبة عمليات العلم والبحث والتساؤل (Mayer, 2003).

- تنمي مهارات التفكير لدى المتعلم (Levine, et al. , 2003).

أما " كلين "(Klein) فيرى في استخدام استراتيجية حل المشكلات فائدتين هما:

- وصول المتعلم إلى حل للمشكلة يعني له تحقيق هدف يسعى إليه, فتزيد من ثقته بنفسه وشعوره بالإنجاز.

- نجاح المتعلم في حل المشكلة يزيد من نشاطه وفاعليته لتحقيق أهداف جديدة يسعى لتحقيقها في حياته (Klein,1991).

حل المشكلات : رؤية نفسية A Psychological View of Problem Solving

تتضمن حل آليات حل المشكلات بعض أشكال المعلومات (مدركات حسية Perceptual، أو وظيفية Physiological ، أو حسية Sensory) مع توظيف مناسب لهذه المعلومات للوصول إلى حل مقبول .

وعند حل المشكلات يجب الأخذ بعين الاعتبار مسألة الفروق الفردية . فمنذ عـام 1910 ، حدد جون ديوي في كتابه " كيف نفكر How We Think" خمسة خطوات لحل المشكلات، وسنعرضها وفق الترتيب الآتي :

1- الإدراك بوجود المشكلة (إدراك الصعوبة والإحساس بالإحبـاط والفشـل ، أو التعجـب، أو الشك) .

2- تعيين المشكلة : التوضيح والتعريف ، ويتضمن بيـان الهـدف الـذي ننشـده ، في ضـوء تعريفه وفق الحالة التي تمخضت عنها المشكلة .

3- توظيف الخبرات السابقة ، مثل معلومات وثيقة الصلة بالمشكلة ، أو حلول سابقة ، أو أفكار تفيد في إنشاء فرضيات ، وقضايا تتعلق بحل المشكلة .

4- فحص الفرضيات والحلول المحتملة ، على التوالي ، وإعادة صـياغة المشكلة إذا اقتضى الأمر ذلك .

5- تقويم الحلول واتخاذ قرار يستند إلى القرائن ، ويتضمن ذلك ، دمـج الحلـول الناجحـة في ضوء الفهم الحالي ، وتطبيقه في مراحل أخرى من المشكلة ذاتها .

بالرغم من عدم اندراج معظم خصائص حل المشكلات ضـمن هـذا الترتيب المنطقـي ، فـإن تحليل ديوي لعملية التفكير في حل المشكلات لم يواجـه أيـة تعديلات أو تحسينات مقترحـة لغاية هذا التاريخ (Alfred Posamentier& Jey Stepelman,2002) .

لاحظ أن هذا التحليل يتضمن كل من الجزء المأخوذ من المعلومـات المسـتلم منهـا ، والتعلّم الاكتشـافي Discovery Learning في سياق عمليـات مترابطة – والتي يكـون المعلـم فيهـا مشاركاً فاعلاً بعملية تعلمه الذاتي . ووفق التعاريف السائدة في الرياضيات ، يعد عمل جورج يوليا George Polya في كتابه " البحث عن الحل How To Solve It " عرضاً لتقنيـات حـل المسائل التي لا تقتصر على كونها ممتعة ومشوقة ، ولكنها تهدف إلى ضمان بأن المبادئ التـي تم تعلّمها من الرياضيات سوف تنتقل على نحو واسع وعريض قدر الإمكان.

وأطلـق عـلى تقنيـات اصطلاح (الهيوريسـتيكا Heuristic – محاولـة للكشـف) ، وهـي استراتيجيات تساعد عـلى حـل المسـائل . ولقـد ذهـب إلى القـول بوجـود مقـدار ضـئيل مـن الاكتشافات في حل أية مسألة " . " قد تكون مسألتك متواضعة لكنها إذا شكلت تحدياً لحب الاستطلاع لديك ، وحملت أدواتك المبدعة على العمل ، وإذا استطعت حلها بالمتاح لـديك ، فإنك قد تعاني من التوتر ، وستبتهج بلذة الاكتشاف " .

ولقد اقترح بوليا طرائق البحث الموجه الآتية :

1- حاول أن تفهم المسألة ، ماهية الشيء المجهول ؟ ماهي البيانات ؟ ماهو الشرط ؟ ارسم شكلاً تخطيطياً ، وضع مجموعة الرموز ، وقم بعزل أجزاء الشرط .

2- ابتكر خطة ، وحاول أن تجد الارتباطات المقيمة بين البيانات والمجهول . هل شـاهدت مثلها من قبل ؟ وهل تعرف مسألة مشابهة ؟

3- باشر بتنفيذ الخطة ، وقم بتفحص كل خطوة . هل تجد كـل خطـوة صـحيحة ؟ وهـل تستطيع البرهنة على صحتها ؟

4- انظر إلى الوراء ، واختبر الحل الذي توصلت إليه . هل تسـتطيع فحص النتـائج بطريقـة أخرى ؟ هـل تسـتطيع أن تراهـا عـلى عجـل ؟ وهـل تسـتطيع اسـتخدام النتـائج ، أو الطريقة في مسائل أخرى ؟

الأسس التربوية والنفسية لاستراتيجية حل المشكلات:

1- تتماشى استراتيجية حل المشكلات مع طبيعة عملية التعليم التي تقضي أن يوجد لـدى المتعلم هدف يسعى إلى تحقيقه.

2- تتفق مع مواقف البحث العلمي ، لذلك فهي تنمي روح الاستقصـاء والبحـث العلمـي لدى الطلبة.

4- تجمع في إطار واحد بين محتوى التعلم أو مادته ، وبين استراتيجية التعلم وطريقتـه ، فالمعرفة العلمية في هذه الاستراتيجية وسيلة التفكير العلمي، ونتيجة لـه في الوقت نفسه.

4- تجعل المتعلم محور العملية التعليمية التعلمية فهو الباحث والمفكر والمكتشف والمجرب والعالم.

5- تثير حب الاستطلاع لدى المتعلم لما لها من أثر واضح في جعل المتعلم منشغلاً في حل الموقف المثير للشك والحيرة.

6- تركز على العمليات العقلية التي تدور في ذهن وعقل المتعلم.

7- تربط المحتوى بالمشكلات الواقعية والحياتية المختلفة مما تسهم في جعل التعليم مرتبطاً بواقع وحياة المتعلم.

8- يقوم المنهج على مواقف حياتية بعيداً عن أسلوب السرد والشرح الـذي يعيـد المتعلم إلى الأسلوب التقليدي في التعلم.

9- ترتكز اسـتراتيجية حـل المشـكلات عـلى النظريـة المعرفيـة ، والتي تهـتم بتنميـة التفكير والقدرات العقلية لدى المتعلم.

ما وراء الإدراك وحل المشكلات Meta Cognition & Problem Solving

ذهب جون فلافيل John Flavell في مقاله الموسوم " مظاهر ما وراء الإدراك وحل المشكلات (Meta Cognition Aspects of Problem Solving) بأن ما وراء الإراك (ما وراء المعرفة) هو عنصر أساسي في تطوير الطالب لخطة الحل . وبناء على ما ذهب إليه فلافيل فإن " ما وراء الإدراك يشير إلى عمليات الإدراك الذاتية أو أي شيئ يرتبط بها ، ولا تقتصر على الاطلاع على عمليات الإدراك ، فحسب ، ولكنها ترتبط أيضاً بمراقبة الذات، والانتظام ، والتقويم ، واتجاه النشاط الإدراكي .

تتضمن أنشطة ما وراء الإدراك إقامة الارتباط بين قضية المسأله ، التي تم تفكيكها إلى أجزائها الجلية ، والمعرفة والخبرات السابقة لدى الطلبة . وتستمر العملية لحين يمكن تصنيف المسألة إلى مجموعات مألوفة مسبقاً، وجاهزة للحل .

إن القابلية على تصنيف والحصول على مجاميع لأنواع مختلفة من المسائل المتوفرة يعد أمراً ضرورياً للعملية ، وقد ظهر في بعض الأحيان الحاجة إلى تفكيك مكونات المسألة إلى

أجزاء أصغر لكي تسهل عملية تبويبها وتصنيفها . إن مراقبة هذه العملية بواسطة حلال المسائل يعد أمراً ضرورياً ، وسينجم عن الإدراك الذاتي القدرة على التحكم بالعملية .

إن المفتاح في حل المسائل يكمن في القدرة على التحكم بالعملية ، لذا فإن من الطبيعي ، بل من المرغوب فيه ، أن تحدث نفسك (دون إصدار صوت Subvocaly) عندما تعمل على حل مسألة رياضية ، ويعد هذا الأسلوب محاولة ذاتية للتحكم بعملية حل المسائل.

ولكي تكون متمكناً من عملية التحكم ينبغي أن تكون متضلعاً بالمفردات الضرورية من البحث الموجه (الهيوريستيكا) بحيث تستطيع اختيار ، ومتابعة النهج الصحيح للحل . إن تحدثك مع نفسك ، يتيح لك فرصة مراقبة عملية حل المسألة ، وهو مفتاح سيمكنك من التحكم بالعملية .

هناك عدد من قرارات التحكم الممكنة ، والتي ينبغي أن تؤخذ بعين الاعتبار :

1- قرارات طائشة Thoughtless decisions

تؤدي إلى دفع العملية باتجاهات متبعثرة ، ولا ترتكز إلى أية خبرات أو معرفة سابقة .

2- قرارات نافذة الصبر Impatient Decisions

قد تؤدي إلى إيقاف العملية كلياً ، أو إبقاء حلال المسألة بدون اتجاه محدد لطلب الحل الذي لا يقدر حتى على تحديد مسار واضح للاستنتاج سواء كان ناجحاً أم فاشلاً .

3- قرارات بناءة Construction Decisions

تتضمن مراقبة التحكم ، بعناية ، عند توظيف المعرفة والمهارات بطريقة ذات أهداف واضحة واستخدام طرق حلول مضبوطة وصحيحة ، واجتناب تلك التي لا تمتلك فرصة النجاح .

4- قرارات إجرائية Immediate Procedure decisions

تتطلب عدم التحكم ، لأنها تلجأ ببساطة إلى طريق الحل المناسب المختزن في الذاكرة طويلة المدى .

5- غياب قرارات No Decisions

وتنشأ عندما تكون قضية المسألة مربكة ومحيرة بحيث لا تنفع المعرفة أو الخبرة السابقة ، ولا توفر دعماً لحل المسألة ، فيقر حلال المسائل بعجزه عن حلها .

حل المشكلات والتعلّم المعرفي Problem Solving & Cognitive Learning

يشير التعليم المعرفي إلى تطبيق النظرية المعرفية والأساليب المعرفية على التعليم في نطاقها الواسع . فالتعليم هو عملية تعلّم ، وتعلّم التعلّم – الذي هو في ذاته محاولة لحل المشكلات . التعليم المعرفي ، بناء على ذلك ، يشتمل على تعلم كيفية حل المشكلة ، بحيث تشتمل العملية على تركيز الانتباه على كيفية اشتقاق أكبر قدر من المعلومات من موقف حل المشكلة ، وكيفية صياغة استراتيجية مناسبة للتعامل مع المهمات المطروحة ، وكيفية تنفيذ الاستراتيجية ، ومراقبة الأداء إلى أن يتم تحقيق الهدف (Ashmane & Conway,1997). ويوضح فريدريكسن (Fredericksen,1984) مجموعة من النقاط تشجع المتعلم على بناء نشاط حل المشكلات ، بناءً على النظرية المعرفية وحل المشكلات منها :

○ احصل على الصورة الكاملة دون أن تكون مهتماً بالتفاصيل الصغيرة .

○ احتفظ بالحكم في عقلك إلى أن يتم تجميع جميع المعلومات المناسبة .

○ بسّط المشكلة باستخدام كلمات ، رسومات ، ورموز أو معادلات .

○ حاول تغيير الطريقة التي تعرض بها المشكلات .

○ أذكر أسئلة ونوع شكل السؤال .

○ ابق مرناً في تحدي الفرضية التي تم وضعها .

○ حاول العمل باتجاه الخلف .

○ اعمل باتجاه أهداف فرعية ، تعتبر حلولاً جزئية .

○ استخدم المشابهة والمجازات .

ويرى المعرفيون أن مهارة حل المشكلات هي ذلك النشاط الذهني المعرفي الذي يتم فيه تنظيم التمثيل المعرفي للخبرات السابقة ، ومكونات موقف المشكلة معاً ، وذلك من أجل تحقيق الهدف . ويتم هذا النشاط وفق استراتيجية الاستبصار التي تتم فيها محاولة صياغة مبدأ أو اكتشاف نظام علاقات يؤدي إلى حل المشكلة . ويتضمن النشاط الذهني معالجة أشكال ، أو صور أو رموز ، ويتضمن أيضاً فرضيات مجردة بدل معالجة أشياء حسية ظاهرة . وتختلف المستويات المعرفية التي يعالج فيها الأفراد مهارة حل المشكلات ، فيوصف مستوى حل المشكلة بأنه من المستوى البسيط ، وذلك عندما يقوم الطفل معطيات مادية ظاهرة قابلة للاختبار وتتوافر معانيها لديه ، وبالتالي يتسنى له ادراك العلاقات بين مكوناتها والمفاهيم التي تتضمنها (قطامي ، 1990) .

التفكير الاستراتيجي لحل المشكلة Strategic Thinking

وهو التفكير الذي يعنى بمراحل وخطوات الحل وأفضل الخطوات التي تقود إلى الحل ، وتوفير البدائل التي يمكن الإفادة منها في الوصول إلى أفضل الحلول الممكنة . وحتى يمكن توضيح الفرق بين التفكير المنتظم ومستوى التفكير الاستراتيجي يظهر في الانتقال إلى مرحلة توافر البدائل والحلول والمعالجات التي تأخذ في الاعتبار الاحتمالات كافة (قطامي وزملاؤه ، 2002) .

ويشير قطامي وزملاؤه (2002) إلى العوامل التي تحكم النشاط الذهني عند حل المشكلة ، أي العوامل التي تقرر نوعية النشاط الذهني (مستوى التفكير) المبذول بهدف حل المشكلة ، من هذه العوامل :

أولاً : مدى قابلية المشكلة للحل :

يجب أن تكون المشكلة موضوع البحث ، قابلة للحل باستخدام استراتيجية لا تتوقف ، على افتراض أن سعة الذهن أو التفكير محدودة .

ثانياً : محدودية السعة الذهنية :

يواجه الأفراد عند معالجة المشكلة صعوبات متعددة ومتباينة ، بسبب ضيق السعة الذهنية التي تظهر في صورة :

● الفشل في استخدام المعلومات المتعلقة بالموقف المشكل .

● نسيان المحاولات المبكرة للوصول إلى الحل .

ثالثاً : مستوى الخبرة ودرجة المعرفة :

إذ أن الأفراد الخبراء في حل المشكلة يكون استيعابهم للمشكلة التي تواجههم أيسر ، بسبب أن مهاراتهم لا تسمح لهم بحل المشكلة بدرجة متدنية من التوتر والضغط على عملياتهم الذهنية .

رابعاً : مستوى ذاكرة الفرد وطبيعة أنواع الذاكرة المسيطرة :

وهذا يتوقف على سعة ذاكرة الفرد ، ونوعها فيما إذا كانت طويلة المدى أم قصيرة المدى. ويفترض أن الفرد حينما يواجه مشكلة تتطلب حلاً يصبح في حالة ذهنية تسمى دمج الأهداف ، وأحد هذه الأهداف هو الميل نحو إكمال المهمة بالمستوى المحدد

حل المشكلات بين الخبير والمبتدئ

Problem Solving Between Expert & Novice

من ملاحظة أداء المتدربين في جلسات حل المشكلة بأنواعها وآلياتها واستراتيجياتها ، أمكن رصد ملامح المبتدئين والخبراء في تعاملهم مع المشكلة، والاحساس بها ومتغيراتها ، وتوضيحها ، ومعالجتها . ويظهر الجدول التالي موازنة بين تفكير حل المشكلة بين الخبير والمبتدئ (قطامي وزملاؤه، 2002) .

الرقم	المبتدئ (Novice)	الخبير (Expert)
1	يركز في نظرته للمشكلة على ما يفهمه منها .	قادر على أن يلم بالمشكلة . ويتقصى في الجوانب التي لم يفهمها .
2	يدرك بعداً واحداً من أبعاد المشكلة وينسى الأبعاد الأخرى .	يدرك أبعاد المشكلة المختلفة الإيجابية والسلبية .
3	يتعامل بمكونات المشكلة كما لو كانت واضحة مع أنها غامضة بالنسبة له .	يتعامل بمتغيرات المشكلة المتعددة والمختلفة وينظر لها بطريقة كلية ووفق علاقات وتكون واضحة له .
4	تدني قدرته على صياغة المشكلة بمفرداته الخاصة .	يصوغ المشكلة بصور مختلفة وبلغته الخاصة .
5	يركز على الجوانب السخيفة الفرعية وينسى العناصر الرئيسة .	يركز على الجوانب الرئيسة والثانوية والسخيفة .
6	يتعامل مع عدد محدود من الأبدال والحلول .	يتعامل مع عدد كبير من الأبدال ويميز أهمية كل بديل .
7	تدني قدرته على ربط الواقع بالمستقبل في النظر للحل وتحكمه بالظروف المحيطة .	قادر على الربط بين المعطيات المتاحة ومتحرر منها في الوقت نفسه ، ويستطيع الانطلاق خارج حدود البيئة .
8	يدعي الخبرة والمهارة دون أن يحدد مستوى حاجته المهارية في ذلك .	لديه الخبرة في معالجة المشكلة دائم البحث عن مهارات جديدة لتطوير مهارته.

مبررات استخدام استراتيجية حل المشكلات في التدريس

- تتفق استراتيجية حل المشكلات مع طبيعة التعلّم لدى الطلبة التي تقتضي أن يوجد لدى الطالب هدف يسعى لتحقيقه ، ولذا فإن استخدام معلمي العلوم ولإثارتهم لمشكلة علمية، أو سؤال محيّر كمدخل للدروس العلمية يكون دافعاً داخلياً للتفكير المستمر ، ومتابعة النشاط التعليمي لحل المشكلة المبحوثة .

- تتشابه مع مواقف البحث العلمي ، فهي تنمي روح التقصي ، والبحث العلمي لدى الطلبة ، وتدربهم على خطوات الطريقة العلمية ، ومهارات البحث والتفكير العلمي .

- تجمع في إطار واحد بين شقي العلم بمادته وطريقته ، فالمعرفة العلمية وسيلة للتفكير العلمي ونتيجة له في الوقت نفسه .

- تتضمن اعتماد الطالب على نشاطه الذاتي ، لتقديم حلول للمشكلات العلمية المطروحة ، كما تمكّن الطالب من اكتشاف المفهوم ، أو المبدأ أو الطريقة التي تمكنه من حل المشكلة المبحوثة وتطبيقها في مواقف مختلفة جديدة (زيتون ، 2001) .

ومن العوامل التي تؤثر في مدى نجاح الطلبة في حل المشكلة : طبيعة المشكلة وأهدافها ، والمفاهيم الموجودة التي تعتمد عليها المشكلة ، وصفات المتعلم بما في ذلك الأنماط المعرفية ومستويات التطور ، وبيئة التعلّم بما في ذلك استراتيجيات حل المشكلة ، والخبرة السابقة ، وتشمل المعرفة السابقة والتجربة الوجدانية ذات العلاقة بمجال حل المشكلة ، وبالتالي تزيد من ثقة المتعلم بنفسه ، وتعاون الطلبة مع بعضهم في حل المشكلة ، حيث يزيد التعاون بالخبرة ، وبعد النظر بين المتعاونين ، وزيادة قدرتهم على ترجمة المشكلة إلى أسئلة ، وتطوير التمثيل المعرفي المشترك للمشكلة (Reid & Yang,2002) . ويعتقد جانييه أن العوامل الرئيسة التي تسهم في نشاط حل المشكلة ، هي عوامل تعلّم داخلية ، وعليه فإن نجاح الطلبة في مهمات حل المشكلة يعتمد في المقام الأول على ما تم تعلّمه من قبل الطلبة ،كما أكد جانييه أن الشخص الذي يحل المشكلة ، يتجاوز كونه يطبق قواعده ، إلى كونه يبني قاعدة من رتبة أعلى ، ويميز علاقة جديدة (الخليلي وزملاؤه ، 1996) .

أنواع المشكلات

تتباين المشكلات من حيث نوعيتها وطبيعتها ودرجات صعوبتها بحيث يمكن تصنيفها وفقاً لعدد من الأبعاد وذلك على النحو التالي (الريماوي وزملاؤه ، 2006) :

1- المشكلات جيدة التحديد مقابل المشكلات سيئة التحديد Well-difned vs Ill-defined Problems . فالمشكلات جيدة التحديد هي ذلك النوع من المشكلات الواضحة الجوانب التي لها حلول واستراتيجيات وقواعد حل واضحة ، بحيث يمكن التأكد من صحة حلولها بالرجوع إلى معايير محددة واضحة . أما المشكلات سيئة التحديد فهي المشكلات التي ليس لها حلول واضحة ولا يوجد استراتيجيات أو قواعد محددة يمكن الرجوع إليها لحل مثل هذه المشكلات .

2- المشكلات الندية مقابل غير الندية Adversary vs Nonadaversary Problems . فالمشكلات الندية هي ذلك النوع من المسائل والقضايا التي تتطلب المنافسة بين شخصين أو أكثر في إيجاد الحلول لها أو تحقيق الفوز ، وخير مثال على هذا النوع من المشكلات هي اللعب التنافسية مثل الشطرنج . أما المشكلات غير الندية فهي التي لا تتطلب المنافسة بين أطراف معينة لإيجاد حل لها ، ومن الأمثلة عليها حل لعبة المربعات المتقاطعة أو كتابة رواية أو حل مسألة رياضية أو إيجاد حل لمشكلة محددة .

3- المشكلات القابلة للحل مقابل المشكلات غير القابلة للحل Potentially Solvable vs Nonsolvable Problems : فالمشكلات القابلة للحل هي تلك المسائل والقضايا التي يمكن إيجاد حلول محتملة لها مهما بلغت درجة صعوبتها وتعقيداتها ، في حين المشكلات غير القابلة للحل هي القضايا التي يستحيل أو يصعب إيجاد حلاً مناسباً لها .

و يمكن حصر أنواع المشكلات في خمسة أنواع، استناداً إلى درجة وضوح المعطيات والأهداف، وهذه الأنواع هي:

1 ـ مشكلات تحدد فيها المعطيات والأهداف بوضوح تام.

2 ـ مشكلات توضح فيها المعطيات ، والأهداف غير محددة بوضوح.

3 ـ مشكلات أهدافها محددة وواضحة ، ومعطياتها غير واضحة.

4 ـ مشكلات تفتقر إلى وضوح الأهداف والمعطيات.

5 ـ مشكلات لها إجابة صحيحة ، ولكن الإجراءات اللازمة للانتقال من الوضع القائم إلى الوضع النهائي غير واضحة، وتعرف بمشكلات الاستبصار.

ويقسم التربويون استراتيجية حل المشكلات في تناولها للموضوعات والقضايا المطروحة على الطلبة إلى طريقتين قد تتفقان في بعض العناصر ولكن تختلفان في كثير منها هما:

1 ـ طريقة حل المشكلات بالأسلوب العادي Convergent Problem Solving

تعد طريقة حل المشكلات بالأسلوب العادي أقرب إلى أسلوب الفرد في التفكير بطريقة علمية عندما تواجهه مشكلة ما، وعلى ذلك تعرف بأنها: نشاط عقلي هادف مرن يتصرف فيه الفرد بشكل منتظم في محاولة لحل المشكلة.

أ ـ إثارة المشكلة والشعور بها.

ب ـ تحديد المشكلة.

ج ـ جمع المعلومات والبيانات المتصلة بالمشكلة.

د ـ فرض الفروض المحتملة.

هـ ـ اختبار صحة الفروض واختيار الأكثر احتمالاً ليكون حل المشكلة.

2 ـ طريقة حل المشكلات بالأسلوب الابتكاري Divergent Problem Solving

تعد هذه الطريقة ذات صلة وثيقة بمهارات التفكير العليا ومهارات التفكير الناقد والابداعي، اضافة الى حاجة المتعلم فيها إلى:

أ ـ درجة عالية من الحساسية للمشكلة من خلال: تحديدها وتحديد أبعادها، حيث لا يستطيع أن يدركها العاديون من الطلبة ، وذلك ما أطلق عليه أحد الباحثين الحساسية للمشكلات.

ب ـ درجة عالية من استنتاج العلاقات، واستنتاج الفروض أو التوصل إلى الناتج الابتكاري.

مبررات استخدام استراتيجية حل المشكلات في التدريس:

تتصف استراتيجية حل المشكلات بأنها تجعل المتعلم يمارس دوراً جديداً يكون فيها فاعلاً ومنظماً لخبراته ومواضيع تعلمه لذلك يمكن ذكر عدد من المسوغات التي تبرر أهمية استخدام استراتيجية حل المشكلات في التدريس تشمل كلا من:

1. **المعلم:**

- تغير دور المعلم من الدور التقليدي الذى عاصره في ظل مقولة أنه صاحب المعرفة ومصدرها الوحيد إلى مسهل الموقف التعليمي، حيث يلتزم مع طلبته بالتوجيه والارشاد في ظل طرق التدريس الحديثة التي تهيىء للطالب الفرصة للبحث والتجريب والعمل.

- الاهتمام بالمشكلات الحياتية التي تحاكي عقل المتعلم، وتحفز فيه الدافعية للتعلم.

- توفير البيئة التعلمية الملائمة لاستراتيجية حل المشكلات من خلال توفير الأدوات والمواد المرتبطة بالبحث والتجريب.

2. **المتعلم:**

استخدام استراتيجية حل المشكلات في التدريس تجعل المتعلم يمارس دوراً جديداً يكون فيها فاعلاً، ومنظماً لخبراته، ومواضيع تعلمه، لذلك يمكن ذكر عدد من المسوغات التي تبرر أهمية استخدام استراتيجية حل المشكلات في التدريس لدى المتعلم، تشمل كلا من الآتي:

- تنمية العلاقة بين المتعلم والمعلم والمدرسة.

- ارتباط مهارة حل المشكلات بالمهارات الضرورية لمجالات الحياة المختلفة.

- اكتساب المتعلم المعارف العلمية بالإضافة إلى تعلم المهارات العلمية والبحثية المختلفة.

- تدريب المتعلم على أساليب مختلفة لمعالجة مجالات وأنواع المعرفة المختلفة.

- تدريب المتعلم على التفكير، وهي إحدى المهارات اللازمة التي ينبغي أن يتسلح بها أفراد المجتمع لمعالجة مشكلات مجتمعهم وتحسين ظروف حياتهم.

- مساعدة المتعلم على تحصيل المعرفة بنفسه ، وتزويده بآليات البحث والتقصي والاكتشاف.

- مساعدة المتعلم على اتخاذ قرارات هامة في حياته وتجعله يسيطر على الظروف والمواقف التي تقترحها.

- تنمية القدرة على اكتشاف مصادر المعرفة المختلفة ، واستخدام الوسائل التقنية الحديثة.

- يتحقق عند المتعلم ديمومة المعرفة ووظيفتها.

- تعطي هذه الاستراتيجية المتعلمين الفرصة لتحمل مسئولية حل المشكلات بأنفسهم ، وبذلك فدوره إيجابي ويتعلم كيف يتعلم ، ويتعلم بالعمل لا بالتلقين.

- تنمى القدرة على التفكير الإبداعي والتفكير الناقد عند الطلبة.

3.   المنهج:

لتحقيق الأهداف التربوية المتوخاة من المناهج ، لا بد من تطويرها وتحديثها، والاهتمام بمحتواها الذي يقدم للطلبة على شكل كتب مدرسية تكون أكثر قدرة على تحقيق الأهداف التربوية ، وانطلاقاً من هذا الدور البالغ الأهمية الذي تلعبه الكتب المدرسية في نقل أهداف المنهاج للطلبة، وارتباطها الوثيق بالمعلم والطالب ، فقد حظيت هذه الكتب بالاهتمام البالغ من قبل المختصين ، حيث تم التركيز في تطوير المناهج الحديثة على الآتي:

- مراعاة أن تكون النشاطات التي يتضمنها الكتاب المدرسي وظيفية وترتبط بالمجتمع والبيئة العامة.

- ضرورة اتباع نسق جديد في تأليف الكتب المدرسية ، يبتعد عن السرد ، ويعتمد على أساسيات المعرفة والتفكير الناقد ، ليبعث على التعلم الذاتي والتفكير العلمي عند

المتعلم ، وتساهم أنشطته في استغلال موارد البيئة المتاحة في اكتساب الخبرات التعليمية.

- التركيز على تقديم المادة العلمية بطريقة تعمل على اثارة تفكير الطالب، وحثه على البحث والتجريب من خلال مشكلات واقعية من حياته اليومية (قطيط،2002).

والكتب المدرسية كغيرها من الكتب الأخرى ذات أهمية واضحة تتجلى في نقل ما يستجد من معارف وخبرات هذا العصر للطلبة ، وتوجيههم إلى الأسلوب العلمي في التعلم من خلال حل المشكلات والتعامل مع القضايا العلمية بشكل متكامل، يراعى فيها الآتي:

1- التوازن بين فروع العلوم المختلفة.

2- ربط العلم بالتكنولوجيا وبالبيئة.

3- تقديم العلم من خلال مشكلات وأحداث وقضايا اجتماعية إضافة لتقديمه كبنى مفاهيمية.

4- العمل على توحيد المصطلح العلمي في مناهج العلوم وكتبها(قطيط،2005).

معيقات استخدام إستراتيجية حل المشكلات:

تشترك عدة عناصر في إعاقة استخدام استراتيجية حل المشكلات تشمل كلا من:

- المعلم

- الطالب

- المنهاج الدراسي

- البيئة المدرسية

- **المعلم:**

يعد المعلم عنصرا أساسيا لنجاح حل المشكلات، لأن المعلم الذي يتبنى استراتيجية حل المشكلات كأسلوب في تدريسه يكون فاعلا في الغرفة الصفية، ولكن عندما لا يقتنع

المعلم بهذا الأسلوب فان نواتج التعلم تكون ذات مستوى متدني. كما أن العديد من المعلمين يمتنعون عن استخدام هذه الاستراتيجية لأنها تحتاج إلى وقت طويل أثناء تنفيذ الموقف التعليمي، إضافة إلى أن المعلم مطالب بأن يغطي جميع الموضوعات في الوقت المحدد.

يعد سرد هذه المبررات السابقة غير كاف لإعطاء المعلم المبرر لإهمال هذه الاستراتيجية، وحتى لا يصل المعلم بطلبته إلى هذا المستوى عليه مراعاة الآتي:

- استخدام حل المشكلات في الموضوعات التي يكون حل المشكلات هو الأمثل لتدريسها.

- توجيه الطلاب التوجيه السليم نحو حل المشكلات.

- توجيه الأسئلة التي تساعد الطلاب وتثير تفكيرهم.

- حرص المعلم على استخدام الطالب لقدراته ومهارته في عملية حل المشكلات.

- إلمام المعلم الكافي بمهارات حل المشكلات، وطرق ضبط النظام الصفي.

- الطالب:

يحتاج استخدام هذا الأسلوب (استراتيجية حل المشكلات) إلى قدرات من الطلبة تمكنهم على التعلم من خلال بذل مزيد من الجهد والتعب في سبيل الوصول إلى حل مقبول للمشكلة، وبذلك يرى بعض التربويين أن استخدام استراتيجية حل المشكلات غير ناجح ولا يعطي النتائج المرجوة وخاصة للطلبة الذين يمتازون بالخصائص الآتية:

- بطيئي التعلم.

- الذين لا يمتلكون خلفية سابقة عن الموضوع.

- الذين لا يمتلكون المهارات الأساسية لحل المشكلات.

–   المنهاج الدراسي:

يقدم المعلمون أعذاراً كثيرة عند استخدامهم هذه الاستراتيجية لأن المعلـم مطالـب بأن يغطي جميع الموضوعات في الوقت المحـدد، ورغـم ذلك هـذا لا يعطي المعلـم المـبرر لإهمال هذه الاستراتيجية إذ يمكن استخدامها في الحالات الآتية:

–   تدريس المواضيع التي يحتاج تنفيذها وقتاً طويلاً في توزيع المنهج (الخطة).

–   تدريس الموضوعات التي لها علاقة مباشرة بحياة الطالب، من خلال تقديم مشكلات حياتية معاصرة بحاجة إلى الحل.

–   الانشطة التعليمية القائمة على البحث والتجريب.

–   البيئة التعليمية:

يتطلب استخدام هذه الاستراتيجية توفر العديد من الأدوات والمواد، منها الآتي:

–   البيئة الصفية من طاولات ومقاعد وأجهزة حاسوب، بحيث تسهم في نجاح استخدام حل المشكلات في العملية التعليمية التعلمية.

–   المواد والأدوات الضرورية لإجراء الأنشطة واختبار الأفكار.

–   الأدوات المخبرية والمكتبية للبحث والاكتشاف.

مصادر الخطأ في حل المشكلات

يشير سعيد عبد العزيز (2007) إلى مصادر الخطأ التالية :

1)   عدم الدقة في وصف المشكلة وتعريفها إجرائياً .

2)   عدم الإلمام بجميع عناصر المشكلة .

3)   تجاوز جانب أو أكثر في المشكلة .

4)   عدم تخصيص الوقت الكافي للتعاطي مع المشكلة .

5)   عدم الدقة في التفكير واللجوء إلى التخمين .

6) عدم فحص الاستنتاجات بدقة .

7) التسرع في الأداء .

8) عدم الدقة في العمل .

9) إهمال تنفيذ بعض الخطوات أو العمليات اللازمة .

10) عدم الانتقال من السهل إلى الصعب في حل المشكلة .

11) عدم تمثيل الأفكار برسوم تساعد على الفهم والحل .

12) عدم تقويم الحلول .

13) عدم المثابرة على الوصول للحل .

14) عدم بذل جهد كاف لحل المشكلة .

15) حل المشكلة بشكل ميكانيكي غير متأن .

16) التفكير السريع في الحلول والقفز للإجابات .

شروط تحسين سلوك حل المشكلة :

تشمل شروط تحسين حل المشكلة ما يلي :

1- استدعاء جميع المفاهيم والمبادئ المرتبطة بالمشكلة : أي أن يتعلّم الفرد استدعاء كل ما يرتبط بموقف المشكلة من مفاهيم ومبادئ سبق تعلّمها ، وأن يحاول اكتشاف العلاقات بينها، أي اكتشاف مبدأ جديد من مستوى أعلى يساعد في حل المشكلة ، وهذه المبادئ سمّاها أوزوبل بمنظمات التحسين .

2- تزويد المتعلم ببعض التوجيهات اللفظية التي تفيد في تنظيم تفكير المتعلم : فقد قارن ماير في دراسته 1930 بين خمسة شروط لإعطاء التعليمات وهي :

- الشرط الضابط الذي فيه تصاغ المشكلة فقط للمفحوصين ، أما المجموعات الأخرى من المفحوصين فقد أعطيت لها درجات مختلفة من التعليمات ، فقد قدم لأحدها عرضاً توضيحياً

للمبادئ المرتبطة بجو المشكلة ، ولمجموعة أخرى أضيف إلى العرض التوضيحي تعليمات لفظية هامة ، وللمجموعة الثالثة أضيف لكل ما سبق تعليمات لفظية تتضمن بعض التلميحات الهامة ، وللمجموعة الأخيرة أضيف نمط التعليمات المشار إليها ، وظهر له بأن المجموعة الأخيرة كانت أكثر المجموعات كفاءة في حل المشكلات .

3-التأهب لحل المشكلة : إن التأهب الذي يحدث نتيجة العمل من العوامل الهامة التي تؤثر في سلوك حل المشكلة ، وقد برهن لوتسنز أن التأهب الذي يفيد في حل مجموعة من المسائل الحسابية قد يؤدي إلى تعطيل الأداء عند حل مجموعة أخرى من المسائل ، ويمكن اعتبار التاهب نوعاً من العادات التي تتكوّن نتيجة قدر قليل من الممارسة . وقد وجد لوتسنز أن زيادة مقدار الممارسة يؤدي إلى تقوية التاهب وزيادة عدد مرات الفشل في حل المشاكل التي تتضمن مبدأً مختلفاً ، وقد وجد بعض الياحثين بأن التمارين المركزة تؤدي إلى تقوية التأهب أكثر من التمارين الموزعة .

4- إدراك العلاقة بين المبادئ التي تعلمها الطلبة وموقف حل المشكلة .

5- توافر الحلول البديلة للمشكلة الواحدة .

الأساليب المعرفية للمتعلمين في حل المشكلات

من الأهمية أن ينوع المعلمون في أنماط تدريبهم للطلبة ، بحيث يؤدي ذلك إلى عادات أكثر مرونة .

إن معظم الطلبة لديهم طرق مميزة في حل المشكلات ، يمكن تصنيفها تصنيفات عامة من بينها :

- التسامح مع الغموض في مقابل عدم التسامح معه ، ويتمثل ذلك في الميل إلى الإغلاق المتيسر بالمعنى الجشطالتي مقلبا نقص ذلك عند براون .

○ التسامح مع الخبرة غير الواقعية في مقابل عدم التسامح معها ، أي تقبل ما لا يتفـق مع ما يعرف الفرد أنه صحيح مقابل عكس ذلك عند كلاين وزملائه .

○ التسوية مقابل الإبراز ، حيـث تميـل التسـويةإلى عـدم تمـايز المجـال المعـرفي مقابـل التمايز الأقصى لهذا المجال عند أولبورت .

○ المرونة مقابل التصلب .

○ العقلية المتفتحة مقابل العقلية المغلقة .

○ المستقل عن المجال مقابا المعتمد على المجال .

○ التصنيف إلى فئات عريضة مقابل التصنيف إلى فئات ضيقة النطاق .

○ التكوين الشخصي البسيط مقابل التكوين الشخصي المتعدد الأبعاد .

○ استراتيجية المسح مقابل استراتيجية البأورة في تكوين المفاهيم وحل المشكلات. وفي الأسلوب الأول يقوم المتعلم بتكوين فرض ثم يحاول تأييده بالشواهد ، أما في الأسلوب الثاني فإنه يركز على احد الشواهد ، ويغير فيه حتى يصل إلى الغرض .

○ الاستراتيجية الكلية مقابـل الاسـتراتيجية الجزئيـة ، وتتلخص الاسـتراتيجية الكليـة في اختيار فرض أولي يعتمد على شاهد او دليل كلي مقابل اختيار هذا الغرض عـلى أسـاس جـزء من هذا الدليل وليس كله .

○ الأسلوب التأملي مقابل الأسلوب الاندفاعي .

تنمية تفكير حل المشكلة :

يستطيع المعلمون تنمية تفكير حل المشكلات عند الطلبة بالطرق التالية :

* صياغة المواد الدراسية على شكل مشكلات متحدية للطلبة ، بحيث تضع الطلبـة في حالـة من عدم التوازن العقلي ، وتثير لديهم الدافعية والرغبة في إيجاد حلول مناسبة لها .

* إثارة دافعية الطلبة وتشجيعهم عـلى الاسـتجابة لمثـل هـذه المواقـف مـن خـلال اسـتخدام أساليب التعزيز المختلفة .

* توفير الجو الصفي الذي يمتاز بالهدوء والدفء والتقبل ويشجع الاستقصاء والبحث والتعبير الحر لدى الطلبة .

* تدريب الطلبة على مهارات فهم وتحديد المشكلة والعناصر المرتبطة بها وتدريبهم على وضع الفرضيات المناسبة وطرق جمع البيانات المناسبة لاختبارها واختيار البديل المناسب ومن ثم تنفيذه .

* الاعتماد على الحوار والنقاش كأسلوب تعليمي وتشجيع التعلّم الذاتي والاكتشافي لدى الطلبة ، والعمل على ترتيب البيئة الصفية بشكل يسمح للمتعلم السيطرة على الموقف التعليمي واستخدام الخبرات وأدوات ومصادر التعلم المتاحة .

* تقديم التغذية الراجعة للمتعلم التي تمكن من الوصول إلى الحلول المطلوبة وإرشاده إلى مصادر التعلّم الإضافية .

* تشجيع العمل الجماعي التعاوني بين الطلبة .

* استخدام أسلوب لعب الدور في عملية التدريس .

* تزويد الطلبة بالألغاز والأحاجي والمسائل الإضافية وبالمواقف الاجتماعية التي تتطلب حلولاً وتشجيعهم على إيجاد حلول لها .

الفصل الرابع

نماذج وخطوات استراتيجية حل المشكلات

- معايير استخدام استراتيجة حل المشكلات في التدريس

- خطوات حل المشكلة

- دور المعلم في تطوير استراتيجيات حل المشكلات واستخدامها

- دور المتعلم في اكتساب مهارة حل المشكلات واستخدامها

- الدراسات التربوية التي تناولت التدريس وفقا لاستراتيجية حل المشكلات

نماذج التدريس التي تعتمد على حل المشكلات

أولاً : نموذج جون ديوي

إن نماذج التدريس التي تعتمد على حل المشكلات تنطلق من أفكار جون ديوي (1916-1938) فمن معطياته التربوية الرئيسية ما دعا إليه بأن يكون المنهاج معتمداً على المشكلات . لقد عرّف ديوي المشكلة بأنها أي شيء يثير الشك وعد التأكيد . لقد دعا ديوي إلى أن المشكلة التي تستحق الدراسة لها معياران جديان هما : يجب أن يكون لها أهمية في ثقافة المجتمع ، ويجب أن يكون لها أهمية عند الطالب (Orlich, harder, Callahan, Pauchak & Gibson,2001).

ويعتقد ديوي أننا نتعلّم من خلال البحث وجمع الأفكار ومعالجة المعلومات ، ومن ثم تجريب الأفكار عملياً، ويوضح الشكل التالي نموذج التعلّم المبني على نظرية ديوي (Martin,et al.,1994) :

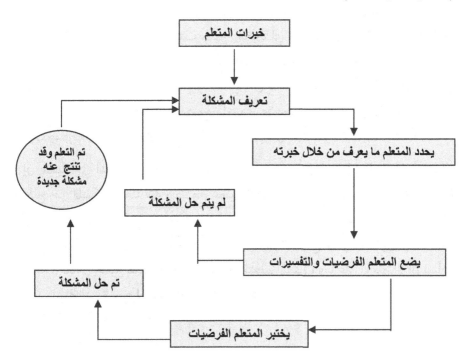

نموذج التعلّم المبني على نظرية جون ديوي

يظهر من خلال الشكل أن ديوي ترجم الطريقة العلمية وكأننا نعالج الأفكار ومن ثم نحاول حل مشكلاتنا ، ويوضح ديوي حاجة المتعلم إلى خبرة مباشرة ذات معنى وذات أهمية، تتناسب مع حاجات المتعلم ، وأكد على دور تواصل الطلبة مع بعضهم في تعلّم الأفكار بصورة أفضل (Martin,Sexton, Wagner & Gerlovich,1994) .

إن العديد من مشاريع مناهج العلوم والرياضيات والعلوم الاجتماعية التي طورت ما بين 1958 و1970 في الولايات المتحدة اعتمدت أسلوب ديوي في حل المشكلات . إضافة إلى ذلك فإن الكثير من المناهج الحديثة والكثير من الكتب المقررة تقترح مشكلات يقوم الطلبة بحلّها . إن بعض هذه النماذج تؤكد على عناصر الاستقصاء والاكتشاف وحل المشكلات . فالمناهج الحديثة خاصة المتداخلة التخصصات مثل الدراسات البيئية تعتمد بشكل مكثف على المعيارين الأساسيين عند ديوي . فإذا ما طلبت تقارير بحثية من الطلبة فإنك بذلك تستخدم عناصر التدريس الذي يعتمد على حل المشكلات .

إن هذه الإستراتيجية كما في الأسلوب الاستقصائي تتطلب تخطيطاً جيداً وبناءاً منظماً للمهارات . يتضمن إطار حل المشكلات مفهوم الخبرة أي الفكرة بأن كل الأحداث والأنشطة التي يقوم بها الطلبة برعاية المدرسة كجزء من العملية التعليمية المخطط لها سينتج سلوكات مرغوب فيها تمكن الأفراد من أن يكونوا مؤثرين في ثقافة المجتمع ، كما أن الخبرات التي توفرها المدارس يجب أن تتضمن بوضوح المحتوى والعمليات المعرفية . إن معرفة ما هو معروف ومعرفة كيف يمكننا أن نعرف هما هدفان مهمان للمتعلّم (Martinez,1998) .

إن عملية حل المشكلات تتضمن عناصر عديدة موجودة في النموذج البنائي ، واستخدام مصطلح حل المشكلات هنا فيه ربط مع عملية التعلّم الاستقصائي الذي يسعى فيه الطلبة إلى إيجاد إجابات متلائمة معهم ومع ثقافتهم ،إن الفلسفة البنائية تتطلب من المتعلّم أن يكون منغمساً بنشاط في العملية التعلّمية ، ويتطلب النموذج وجود محتوى وعمليات ، فمن خلال تفاعل جميع هذه العناصر يستخرج المتعلّم المعنى ، وما على المعلّم إلاّ أن يساعد في توفير البيئة التي تسمح للطالب بالمشاركة والتفاعل .

يتطلب حل المشكلات درجة من الحرية (لاستكشاف المشكلة) والمسؤولية (للوصول إلى حل ممكن). إن الغرض من معالجة المشكلة هو تحقيق أهداف معينة وليس لغرض الاستقصاء فقط. إن الخطوات الواردة في الشكل أدناه ترتبط عادة بتقنية حل المشكلات، مع أن الطلبة قد لا يتبعونها حرفياً.

إذا قرر المعلّم أن يستخدم حالة تتطلب حل المشكلة في صفه عليه أن يدرك بأن ذلك قد يستغرق أياماً أو أسابيع. وخلال هذا الوقت تجري عملية تعلّم أشياء أخرى – مثلاً استخدام كتب مرجعية للحصول على المعلومات، تفسير البيانات، تقديم تقارير عن تقدّم العمل إلى الصف وتحمل مسؤولية القيام بهذه المهام.

وتتلخص خطوات حل المشكلة في:

1- الوعي بوجود موقف أو حدث يمكن أن يسمى مشكلة.

2- التعرّف على المشكلة بإعطائها مصطلحات دقيقة.

3- تعريف جميع المصطلحات.

4- إقرار حدوث المشكلة.

5- تحليل المهمات المتعلقة بالمشكلة بحيث تقسم المشكلة إلى عناصر يجري استقصاءها.

6- جمع البيانات المتعلقة بالمهمة.

7- تقييم البيانات لتجنب أي مواقع تحيز أو خطأ.

8- جمع البيانات وتركيبها بإيجاد علاقات ذات معنى بينها.

9- عمل التعميمات واقتراح البدائل لمعالجة المشكلة.

10- نشر النتائج التي يتوصل إليها من خلال الاستقصاء.

ثانياً : نموذج البناء في التصميم والتنفيذ :

وأحد هذه النماذج ، هو نموذج البناء في التصميم والتنفيذ بشكل متقن , حيث استخدم في البداية في مجال الطب , وهو الآن مطبق في تعليم الطلبة الموهوبين بالمرحلتين؛ الابتدائية والمتوسطة (Gallagher& Johnson, 1998) .

ويتضمن هذا النموذج عدة خصائص , هي:

* الطلبة هم المسؤولون عن تعليم أنفسهم، مما يزيد من حماستهم للتعلم؛ لأنهم مسؤولون عن تعليم أنفسهم في كل مرحلة من المراحل التعليمية.

* إن المشكلة غامضة وغير مكتملة ، ورغم ذلك تجذب الطالب لأنها مشكلة حقيقية.

* دور المعلم هو تسهيل المهمة لا إدارتها ، حيث يساعد الطلبة من خلال طرح الأسئلة وتوفير سقالات إضافية للمشكلة مع معلومات جديدة أو مصادر مطلوبة.

* يكمل الطلبة لوحة (الحاجة للمعرفة) مبكراً في تحقيقاتهم ، التي تسمح لهم بالتخطيط لحل المشكلة ، من خلال معرفة ماذا يريدون أن يعرفوا ، وكيف سيعرفون ذلك.

وتعمل هذه الخصائص مع بعضها بعضاً في إقحام المتعلم بالمشكلات المهمة التي تحدث في العالم ، من مثل : تلوث المياه والهواء ، والكيميائيات الخطيرة ، وانتشار الأمراض المعدية ، أو مشاكل مصادر الطاقة. وبذلك يدرك الطلبة أن العالم يحتاج إلى أفراد قادرين على استعمال مهارات التفكير المختلفة من أجل حل المشكلات.

ولكي يسير الطالب في حلقة تعلم مبني على حل المشكلات بنجاح ، يجب أن يكون قادراً على التحليل والتأليف وتقييم وإنشاء جميع مهارات التفكير في المستويات العليا.

ثالثاً : نموذج توظيف مهارات التفكير المركبة

وهناك نموذج تعليمي مبني على حل المشكلات وفقاً لما ذكره لأندرسون، كراثول وبلوم (Krathwohl & Bloom,2000) . والمشكلة الآتية توضح حلقة تعلم مبني على حل

المشكلات, التي يمكن توظيف مهارات التفكير المركبة فيها, والنقاط التالية توضح هذا النموذج :

* المشكلة : هناك عدد قليل من الناس يستطيعون العبور من وإلى مركز المدينة. اعتبر نفسك مخططاً مدنياً ، ولديك شهر واحد لوضع خطط فعالة لتحل هذه المشكلة , مراعياً وجود توجه لبناء مطار جديد سوف يبنى على بعد 20 ميلاً من المدينة، لكن المباحثات بشأنه قد توقفت، ماذا ستفعل؟ يمكنك الاستعانة بالمصادر التي تم استخدامها في مشروع آخر.

* المهارات المطلوبة من أجل توضيح المشكلة :

- تحليل ماهية المشكلة الحقيقية؛ عبور الناس، بناء مطار.

- تآلف مفاهيم المشكلة؛ هل هناك تآلف فعال لكل مظهر من مظاهر المشكلة ؟

- تقييم الاستراتيجيات البديلة المطلوب تنفيذها ؛ هل أستطيع نقل المخصصات؟

- هل أستطيع توظيف هذا النقل؟ هل أستطيع التعامل مع مسألة المطار؟

- إنشاء خطة العمل المطلوبة لعرضها على مجلس المدينة.

رابعاً : نموذج باير (Beyer)

ويوجد نموذج في حل المشكلات يسير وفق خطوات متسلسلة , تم اعتماده من قبل بيير (Beyer,2000) وهذا النموذج يظهر مهارات التفكير في حل المشكلات ، وهي:

1. تعريف المشكلة Recognize A problem.

2. تحديد المشكلة Represent the Problem.

3. وضع خطة لحل المشكلة واختيار الحل المناسب diliver or choose a solution Plan.

4. تجريب/ تنفيذ الخطة Execute the plan.

5. تقييم الحل وتقييم الخطة Evaluate the Solution.

خامساً: نموذج براند سفود وشتاين

كما يوجد نموذج عام آخر في حل المشكلات، تم تطويره من قبل براندسفود وستين (1993), حيث تم استعمال هذا النموذج للمشاريع الكبيرة ومع الطلبة الموهوبين في البرنامج الصيفي بجامعة بوردو. (IDEAL) هو الاسم المختصر لهذا البرنامج :

1. اعرف المشكلة أو المشكلات المحتملة. I= Identifing the Problem
2. حدد المشكلة. D= defining the Problem
3. اكتشف خيارات أو طرق لحل المشكلة. E= Exploring strategies
4. انقد أنشطة الحل المبرمجة. A= Acting on Ideas
5. انظر إلى النتائج وقيم الحل. L= Looking for the Effects

حدد ← عرّف ← اكتشف ← تصرّف ← أنظر ← تعلّم

سادساًَ : نوذج بارنز (Parnes)

هناك نموذج آخر لحل المشكلات , يتضمن التفكير الناقد والتفكير الإبداعي ، ومستخدم بشكل واسع في البرامج الخاصة للطلبة الموهوبين ، وهو يعتمد على حل المشكلات الإبداعي Creative Problem Solving. والنموذج الأصلي لهذه المهارة تم تطويره من قبل بارنز (Parnes,1967)، وتم نشره لاحقاً من قبل كل من بارنز ونولر وبيودي (1977). وقد عرض هذا البرنامج على الطلبة الموهوبين من قبل تريفنغر(Treffinger,1980) ، وتم توسيعه كبرنامج تعليمي من قبل ايساكسن و تريفنغر (Treffinger,1985 &Isaksen)، وتم نشره من قبل وايساكسن وترينغر ودورفال ونولر (2000). والخطوات الست الآتية تصف هذا النموذج :

1. إيجاد الفوضى	(Miss finding M)
2. إيجاد البيانات	(Date Finding D)
3. إيجاد المشكلة	(Problem Finding P)
4. إيجاد الفكرة	(Idea Finding I)
5. إيجاد الحل	(Solution Finding S)
6. إيجاد القبول	(Acceptance Finding A)

والسمة الرئيسة في إيجاد الفوضى هي تدقيق الطالب في حالة المشكلة وإيجاد توجه نحو هدف موسع أو حل، وفي إيجاد البيانات يـدقق المشـاركون في البيانـات المتـوافرة؛ بحثـاً عـن الفوضى وتحديد الخطوات القريبة نحو الحل. أما بالنسبة لإيجاد المشكلة، فيتم التركيـز عـلى صياغة المشكلة بطريقة محددة. وتمثل خطوة إيجاد الحل عمليات تقييم الأفكار الناتجـة في الخطوة الأخيرة والتدقيق فيها ، واختيار أكثر الأفكار ملاءمة للحل. وفي الخطوة الأخيرة (إيجاد القبول) يتم التركيز على وضع خطة من أجل تطبيق الحل الأمثل. ويمكن تكييف نموذج حـل المشكلات الإبداعي ، بحيث يتم من خلاله حل المشكلات المستقبلية. ويتضمن تطبيق نموذج حل المشكلات الإبداعي الدراسات المستقبلية والمشـكلات التـي تثـير, الآن, اهتمامـات عالميـة واسعة (Volk,2004).

وقد قام كل من تريفنغر وايساكسن ودونورفال (2000) بتوسيع النموذج مـن خـلال اقتراح أن تتضمن الخطوة الأولى فرضاً للمشاركين لتحديد مشكلاتهم الخاصـة ضـمن مجـال محدد في الدراسة. كما اقترحوا أن تتضمن مرحلة إيجاد الحل أكثر مـن مجـرد اختيـار أفضـل الأفكار، بحيث تحتوي على تركيب أفضل لهذه الأفكار من أجل الوصول إلى حـل أكـثر إبـداعاً وتعقيداً.

وقد قام دونالد وود باستقصاء ومناقشة العديد من الطرائق لحل المشكلات وتشمل الطريقة الأولى على الآتي:

1 – أبدأ بمهمة موجودة في سياق مألوف.

2 – قدم أساليب حل المشكلات التي يمكن تطبيقها .

3 – شجع الطلبة على تكوين مساراتهم الشخصية للحل .

4 – ركز على التعلم التعاوني الجماعي لحل المشكلة .

5 – ساعد على تنمية مهارات العمل التعاوني .

6 – قدم أدوار مختلفة للأفراد في سياق المجموعة .

7 – حدد وعالج عن طريق المناقشة المفاهيم الخاطئة .

وفي هذا المجال يشتمل دور المعلم في طريقة حل المشكلات على التفكير بعرض المواقف الحياتية اليومية والمواقف المتعلقة بكل مفهوم . ويجب على المعلم أن يكون مسهلاً وأن يتجنب إخبار الطلبة ما عليهم فعله أو ما عليهم اكتشافه ويجب عليه كذلك تشجيع الطلبة على المشاركة في الأفكار داخل الصف وتوليد البدائل والخيارات لحل المشكلة .

ومن المحتمل أن يجد المعلمون الذين يستخدمون طرق حل المشكلات في التعلم بعض عناصر المقاومة من قبل الطلبة . وربما سيكون هناك نفور ومعارضة من جانب الطلبة لتغيير أساليب تعلمهم التي اعتادوا عليها خلال تعلمهم التقليدي، وقد يعبر الطلبة عن قلقهم حيال التقييم وطرائق الاختبار لأن التركيز على الاستظهار سيكون في أدنى مستوياته.

وقد تكون لدى المعلمين أنفسهم تحفظات جدية، بخصوص استخدام طرائق حل المشكلات بسبب الوقت الإضافي المطلوب ، وعدم التأكد من تغطية المواد المنهجية. وقد تكون هناك نفقات متزايدة بسبب المدى الواسع للموارد المستخدمة من اجل اكتشاف الحلول للمشكلات المنتقاة .

وفي هذا السياق أعد الباحثون قائمة باقتراحات مفيدة ومطلوبة من تحقيق الهدف من تدريس الطلبة بالطريقة القائمة على الاستقصاء، ولتحقيق ذلك يجب على الطلبة القيام بالأمور الآتية:

1 - تحديد المشكلات والحلول المتوقعة، وإعداد الخطط المناسبة لاختبار الحلول المقترحة.

2 - تكوين الفرضيات واختبارها ، واختبار تنبؤاتها .

3 - إعداد الإجراءات واختبارها واختبار تنبؤاتها.

4 - تكوين أسئلة جديدة.

5 - تحليل الفرضيات الأساسية ومناقشتها.

6 - المشاركة ومناقشة التنبؤات، والإجراءات ، والنواتج، والحلول.

7 - مراعاة وتطوير تنبؤات بديلة، وإجراءات، ونواتج وحلول.

8 - تطوير قاعدة لطرح الأسئلة للخبرات السابقة .

9 - ربط خبرات الطلبة بالأنشطة، والمفاهيم، والمبادئ.

وتتلخص مبادئ حل المشكلات الإبداعية فيما يلي :

يشير (التشلر) وزملائه إلى وجود حوالي أربعين مبدأ يمكن استخدامه في حل المشكلات، ويمكن أن تتيح هذه المبادئ وسائل منتظمة وفعالة للخروج من دائرة النماذج الراهنة لحل المشكلات ، والتي تتيح فرص جديدة أكثر إبداعية عن النماذج السابقة.

ولصياغة هذه المبادئ الإبداعية تتم صياغة المشكلة باستخدام الطرائق المعروفة في نظرية (تريز) بحيث يتم تحديد الحل المثالي النهائي ، وتحديد الأسباب التي تحول دون تحقيقه ، الأمر الذي يكشف عن التناقضات ، وهنا يتم اختيار المبدأ الذي يناسب هذا الموقف. وعند توظيف هذا المبدأ يجب أن يظل حاضراً في الذهن، العمل على التخلص من التناقضات، واستخدام المصادر المتاحة. ونظراً لأهمية هذه المبادئ في حل المشكلات إبداعياً فسوف يتم تقديم بعضها، وهي:

1 - التقسيم Segmentation

ويهدف هذا المبدأ إلى :تقسيم الشيء إلى أقسام مستقلة، أو جعل الشيء قابلاً للتقسيم أو التجزئة، أو زيادة درجة تقسيم الشيء.

2 - الفصل Extraction

ويشير هذا المبدأ إلى: إزالة أو فصل الجزء الذي لا يعمل بشكل جيد في النظام ، أو استخراج الجزء الضروري من النظام وفصله عن الأجزاء غير الضرورية.

3 - الدمج/ الربط Compining

ويشير هذا المبدأ إلى: الربط المكاني بين الأشياء المتجانسة أو تلك الأشياء التي تقوم بعمليات متجاورة ، أو الربط الزماني بين العمليات المتجانسة أو المتجاورة.

4 - النوعية المحلية Local Quality

ويشير هذا المبدأ إلى : الاستفادة من أجزاء النظام في تأدية وظائف أخرى، أو إتاحة الظروف الأكثر ملائمة لعمل كل جزء من أجزاء النظام.

5 - العمومية Universality

ويشير هذا المبدأ إلى: جعل النظام يقوم بهذه الوظيفة أو تأدية العمل وفي الوقت نفسه تقليل الحاجة لأنظمة أخرى .

6 - العمل القبلي Prior action

ويشير هذا المبدأ إلى: القيام بتنفيذ التغيرات والمهام المطلوبة في النظام قبل ظهور الحاجة إليها، أو الترتيب المسبق للأشياء بحيث يمكن استخدامها من أكثر المواقع ملائمة، تجنباً لهدر الوقت.

7 - تحويل الضار إلى مفيد Convert harm into benefit

ويشير هذا المبدأ إلى : استخدام العناصر الضارة في البيئة للحصول على آثار إيجابية ، أو التخلص من عنصر ضار بإضافته إلى عنصر ضار آخر، أو مضاعفة مقدار العمل الضار، إلى أن يتوقف عن كونه ضاراً.

8 - القلب Inversion

ويشير هذا المبدأ إلى: تغيير وعكس الإجراءات المستخدمة في حل المشكلات ، أو جعل الأجزاء المتحركة ثابتة والأجزاء الثابتة متحركة، أو قلب العملية رأساً على عقب.

9 - الخدمة الذاتية Self-Service

ويشير هذا المبدأ إلى: جعل الشيء يقوم بخدمة ذاته، وينفذ عمليات مساندة ، أو الاستفادة من مخلفات المواد.

10 - الدينامية Dynamics

ويشير هذا المبدأ إلى جعل خصائص الشيء أو بيئته الخارجية قابلة للتعديل لتوفير أفضل أداء ممكن لكل مرحلة من مراحل العمل، أو جعل العمليات غير المرنة قابلة للحركة والتعديل.

سادساً : نموذج جستن لحل المشكلة

يتضمن النموذج مجموعة خطوات مرتبة تسير على وفق تدفق ذهني متسلسل متتابع حتى يتم الوصول إلى حالة التنفيذ للحل . وتتلخص خطوات هذا النموذج في الشكل التالي :

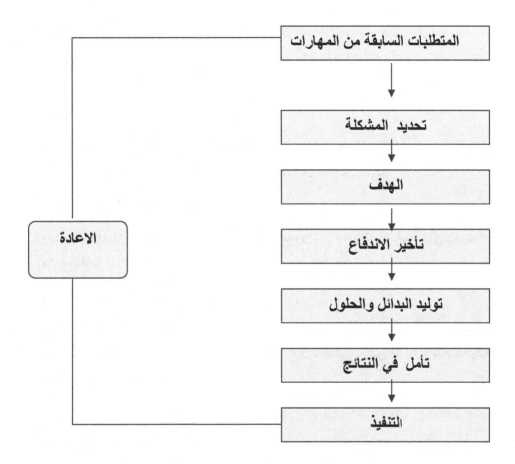

معايير استخدام استراتيجة حل المشكلات في التدريس:

يمكن حصر عدة معايير عند توظيف استراتيجة حل المشكلات في التدريس منها:

1 ـ **قدرة المعلم:** أن يكون قادراً على توظيف استراتيجة حل المشكلات في التدريس، وملما بالمبادئ والأسس اللازمة لتوظيفها.

2 ـ **أهداف المشكلة:** تحديد الأهداف التعليمية لكل خطوة من خطوات استراتيجية حل المشكلات.

3 ـ **نوع المشكلة:** أن تكون من النوع الذي يثير الطلبة ويتحدى تفكيرهم، لذا ينبغي أن تكون من النوع الذي تحفز الطلبة على البحث والتجريب.

4 ـ **التقويم:** استخدام المعلم طريقة مناسبة لتقويم تعلم الطلاب استراتيجة حل المشكلات ، لأن كثيراً من العمليات التي يجريها الطلاب في أثناء تعلم حل المشكلات غير قابلة للملاحظة والتقويم.

5 ـ **المتطلبات السابقة:** تأكد المعلم من وضوح المتطلبات الأساسية لحل المشكلات قبل الشروع في تعلمها. كأن يتأكد من إتقان الطلاب للمفاهيم والمبادئ الأساسية التي يحتاجونها في التصدي للمشكلة المطروحة للحل.

6 ـ **الوقت:** تنظيم الوقت التعليمي خلال أداء الطلبة، وتوفير فرص التدريب المناسب لهم لتنفيذ خطوات استراتيجية حل المشكلات بشكل صحيح.

خطوات حل المشكلة:

يتضمن استخدام استراتيجية حل المشكلات قيام المتعلم بخطوات ينتقل فيها من خطوة لأخرى للوصول إلى حلول مقبولة للمشكلة, وليس بالضرورة أن تكون هذه الخطوات مرتبة بطريقة محكمة غير قابلة للتراجع, فالمتعلم يغير ويبدل كما يشاء في سعيه لحل الموقف المشكل. كما أنه لا يوجد اتفاق مطلق على عدد محدد لخطوات حل المشكلة, فمثلا يمكن حل المشكلة بأربع خطوات هي: تحديد المشكلة, وجمع المعلومات, ووضع الفروض, واختيار أفضل الحلول.(Sdorow,1995), (Lefton, et al., 2003), (Meed, et al., 1999),
(Armstrong, et al., 2000).

كما أن اتباع خطوات حل المشكلات يتطلب من المتعلم نشاط ذهني معرفي يسير في خطوات معرفية ذهنية مرتبة ومنظمة ، ويمكن تحديد عناصرها وخطواتها كالآتي:

1 ـ الشعور بالمشكلة:

و تتمثل في إدراك معوق أو عقبة تحول دون الوصول إلى هدف محدد.

2 ـ تحديد المشكلة:

وصف المشكلة بدقة مما يتيح لنا رسم حدودها وما يميزها عن سواها، من خلال تحديدها بأسئلة محددة للب المشكلة.

3 ـ تحليل المشكلة:

تعرف المتعلم على العناصر الأساسية في مشكلة ما ، واستبعاد العناصر التي لا تتضمنها المشكلة.

4 ـ جمع البيانات المرتبطة بالمشكلة:

تحديد المتعلم لأفضل المصادر المتاحة لجمع المعلومات والبيانات في الميدان المتعلق بالمشكلة، كالكتب، أو شبكة الانترنت.

5 ـ اقتراح الحلول:

تمييز وتحديد عدد من الفروض المقترحة لحل مشكلة ما.

6 ـ دراسة الحلول المقترحة:

اختبار الفروض للوصول إلى حل واضح ومألوف فيتم اعتماده ، وقد يكون هناك احتمال لعدة بدائل ممكنة ، فيتم المفاضلة بينها بناءً على معايير نحددها أو بناء على عملية تجريب واختبار الفرضيات المتاحة.

7 ـ الحلول الإبداعية:

احيانا الحلول المألوفة ربما تكون غير ملائمة لحل المشكلة ، ولذا يتعين التفكير في حل جديد يخرج عن المألوف ، وللتوصل لهذا الحل تمارس منهجيات الإبداع المعروفة مثل (العصف الذهني).

ويشير " كنوي " (Conway) إلى خطوات استراتيجية حل المشكلة من خلال كلمة (Ideal) وهي عبارة عن الأحرف الأولى للخطوات الخمس المكونة للاستراتيجية وهي:

1- تحديد المشكلة. Identification

2- تعريف المشكلة. Definition

3- استكشاف الحل. Exploring

4- تنفيذ الأفكار. Acting Ideas

5- البحث عن النتائج Looking Effects (Conway, et al., 1993).

أما " ويكفيلد "(Wakefield) فقد حدد خمس خطوات للاستراتيجية وهي:

- الشعور بالمشكلة.

- تحديد المشكلة.

- جمع المعلومات ذات العلاقة بالمشكلة.

- تجريب الحلول وتقويمها.

- تعميم الحلول (Wakefield, 1996).

كما حدد " شرستينسن "(Christensen) سبع خطوات لحل المشكلة وهي: تعريف المشكلة، وتحديدها، ووضع استراتيجية الحل، وتنظيم المعلومات، وتوفير المصادر، وعرض النتائج، وتقويمها (Christensen, et al, 2001). أما " أورليش " فقد وضع عشرة خطوات لحل المشكلة وهي: الوعي بالمشكلة، والتعرف عليها، وتحديدها، وإقرار حدوثها، وتحليل المهمات المرتبطة بها، وجمع المعلومات، وتقييمها؛ وإيجاد علاقات ذات معنى بين المعلومات المجمعة، والوصول إلى تعميمات، ونشر النتائج(Orlich,et al. , 2001).

ويرى العديد من التربويين أن تحديد خطوات حل المشكلة في عدد محدد أمـر غـير متفق عليه، وبذلك وضعوا خطوات حل المشكلة في الآتي:

1 ـ تحديد المشكلة المراد دراستها وحلها.

2 ـ الربط بين عناصر المشكلة وخبرات المتعلم السابقة.

3 ـ ذكرالحلول(الفروض) الممكنة للمشكلة.

4 ـ إيجاد الحلول الممكنة للمشكلة.

5 ـ تجريب الحلول(الفروض) الممكنة واختبارها.

6 ـ تعميم النتائج التي توصل اليها المتعلم.

7 ـ نقل الخبرة والتعلم إلى مواقف جديدة.

دور المعلم في تطوير استراتجيات حل المشكلات واستخدامها

أولاً: تحديد المشكلة المراد دراستها وحلها:

عرض المعلم المشكلة التي يريد توظيفها بصورة واضحة ، ولتحديـد المشكلة لا بـد مـن توفر بعض الشروط الآتية:

-   صياغة المشكلة صياغة دقيقة ومحددة ، بحيث تتضمن متغيـرات الموقـف أو القضية بصورة واضحة للمتعلم.

-   استخدام كلمات دقيقة وسهلة ، ومفهومة لدى الطلبة.

-   تتضمن الصياغة كل العناصر المتضمنة في الموقف.

-   تتضح العلاقة بين العناصر بوضعها على صورة علاقة على أن تكون مجمـوع العلاقـات بسيطة وسهلة وقابلة للفهم من قبل الطلبة.

-   صياغة المشكلة بصورة محددة واعرضها على الآخرين للحكم على وضوحها.

ثانياً: الربط بين عناصر المشكلة وخبرات المتعلم السابقة.

ربط عناصر المشكلة عمل ذهني يتطلب من المتعلم إن يحدد العناصر بهدف جعلها أكثر وضوحا لديه، وبذلك يستطيع ربط ما هـو جديد بمـا لديـه مـن خبرات سابقة ليصبح التعلم ذا معنى. لذلك يمكن تحديد المهمات الجزئيـة التي ينبغـي أن تحقـق لـدى المـتعلم وهي كالآتي:

أ ـ ربط بين عناصر المشكلة.

ب ـ تحديد مكونات المشكلة.

ج ـ تحديد المتطلبات المعرفية.

ويمكن أن يظهر جلياً استيعاب الطلبة للمشكلة من خلال الصور الآتية:

- ربط المتعلم بين العناصر بكلمات رابطة تسمى بوحدات الربط.

- تحديد المتعلم مكونات المشكلة وما ترتبط به من معرفة وخبرات.

- تحديد المتعلم ما يحتاجه من معرفة أو خبرات.

- مدى توفر المعرفة اللازمة لديه.

- سعي المتعلم بنفسه أو المجموعة للحصول على المعرفة اللازمة من مصادرها.

ثالثاً: ذكرالحلول (الفروض) الممكنة للمشكلة:

يمكن توضيح الحلـول بأنها صـور للحـل الافتراضي ، وتستند إلى بعض الأدلـة المنطقيـة الظاهرة أو المتضمنة في المشكلة ، وترتبط قيمـة الحلـول التي يتوصل إليها الطلبة بقيمة المعرفة والخبرات لديهم. كما ترتبط أيضاً بوضوح المخزون المعرفي الـذي يسـهل استدعاؤه واستخدامه ، وتوظيفه للوصـول إلى الحل. ويمكن أن يتدرب الطلبة على هـذه المرحلـة في كـل درس أو موضوع ، حتى تتحقق لدى الطلبة مهارة استخراج حلـول المشكلة. وتصاغ الحلـول عادة على صورة جملة خبرية توضح العلاقة بين متغيرين أو أكثر. لذلك يتوقع من الطلبة أن يستدلوا العلاقة بدلالة سلوك أو إشـارة أو أمـارة أو منبـه يـدعم ذلك، وهـي مجموعـة مـن المساعدات التي تهيء الفرص أمامهم للوصـول إلى الحل. ويـرتبط قـدرة المتعلم عـلى ذكـر الحلـول ووفرتها وعمقها بتوفر مجموعة من العوامل يمكن ذكر بعضاً منها كالآتي:

1 ـ المخزون المعرفي والخبراتي لدى المتعلم.

2 ـ أسلوب معالجة الطلبة للمشكلة أو الموقف الصفي.

3 ـ منهجية العمل المتبعة عند طرح المشكلات التعلمية والحياتية.

4 ـ المواد والخبرات المنظمة للتفاعل معا وفق برنامج مدروس.

5 ـ التدريب المستمر للطلبة في مواقف مختلفة لصياغة حلول لمشكلات تدريبية.

6 ـ تدريب الطلبة على استيعاب معايير الحل الفاعل وصياغته.

دور المعلم في مساعدة الطلبة على ذكر الحلول الملائمة للمشكلة:

ينحصر دورالمعلم في هذه المرحلة بالمواقف الآتية:

- إعداد المادة التعليمية على صورة مواقف أو مشكلات.

- تدريب الطلبة على آلية هذه المرحلة.

- تزويد الطلبة بالمواد الإضافية التي تسهل صياغة الحلول.

- نشر الحلول التي يتوصل إليها الطلبة والمجموعات إلى الطلبة الآخرين.

- مناقشة الحلول بهدف تعديلها وتحسينها لديهم.

- تسجيل الحلول على السبورة أو على لوحة قابلة للمراجعة أو التعديل.

دور المتعلم في ايجاد الحلول الملائمة للمشكلة:

يمتاز دور المتعلم في المدرسة المعرفية التي تنبثق منها استراتيجية حل المشكلات بالآتي:

نشط ، فاعل نام ، متطور ، منظم ، باحث ، مكتشف ، مفكر ، حيوي . .

عند استخدام أسلوب حل المشكلات مع المتعلّمين على المعلّم دائماً أن يلعب دور الموضح أو المعرّف . إن دور المعلم يكمن في مساعدة المتعلّم بأن يعرف بدقة ما الذي عليه دراسته أو حلّه. إن أسلوب حل المشكلات يركز على البحث المنظم ، فالطلبة يحددون المشكلة ويوضحون القضايا ويقترحون طرقاً للحصول على المعلومات اللازمة ثم يتفحصون ويقيمون نتائجهم. وفي معظم الحالات يقوم المتعلّمون بوضع فرضية ويقومون باختبارها .، إلاّ أن الطلبة هنا يحتاجون إلى إشراف مستمر . ففي نموذج حل المشكلات على المعلّم أن يتلقى تقارير عن تقدّم العمل من الطلاب المندمجين في عملية الاستقصاء. إن عملية حل المشكلة لا تسمح

للطلبة بأن يستسلموا لنزواتهم في عملية تتطلب بناء علاقات تقارب بين الطلبة والمعلّم . كذلك تتطلب العملية استقصاءً منظماً للمشكلة واقتراحات لحلول حقيقية . وسيتم سرد حالتين لمشكلتين حقيقيتين وقعتا في مدرستين ابتدائيتين في مدينة واشنطن دي سي ومدينة ماساشوتس .

ويمكن تحديد أدوار الطالب في هذا المجال بالأمور الآتية:

- ينظم المعرفة ، ويرتبها بالطريقة التي تساعده على الفهم والاستيعاب.

- يصوغ المشكلة بدقة لكي يصوغ الحلول المناسبة.

- يحصل على المعرفة والخبرة اللازمة من المصادر المناسبة لإيجاد حلول للمشكلة.

- البحث والاستقصاء عن حلول للمشكلة.

- اتخاذ القرار المناسب وفق الفرضيات التي ذكرها ، وتحديد المعيار الذي تم وفقه تبنيها.

رابعاً: إيجاد الحلول الممكنة للمشكلة:

تمتاز هذه المرحلة بأنها تتوسط بين العملية الذهنية المتضمنة إعطاء عدد كبير من الحلول دون معايير، ومرحلة الانتقال إلى عملية انتقاء وتصفية الحلول وفق معايير. وتتضمن هذه العملية بناء مخطط لإيجاد الحلول، ويتم ذلك بأن يبذل الطالب جهداً ذهنياً متقدماً لاتخاذ قرار بشأن البديل أو الحل المناسب للمشكلة، أو الحلول التي تحتاج إلى التجريب. ويحتاج المتعلم إلى بعض المهارات للوصول إلى حل ملائم للمشكلة منها:

- وضوح الحلول الموجودة أمامه لاختبارها.

- تحديد المجال المعرفي والمهاراتي والخبراتي الذي تقع ضمنه الحلول.

- تحديد المواد والخبرات المتعلقة بالحلول والضرورية له.

- تحديد المهارات اللازمة للنجاح في معالجة الحلول.

- حصر الإشارات أو الأمارات التي تدل على الحلول.

- تحديد النواتج بصورة نظرية استناداً إلى الأمارات والإشارات المتوافرة.

- توظيف آلية اختبار والتحقق من الحلول وفق خطوات أو مراحل.

دور المعلم في إيجاد الحلول الممكنة للمشكلة:

يمتاز دور المعلم في هذه المرحلة بالآتي:

- توجيه الطلبة الى أنسب الحلول من خلال اسئلة محددة.

- مساعدة الطلبة على توضيح المجال المعرفي والخبرات المرتبطة بالحلول الممكنة للمشكلة.

- مساعدة الطلبة على الحصول على المواد اللازمة.

- مساعدة الطلبة على صياغة الحلول المستندة على الفروض.

دور المتعلم في إيجاد الحلول الممكنة للمشكلة:

- تحديد الخطوات التي سيتم وفقها التحقق من الحلول، وبيان المنهجية المتبعة سواء كانت التجريب، أو البحث والتقصي ، أو السؤال، أو أي أسلوب يراه مناسبا في سبيل الوصول إلى هدفه.

- اتخاذ قرار بما تـوافر مـن المعرفـة والخـبرات والمهـارات اللازمـة لإيجـاد الحـل الملائـم للمشكلة.

- تحديد المواد اللازمة لدراسة الحلول.

- الحصول على المعرفة والمواد اللازمة.

- صياغة النواتج بصورة قابلة للملاحظة وفق معايير.

خامساً: تجريب الحلول (الفروض) الممكنة واختبارها:

تمتاز هذه المرحلة ببدء المتعلم باختبار ما صاغه من فرضيات وحلول في سبيل تحقيق هدفه الذي يسعى من أجله من الخطوة الأولى، ويمكن وضع بعض معايير التجريب والاختبار كالآتي:

- قابلية الفرض للاختبار.
- ارتباط الفرض بالمشكلة.
- محدد بموقف واحد، وغير متشعب بأكثر من مجال.
- الصياغة الدقيقة للفرض.
- صياغة الفرض بدلالة أداء قابل للملاحظة والحل.
- ملائمة صياغة الفرض لظروف المجال والخبرة.
- صياغة الفرض من وجهة نظر عملية أدائية.

ولانجاح عملية تجريب الحلول (الفروض) الممكنة واختبارها، لا بد من مراعاة الآتي:

- وضوح منهجية التجريب لدى المتعلم والمعلم.
- صياغة الفرض صياغة لغوية دقيقة.
- الفرض مصاغ على صورة قابلة للحل.
- توفر المواد والخبرات والمعرفة اللازمة لإجراء الحل وتطبيق الفرض واختباره.
- تحديد خطوات آلية تطبيق الحل واختباره.
- صياغة دقيقة نسبياً لما سيتم الوصول إليه بعد التحقق.

دور المعلم في تجريب الحلول (الفروض) الممكنة واختبارها:

- إعداد المواد والخبرات اللازمة للتجريب.

- تنظيم موقف التجريب والتحقق من الفرض.

- التأكد من توافر خطة التنظيم لإجراء التجريب والتحقق من البديل.

- التأكد من نجاح خطة السير في الخطة لإجراء التجريب والتحقق.

- تحديد الموعد والزمن والتحقق من النواتج.

- تقييم مستويات الأداء وبناء برنامج للعمل اللاحق.

دور الطالب في تجريب الحلول (الفروض) الممكنة واختبارها:

- تحديد هدفه وخطته بشكل واضح ومفهوم لديه.

- إعداد الموقف وتنظيمه لإجراء وتطبيق الخبرة.

- اختبار وتجريب الفروض والتحقق منه.

- صياغة النواتج بدلالة سلوك قابلة للملاحظة.

- وصف لما يصل إليه وصفاً دقيقاً مفصلاً.

سادساً: تعميم النتائج التي توصل اليها المتعلم:

يصل المتعلم إلى مجموعة من النتائج القائمة على الاختبار والتجريب، وبذلك يقوم بتعميم هذه النتيجة على الحالات المشابهة أو القريبة لها في المتغيرات، أو المشابهة في العلاقات، أو المتضمنة نفس الفروض أو المتغيرات. ولا بد قبل التعميم توفر بعض من الأمور حتى نصل إلى تعميم النتائج بشكل صحيح، وهي الآتي:

- مهارة المتعلم في الوصول إلى تعليل الفروض.

- توفر زمن لدى الطلبة والمعلمين للوصول إلى الخبرة.

- زيادة المعرفة والخبرة من أجل التعميم.

- ارتقاء الخبرة والمعرفة المتراكمة لدى الطلبة.

وتتطلب مهارة تعميم النتائج توفر عدد من الشروط، منها:

- ارتباط التعميم بالفرض.

- تحديد التعميم انطلاقا بالفرض والتجريب الذي قام به المتعلم.

- ترتيب النتائج وفق مراحل التجريب أو التطبيق.

- صياغة النتائج على صورة جمل خبرية وفق علاقة بين متغيرات.

- صياغة النتائج على صورة مجموعة من الجمل الخبرية البسيطة.

- صياغة النتائج على صورة جملة خبرية إيجابية وسلبية تمثل علاقات.

دور المعلم في تعميم النتائج التي توصل اليها:

ويمكن تحديد دور المعلم في تدريب الطلبة على تحقيق هذه المهارة في الآتي:

- تحديد للطلبة نقطة انطلاق التعميم من الموقف والفرض الذي تم دراسته وتجريبه.

- تسجيل النتائج والشروط ، والظروف والإجراءات التي تـم الوصـول مـن خلالهـا إلى النتائج.

- وصف الحالة التي انطبقت عليها النتائج وصفاً تفصيلياً دقيقاً.

- تحديد عناصر التشابه ، والاختلاف بين الحالات التي تم التطبيق عليها والحـالات التـي يراد نقل التعميم إليها.

- صياغة محددات تمنع تعميم النتائج عليها ومساعدتهم على فهمها.

دور المتعلم في تعميم النتائج التي توصل اليها:

ويمكن تحديد دور المتعلم لتحقيق هذه المهارة في الأداءات الآتية:

- ربط النتائج بالفروض.

- صياغة النتائج انطلاقا من الفروض التي تم تحديدها للاختبار.

- صياغة النتائج بشكل قابل للتعميم.

- صياغة النتائج بشكل واضح ومحدد.

- صياغة النتائج بصور مختلفة.

- صياغة النتائج بصور إيجابية و سلبية.

- تحديد العناصر التي حدثت ضمنها النتائج.

سابعاً: نقل الخبرة والتعلم إلى مواقف جديدة:

يحتاج نقل الخبرة والتعلم إلى مواقف جديدة إلى توفر بعض الشروط منها الآتي:

- التشابه في الهدف المرجو من المشكلة القابلة للبحث.

- وجود تشابه في الفروض الموضوعة للبحث والتجريب.

- وجود عناصر مشتركة بين المشكلة كموضوع الدراسة والمشكلات الجديدة.

- توافر عناصر التعميم المرتبطة بالتشابه في الظروف والحالة والعناصر.

- توافر نشاط المتعلم وسعيه المتواصل لنقل الخبرة إلى مواقف أو خبرات أو مشكلات جديدة.

- التشابه بين العلاقات التي تضمها المشكلة الحالية والمشكلة الجديدة.

- التشابه والاشتراك في عناصر المشكلة الحالية والمشكلة الجديدة.

- التشابه في درجات التعميم وشروطه وظروفه في المشكلة الجديدة.

دور المعلم في نقل الخبرة والتعلم إلى مواقف جديدة:

يلعب المعلم دوراً واضحاً في مساعدة الطلبة على اكتساب مهارة التعميم من خلال الأدوار الآتية:

- توفير السبل أمام الطلبة للمقارنة بين المواقف المتشابهة والمتناظرة لاكتساب مهارة التعميم.

- توفير الخبرات المختلفة للطلبة لاكسابهم القدرة على تحليل وتركيب المواقف المتشابه.

- تقديم انشطة اثرائية للطلبة يتم فيها إيجاد علاقات بين مواقف متشابهة وخبرات ذات صلة فيما بينها.

- مساعدة الطلبة على التعرف على العناصر المشتركة بين الخبرة التي تم استيعابها والخبرة الجديدة ، وعناصر المهارة التي تم إتقانها كذلك.

- مساعدة الطلبة على إدراك التشابه أو الاختلاف بين المهارة التي تم استيعابها أدائياً والمهارة الجديدة بهدف الإعداد والتجهيز لها.

- تنظيم عدد من المواقف يمكن نقل المهارات التي تم استيعابها لمعالجتها وحلها.

- تنظيم مواقف حياتية جديدة مستقاة من حياة الطلبة يمكن للطلبة فيها ممارسة أدائهم ومهاراتهم التي استوعبوها.

دور الطلبة في نقل الخبرة والتعلم إلى مواقف جديدة:

يلعب الطلبة دوراً واضحا في تعلم مهارة التعميم من خلال الآتي:

- فهم وادراك طبيعة المهارة المتضمنة في المشكلة الجديدة.

- توفر الاستعدادات اللازمة للمهارة الجديدة.

- اكتشاف العناصر والفروض المشتركة بين المهارة السابقة والمهارة الجديدة.

- ذكر أوجه الشبه وأوجه الاختلاف بين المهارة التي تم استيعابها والمهارة الجديدة لحل المشكلة.

- تنظيم خبرات ومهارات الطلبة لتحديد ما يحتاجونه من متطلبات لإنجاز المهارة.

- بناء الطلبة مواقف جديدة تتطلب استخدام المهارة التي تم تخزينها واستيعابها في صورة أداءات.

بعد استعراض بعض النماذج لخطوات حل المشكلات, نجد أنها تتفق على خطوات ست هي:

1- **الشعور بالمشكلة**: يعرض المعلم مواقف تثير في المتعلم الشك والرغبة في التساؤل.

2- **تحديد المشكلة**: يصوغ المعلم المشكلة من خلال تساؤلات الطلبة واستفساراتهم, في عبارة واضحة تبين عناصر المشكلة.

3- **جمع المعلومات ذات الصلة بالمشكلة**: يوفر المعلم بعض المراجع للطلبة لمراجعتها, وجمع المعلومات المتعلقة بالمشكلة المراد حلها.

4- **وضع الفروض كحلول للمشكلة**: يقدم الطلبة تفسيرات للموقف المشكل, بهدف اختبارها كما يساعد المعلم الطلبة في اختبار الفروض ذات العلاقة بالمشكلة والتي تقود إلى حلها, من خلال المنطق العلمي والمناقشة والتجريب.

5- **اختبار الفرضيات**: يوجه المعلم الطلبة لاختبار الفرضيات تجريبياً للتحقق من صحتها.

6- **الوصول إلى حل للمشكلة وتعميمه**: يوفر المعلم فرصا للمناقشة والحوار بين الطلبة للتعرف على ما توصلوا إليه من استنتاجات, وللوصول إلى حل للموقف المشكل من أجل تعميمه على مواقف في حياتهم اليومية.

دور المعلم في تطوير استراتيجيات حل المشكلات واستخدامها:

بعد استعراض خطوات حل المشكلات, نجد أنها تتفق على دور بارز للمعلم في تطوير استراتيجيات حل المشكلات واستخدامها, من خلال اتباع الآتي:

- يوجه أداء وبحث واختبار الفرضيات الطلبة من خلال اسئلة تثير فيهم الدافعية للبحث والاستقصاء.

- يثري خبرات الطلبة من خلال مواقف ومشكلات ترتبط بحياتهم وواقعهم الذي يعيشونه.

- يحدد المعرفة والمهارات التي يحتاجها الطلبة لإجراء البحث والاستقصاء والاستطلاع.

- يحدد النتاجات الأولية أو المفاهيم التي يكتسبها الطلبة نتيجة لقيامهم بالبحث والاستقصاء.

- يحدد للطلبة نماذج تساعدهم على حل المشكلات والبحث مستقبلاً.

- يساعد الطلبة في تحديد المراجع المطلوبة لإجراء البحث.

- يراقب تقدم الطلبة ويتدخل لدعمهم كلما تطلب الأمر.

دور المتعلم في اكتساب مهارة حل المشكلات واستخدامها:

- يبدي الرغبة في التعلم من خلال استراتيجية حل المشكلات.

- يبحث ويجرب دون الطلب من الآخرين المساعدة أو الاتكال على الاخرين.

- يظهر اهتماماً فعالاً في التعلم ويمارس مهارات حل المشكلات

- يقترح مواضيع ذات اهتمام شخصي.

- يظهر حب الاستطلاع حول اكتساب معرفة جديدة عن القضايا والمشكلات.

- يبدي المثابرة في حل المشكلات.

- يكون راغباً في تجريب طرق مختلفة لحل المشكلة وتقويم نفع هذه الطرق.

- يعمل مستقلاً أو في فريق لحل المشكلات.

الدراسات التربوية التي تناولت التدريس وفقا لاستراتيجية حل المشكلات:

أجرى قطيط (2005) دراسة هدفت إلى استقصاء أثر أسلوب تنظيم محتوى مادة الفيزياء والتدريس وفق طريقتي حل المشكلات والاستقصاء الموجه في اكتساب المفاهيم ومهارات التفكير العليا لدى طلاب الصف التاسع الأساسي في الأردن. وقد سعت الدراسة للإجابة عن أسئلة الدراسة التالية:

- هل يختلف اكتساب المفاهيم الفيزيائية لدى طلاب الصف التاسع الأساسي باختلاف أسلوب تنظيم المحتوى (المحتوى المنظم, الكتاب المدرسي)؟

- هل يختلف اكتساب المفاهيم الفيزيائية لدى طلاب الصف التاسع الأساسي باختلاف طريقة التدريس (حل المشكلات, الاستقصاء الموجه) ؟

- هل هناك أثر للتفاعل بين طريقة التدريس وأسلوب تنظيم المحتوى في اكتساب المفاهيم الفيزيائية لدى طلاب الصف التاسع الأساسي ؟

- هل يختلف اكتساب مهارات التفكير العليا لدى طلاب الصف التاسع الأساسي باختلاف أسلوب تنظيم المحتوى (المحتوى المنظم, الكتاب المدرسي)؟

- هل يختلف اكتساب مهارات التفكير العليا لدى طلاب الصف التاسع الأساسي باختلاف طريقة التدريس (حل المشكلات, الاستقصاء الموجه) ؟

- هل هناك أثر للتفاعل بين طريقة التدريس وأسلوب تنظيم المحتوى في اكتساب مهارات التفكير العليا لدى طلاب الصف التاسع الأساسي ؟

وللإجابة عن أسئلة الدراسة, واختبار فرضياتها تم جمع بيانات الدراسة باستخدام اختبارين: اختبار المفاهيم الفيزيائية في وحدة قوانين نيوتن في الحركة من كتاب الفيزياء للصف التاسع الأساسي, واختبار مهارات التفكير العليا. وتم التأكد من صدق المحتوى لكل منهما, وحساب معامل الثبات لكل منهما, فبلغ معامل ثبات اختبار المفاهيم الفيزيائية (0.82), ومعامل ثبات اختبار مهارات التفكير العليا (0.81).

تكونت عينة الدراسة من (149) طالبا, اختيروا قصديا من طلاب الصف التاسع الأساسي في مدرستين للذكور من مدارس مديرية تربية عمان الثالثة, توزعوا في أربع شعب, ثلاث منها في مدرسة سعد بن أبي وقاص الأساسية للبنين, وواحدة في مدرسة عبد الله بن عمر الأساسية للبنين. وقد أظهرت الدراسة النتائج التالية:

- عدم وجود فروق ذات دلالة إحصائية في متوسطات علامات الطلاب في اختبار المفاهيم الفيزيائية تعزى لطريقة التدريس.

- عدم وجود فروق ذات دلالة إحصائية في متوسطات علامات الطلاب في اختبار مهارات التفكير العليا تعزى لطريقة التدريس.

- وجدت فروق ذات دلالة إحصائية في متوسطات علامات الطلاب في اختبار المفاهيم الفيزيائية عند مستوى التذكر تعزى للمحتوى الدراسي لصالح الطلاب الذين درسوا الكتاب المدرسي.

- وجدت فروق ذات دلالة إحصائية في متوسطات علامات الطلاب في اختبار المفاهيم الفيزيائية عند كل من مستوى الفهم, والتطبيق, والعلامة الكلية تعزى للمحتوى الدراسي لصالح الطلاب الذين درسوا المحتوى المنظم.

- وجدت فروق ذات دلالة إحصائية في متوسطات علامات الطلاب في اختبار مهارات التفكير العليا تعزى للمحتوى الدراسي لصالح الطلاب الذين درسوا المحتوى المنظم.

- وجدت فروق ذات دلالة إحصائية في متوسطات علامات الطلاب في اختبار المفاهيم الفيزيائية عند مستوى التذكر تعزى للتفاعل بين طريقة التدريس والمحتوى الدراسي لصالح الطلاب الذين درسوا الكتاب المدرسي بطريقة الاستقصاء الموجه.

- وجدت فروق ذات دلالة إحصائية في متوسطات علامات الطلاب في اختبار المفاهيم الفيزيائية عند كل من مستوى الفهم, والتطبيق, والعلامة الكلية تعزى للتفاعل بين طريقة التدريس والمحتوى الدراسي لصالح الطلاب الذين درسوا المحتوى المنظم بطريقة حل المشكلات.

- وجدت فروق ذات دلالة إحصائية في متوسطات علامات الطلاب في اختبار مهارات التفكير العليا تعزى للتفاعل بين طريقة التدريس والمحتوى الدراسي لصالح الطلاب الذين درسوا المحتوى المنظم بطريقة حل المشكلات.

أجرى " فيرا "(Vera) وآخرون دراسة بهدف معرفة أثر استخدام استراتيجية حل المشكلات في تنمية مهارات التفكير لدى طلبة الصف الثامن والتاسع الأساسيين, والأول الثانوي, والثاني الثانوي في مادتي الأحياء والكيمياء. وتكونت عينة الدراسة من طلبة ثماني

شعب من المرحلة الإعدادية, وطلبة أربع شعب من المرحلة الثانوية, واستخدم الباحث (148) مشكلة, بحيث تتكون المشكلة الواحدة من أربعة عناصر هي: تحديد المشكلة, وجمع المعلومات, وتحفيز الطلبة لإيجاد حلول للمشكلة, وتوجيه الطلبة للوصول إلى حل للمشكلة. وكان من نتائجها: أن استخدام إستراتيجية حل المشكلات ساعد على تنمية مهارات التفكير لدى الطلبة (Vera, et al. , 2003) .

أما الحذيفي دراسته هدفت إلى معرفة فاعلية استراتيجية التعليم المرتكز على المشكلة في تنمية التحصيل الدراسي والاتجاه نحو مادة العلوم.وتكونت عينة الدراسة من(147) طالبة من طالبات الصف الثاني المتوسط. وكان من نتائجها: أن استراتيجية التعلم المرتكز على المشكلة تسهم في تنمية التحصيل الدراسي, والاتجاه نحو العلوم لطالبات الصف الثاني المتوسط في مادة العلوم أكثر من الطريقة التقليدية (الحذيفي,2003).

بينما هدفت دراسة " شانغ " (Chang) إلى معرفة العلاقة بين قدرة الطلبة في المرحلة الثانوية على حل المشكلات وقدرتهم على ممارسة مهارات التفكير. وتكونت عينة الدراسة من (195) طالبا وزعوا على (4) شعب صفية. وكان من نتائجها: وجود علاقة بين قدرة الطلبة على حل المشكلات وقدرتهم على ممارسة مهارات التفكير في مادة علوم الأرض (Chang, 2002).

كما أجرى " واين " (Wynne) دراسة بهدف معرفة أثر استخدام استراتيجية حل المشكلات في فهم واستيعاب المفاهيم البيولوجية لدى طلبة المرحلة الثانوية. وتكونت عينة الدراسة من (19) طالبا يعملون ضمن مجموعات كل مجموعة يتراوح عددها (3- 4) طلاب, وكان من نتائجها: تحسن قدرة الطلبة في استيعاب المفاهيم البيولوجية المتعلقة بعلم الوراثة(Wynne, 2001).

بينما هدفت دراسة " الحسني " التعرف على أثر استخدام ثلاث طرائق تدريسية (الاستقصاء الموجه, حل المشكلات, التقليدية) في مستوى التحصيل العلمي لطلبة الصف الأول الثانوي في مادة الكيمياء.وتكونت عينة الدراسة من مجموعتين:الأولى بلغ عددها(60)

طالبا تم تدريسها باستخدام طريقتي الاستقصاء الموجه, وحل المشكلات؛ والثانية بلغ عددها (60) طالبا تم تدريسها باستخدام الطريقة التقليدية. وكان من نتائج دراسته: وجود فروق لصالح طريقة الاستقصاء الموجه وكذلك طريقة حل المشكلات بالمقارنة بالطريقة التقليدية في التحصيل العلمي في مادة الكيمياء(الحسني,2001).

وأجرى " بومرت " (Baumert) دراسة هدفت إلى معرفة أثر استخدام استراتيجية حل المشكلات في تحصيل طلبة الصف التاسع الأساسي في العلوم. وتكونت عينة الدراسة من (531) طالبا وطالبة وزعوا على (25) شعبة صفية. وكان من نتائجها: أن استخدام استراتيجية حل المشكلات في التدريس كان له الأثر الإيجابي في تحسين التحصيل وتنمية مهارات الطفل داخل وخارج المدرسة(.Baumert, et al., 1998).

وأجرى " أبو زينة " دراسة هدفت إلى معرفة أثر استخدام طريقة حل المشكلات في التحصيل الدراسي في مادة الأحياء لدى طلبة الثاني الثانوي بمدينة عدن, وتكونت عينة الدراسة من (104) طالبا وطالبة.وأظهرت الدراسة تفوق طريقة حل المشكلات على الطريقة التقليدية في تحصيل طلبة الصف الثاني الثانوي في مادة الأحياء (أبو زينة, 1998).

بينما " هافمان " (Huffman) دراسته هدفت إلى معرفة أثر استخدام استراتيجية حل المشكلات في فهم المفاهيم الفيزيائية في وحدة قوانين نيوتن في الحركة لدى طلبة المرحلة الثانوية. وتكونت عينة الدراسة من (145) طالبا. وكان من نتائجها:

- تحسن قدرة الطلبة على فهم المفاهيم الفيزيائية في وحدة قوانين نيوتن في الحركة.

- وجود فروق ذات دلالة إحصائية في اكتساب المفاهيم الفيزيائية بين المجموعتين الضابطة والتجريبية لصالح المجموعة التجريبية(Huffman, 1997).

كما أجرى " بيست " (Bisset) دراسة هدفت إلى معرفة فعالية التدريس بطريقة حل المشكلات في تنمية التحصيل والقدرة على الابتكار لدى طلاب المرحلة المتوسطة في مادة العلوم. وقد تناول الباحث مجموعة من المشكلات المأخوذة من بيئة الطلبة أنفسهم, وقام بتدريسها لعينة مختارة من طلبة المرحلة المتوسطة بطريقة حل المشكلات. وكان من نتائجها:

- وجود فروق ذات دلالة إحصائية بين متوسطي درجات الطلبة في المجموعتين الضابطة والتجريبية في التحصيل لصالح طلبة المجموعة التجريبية الذين درسوا بطريقة حل المشكلات.

- استخدام طريقة حل المشكلات ينمي القدرة على التفكير الابتكاري لدى طلبة المرحلة المتوسطة(Bisset, 1996).

أما " زيتون " (1989) دراسته هدفت إلى معرفة مدى استخدام أسلوب حل المشكلات لدى معلمي العلوم وعلاقته بمستوى التحصيل لدى طلبة المرحلة الإعدادية. وتكونت عينة الدراسة من(84) معلما ومعلمة, واختيرت بطريقة طبقية عشوائية, وقد استخدم الباحث لأغراض الدراسة مقياس حل المشكلات المعرب للبيئة الأردنية, وقد احتوى أربعين فقرة درجت كل فقرة تدريجا خماسيا. وتوصلت الدراسة إلى أن العلاقة بين استخدام حل المشكلات لدى معلمي العلوم وبين مستوى التحصيل العلمي للطلبة الذين يدرسونهم كانت علاقة ضعيفة جدا, وغير دالة إحصائيا.

وأجرى " شابيتا ورسل "(Chiappeta & Russel) دراسة بهدف معرفة هل طريقة حل المشكلات والتفكير المنطقي والتفاعل بينهما يفسران التباين في التحصيل في مادة علوم الأرض, وتكونت عينة الدراسة من (287) طالبا وطالبة. وكان من نتائجها أن كلا من طريقة حل المشكلات والتفكير المنطقي والتفاعل بينهما تمثل متغيرات تنبئية بالتحصيل الدراسي في مادة علوم الأرض(Chiappeta & Russel, 1982).

وفي دراسة أخرى أجرى " شابيتا ورسل " (Chiappeta & Russel) دراسة هدفت إلى معرفة أثر استخدام استراتيجية حل المشكلات في تحصيل طلبة الصف الثامن في مادة علوم الأرض, وتم اختيار عينة الدراسة عشوائيا, وتقسيمها إلى مجموعتين: مجموعة تجريبية تدرس بطريقة حل المشكلات, ومجموعة ضابطة تدرس بالطريقة التقليدية.وكان من نتائجها أن استراتيجية حل المشكلات كان لها الأثر في تحسين تحصيل طلبة الصف الثامن في مادة علوم الأرض مقارنة بالطريقة التقليدية (Chiappeta & Russel, 1982).

الفصل الخامس

دليل المعلم وفق استراتيجية حل المشكلات في الفيزياء للصف التاسع الأساسي

- مقدمة

- الدرس الأول: أنواع الحركة.

- الدرس الثاني: القانون الأول لنيوتن.

- الدرس الثالث: القصور.

- الدرس الرابع: القوة والتغير في السرعة.

- الدرس الخامس: العلاقة بين التسارع والقوة.

- الدرس السادس: القانون الثاني لنيوتن.

- الدرس السابع: السقوط الحر.

- الدرس الثامن: تسارع السقوط الحر.

- الدرس التاسع: حساب تسارع السقوط الحر.

- الدرس العاشر: القانون الثالث لنيوتن.

- الدرس الحادي عشر: قوة الدفع.

الفصل الخامس

دليل المعلم وفق استراتيجية حل المشكلات

مقدمة:

أُعد هذا الدليل لمساعدة المعلم في التدريس وفقا لاستراتيجية حل المشكلات, والتي تساعد الطلاب على اكتساب المهارات الآتية:

- جمع المعلومات.

- وضع الفروض.

- اختبار الفرضيات تجريبيا

- التجريب (المحاولة والخطا).

- الوصول إلى النتائج.

- تعميم النتائج.

وتهدف هذه الطريقة إلى مساعدة الطلبة للوصول إلى حل للموقف المشكل, بغرض:

- مساعدة الطلبة على اكتساب المفاهيم العلمية.

- تنمية مهارات التفكير لدى الطلبة.

- تنمية اتجاهات اجابية نحو العملية التعليمية التعلمية.

ويتضمن هذا الفصل دروس تم تصميمها وفق طريقة حل المشكلات، كما تتضمن الخطة الراسية للدرس الواحد الآتي:

- عنوان الدرس.

- الأهداف الإجرائية.

- المفاهيم التي يتضمنها الدرس.

- المواد والأدوات المستخدمة.

- الشعور بالمشكلة.

- تحديد المشكلة.

- وضع الفرضيات.

- التجريب:

- ورقة عمل للطالب

- التقويم

كما أنه يشتمل على الآتي :

- الدرس الأول: أنواع الحركة.

- الدرس الثاني:القانون الأول لنيوتن.

- الدرس الثالث: القصور.

- الدرس الرابع: القوة والتغير في السرعة.

- الدرس الخامس: العلاقة بين التسارع والقوة.

- الدرس السادس: القانون الثاني لنيوتن.

- الدرس السابع: السقوط الحر.

- الدرس الثامن: تسارع السقوط الحر.

- الدرس التاسع: حساب تسارع السقوط الحر.

- الدرس العاشر: القانون الثالث لنيوتن.

- الدرس الحادي عشر: قوة الدفع.

الدرس الأول

عنوان الدرس: أنواع الحركة.

الأهداف الإجرائية: يتوقع من الطالب بعد دراسته لهذا الدرس, أن يكون قادرا على أن:

- يعدد أنواع الحركة
- يعرف كل من أنواع الحركة الأربعة.
- يعط أمثلة على أنواع الحركة.

المفاهيم التي يتضمنها الدرس: الحركة الانتقالية المستقيمة, الحركة الدائرية, الحركة الدورانية, الحركة الاهتزازية.

المواد والأدوات المستخدمة: طاولة, كرة, خيط, ورق مقوى (كرتون), قلم, مقص.

الشعور بالمشكلة: يعرض المعلم نموذج لسيارة, ويحركها على سطح أفقي خشن بحيث يظهر اهتزاز السيارة نتيجة وجود نوابض على عجلاتها, كما يحركها في خط مستقيم وبشكل دائري.

تحديد المشكلة: كيف تميز بين أنواع الحركة المختلفة؟

ملحوظة للمعلم:

يناقش الطلاب في الفروض التي اقترحوها كحلول أولية للمشكلة, من أجل توجيههم إلى اختبارها تجريبيا للتحقق من صحة الفروض.

التجريب:

الجزء الأول:

- ضع الكرة على سطح الطاولة, ثم ادفعها, لاحظ الشكل (1).

- هل تغير موضع الكرة مع الزمن؟

- هل سلكت الكرة طريقا مستقيما في حركتها؟

- كيف تتحرك الكرة على سطح الطاولة؟

- أعط تعريفا للحركة الانتقالية المستقيمة.

الشكل (1)

ملحوظة للمعلم:

- يطلب من كل مجموعة أن تعرض نتيجة عملها, ويناقشهم فيها للوصول إلى أن:

> **الحركة المستقيمة: الحركة التي يتغير فيها موضع جسم مع الزمن باتجاه ثابت.**

الجزء الثاني:

- اربط الكرة بطرف الخيط, وامسك بيدك الطرف الآخر.

- قم بتحريك الكرة في مسار دائري في مستوى أفقي, لاحظ الشكل (2).

- هل سلكت الكرة طريقا مستقيما في حركتها؟

- كيف تتحرك الكرة؟

- كيف تعرف أن حركة الكرة دائرية؟

- أعط تعريفا للحركة الدائرية؟

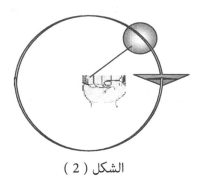

الشكل (2)

ملحوظة للمعلم:

- يعرض نتائج الطلاب, لمناقشتها وللوصول إلى أن:

الحركة الدائرية: حركة جسم في مسار دائري.

الجزء الثالث:

- اربط الكرة بطرف الخيط, وثبت الطرف الآخر بنقطة ثابتة,لاحظ الشكل (3).

الشكل (3)

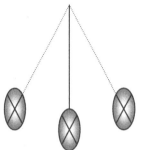

- ادفع الكرة إلى اليمين أو إلى اليسار.
- هل تحركت الكرة في مسار دائري؟
- هل سلكت الكرة طريقا مستقيما في حركتها؟
- كيف تتحرك الكرة؟
- ما اثر زيادة أو قصر الخيط على حركة الكرة؟
- كيف تعرف أن حركة الكرة اهتزازية؟
- أعط تعريفا للحركة الاهتزازية؟

ملحوظة للمعلم:

- يسجل على السبورة ما توصل إليه الطلاب من نتائج ويناقشهم فيها للوصول إلى أن:

الحركة الاهتزازية: حركة جسم حول موضع سكونه ذهابا وإيابا.

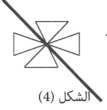

الشكل (4)

<u>الجزء الرابع:</u>

- باستخدام المقص, اصنع من الورق المقوى مروحة واثقبها في مركزها.

- ادخل القلم كمحور للمروحة, لاحظ الشكل (4)

- امسك القلم بيدك, وحرك المروحة باليد الأخرى.

- هل تتحرك المروحة في مسار دائري؟

- هل تتحرك المروحة في خط مستقيم؟

- هل تتحرك المروحة بشكل اهتزازي؟

- كيف تتحرك المروحة؟

- ما أهمية وجود القلم على حركة المروحة؟

- كيف تعرف أن حركة المروحة دورانية؟

- أعط تعريفا للحركة الدورانية ؟

<u>ملحوظة للمعلم:</u>

- يطلب من كل مجموعة أن تعرض نتيجة عملها, ويناقشهم فيها للوصول إلى أن:

الحركة الدورانية: حركة جسم حول محور ثابت.

● يوجه الطلاب لحل أسئلة النشاط (1).

ورقة عمل

النشاط الأول: أنواع الحركة

تحديد المشكلة: كيف تميز بين أنواع الحركة المختلفة؟

الفروض والحلول المقترحة:

....

....

اختبار صحة الفروض:

الجزء الأول:

- ادفع الكرة على سطح الطاولة, لاحظ الشكل (5).
- هل سلكت الكرة طريقا مستقيما في حركتها؟

....

الشكل (5)

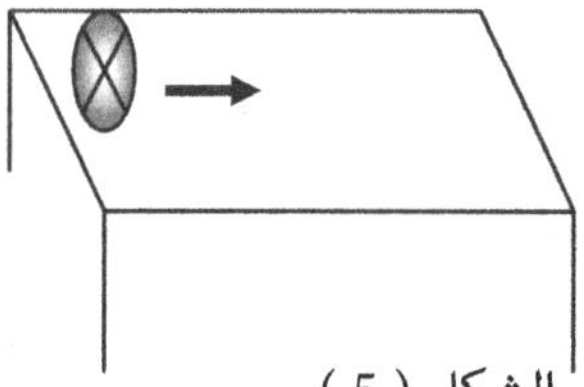

- كيف تتحرك الكرة على سطح الطاولة؟

....

- عرف الحركة الانتقالية المستقيمة.

....

الحركة المستقيمة:...

الجزء الثاني:

- اربط الكرة بطرف الخيط, وامسك بيدك الطرف الآخر.

- قم بتحريك الكرة في مسار دائري في مستوى أفقي,لاحظ الشكل (6).

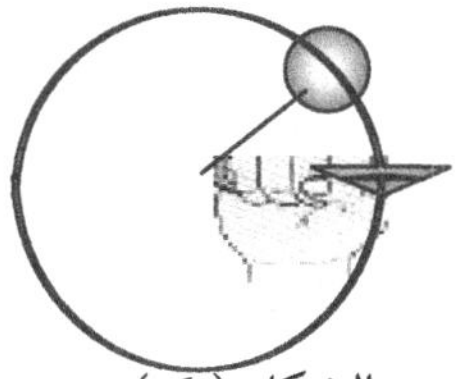

- هل سلكت الكرة طريقا مستقيما في حركتها؟

نعم (..........)   لا (..........)

الشكل (6)

- كيف تتحرك الكرة؟

....

- كيف تعرف أن حركة الكرة دائرية؟

....

- أعط تعريفا للحركة الدائرية؟

....

| الحركة الدائرية:.. |

<u>الجزء الثالث:</u>

اربط الكرة بطرف الخيط, وثبت الطرف الآخر بنقطة ثابتة,

- لاحظ الشكل (7).

ادفع الكرة إلى اليمين أو إلى اليسار.

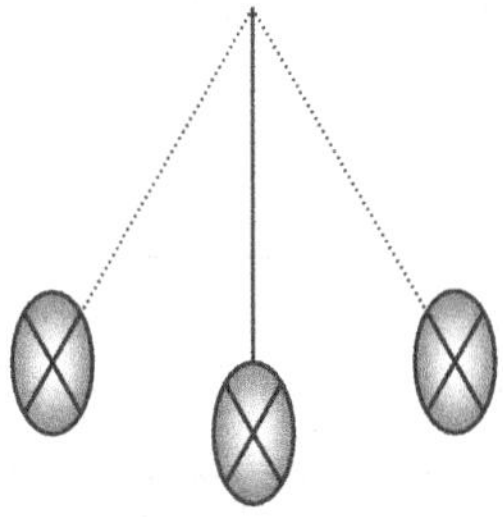

الشكل (7)

- كيف تتحرك الكرة؟

....

- هل سلكت الكرة طريقا مستقيما في حركتها؟

نعم (..........)   لا (..........)

- كيف تعرف أن حركة الكرة اهتزازية؟

....

- أعط تعريفا للحركة الاهتزازية؟

....

<u>الاستنتاج:</u>

الحركة الاهتزازية:.....................................

<u>الجزء الرابع:</u>

- باستخدام المقص, اصنع من الورق المقوى مروحة واثقبها في مركزها.

- ادخل القلم كمحور للمروحة, لاحظ الشكل (8)

- امسك القلم بيدك, وحرك المروحة باليد الأخرى.

- كيف تتحرك المروحة؟

الشكل (8)

....

- ما أهمية وجود القلم على حركة المروحة؟

....

- أعط تعريفا للحركة الدورانية ؟

....

<u>الاستنتاج:</u>

الحركة الدورانية: ....

التقويم:

1-كيف يتحرك النابض في الميزان النابضي؟

....

2-وضح نوع الحركة للكواكب حول الشمس؟

....

3-عند قيامك بفتح الباب, كيف تحرك الباب؟ وما نوع حركته؟

....

4-سيارتان تتحركان على طريق , كما في الشكل (9).

الشكل (9)

وضح نوع كل من:

أ- حركة السيارتين.

....

ب- حركة عجلات السيارتين.

....

الدرس الثاني

عنوان الدرس: القانون الأول لنيوتن.

الأهداف الإجرائية: يتوقع من الطالب بعد دراسته لهذا الدرس, أن يكون قادرا على أن:

- يذكر نص قانون نيوتن الأول في الحركة.
- يفسر حركة الأجسام بسرعة ثابتة.
- يحدد القوى المؤثرة في الأجسام.

المفاهيم التي يتضمنها الدرس: السحب, الدفع, القوة, محصلة القوى.

المواد والأدوات المستخدمة: كرة, كتلة خشبية, خيط, طاولة.

الشعور بالمشكلة: يضع المعلم نموذج لسيارة على سطح الطاولة ثم يدفعها لتتحرك على سطح الطاولة إلى أن تتوقف.

تحديد المشكلة: ما الذي يجعل الأجسام تتحرك؟

ما الذي يوقف حركة الأجسام؟

ملحوظة للمعلم:

يناقش الطلاب في الفروض التي اقترحوها كحلول أولية للمشكلة من اجل توجيههم إلى اختبارها تجريبيا للتحقق من صحة الفروض.

التجريب:

الجزء الأول:

- ضع الكرة والكتلة الخشبية على سطح الطاولة,لاحظ الشكل (10).

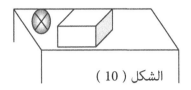

- هل هما ساكنتان أم متحركتان؟

- ادفع الكرة بيدك.

الشكل (10)

- هل تحركت الكرة؟

- لماذا لم تتحرك الكرة أو الكتلة الخشبية من تلقاء نفسهما؟

- اسحب الكتلة الخشبية على سطح الطاولة.

- ماذا عملت لكي تتحرك الكرة أو الكتلة الخشبية؟

- لماذا تحركت الكرة أو الكتلة الخشبية؟

<u>ملحوظة للمعلم:</u>

- يعرض نتائج الطلاب لمناقشتها وللوصول إلى أن:

القوة: مؤثر يؤثر في الأجسام بالدفع أو السحب

<u>الجزء الثاني:</u>

- ضع الكرة على سطح الطاولة.

- ادفع الكرة على سطح الطاولة, لاحظ الشكل (11).

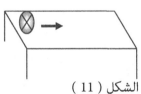

- لماذا تتغير سرعة الكرة أثناء حركتها؟

- كيف تزيد من سرعة الكرة؟

الشكل (11)

- كيف تغير اتجاه حركة الكرة؟

- كيف تعمل على تغيير حالة الجسم الحركية؟

<u>ملحوظة للمعلم:</u>

يسجل المعلم على السبورة استنتاجات الطلاب, ويناقشهم فيها إلى أن يتوصلوا معا إلى ما يلي:

القوة مؤثر خارجي يغير أو يحاول تغيير الحالة الحركية للأجسام

مقدارا

اتجاها

مقدارا واتجاها

زيادة   نقصان

النتائج السابقة هي نفسها التي توصل اليها العالم البريطاني (1642 – 1727 م) نيوتن, وأطلق عليها قانون نيوتن الأول في الحركة.

نص القانون الأول لنيوتن:الجسم الساكن يبقى ساكنا ما لم تؤثر فيه قوة تحركه, والجسم المتحرك في خط مستقيم وبسرعة ثابتة يبقى كذلك, ما لم تؤثر فيه قوة تغير اتجاه سرعته أو مقدارها أو الاثنين معا.

الجزء الثالث:

- ادفع الكرة من جديد على سطح الطاولة.

- اسحب الكتلة الخشبية على سطح الطاولة.

- لماذا توقفت الكتلة الخشبية عن الحركة بمجرد توقف السحب؟

- ما القوة التي تعمل على إيقاف حركة الكرة أو الكتلة الخشبية؟

- ما القوى المؤثرة على حركة كل من الكرة والكتلة الخشبية ؟

ملحوظة للمعلم:

يدون المعلم النتائج التي حصل عليها الطلاب على السبورة, ويناقشهم فيها, ثم يعيد صياغة القانون الأول لنيوتن كما يلي:

نص قانون نيوتن الأول: الجسم الساكن يبقى ساكنا, والجسم المتحرك في خط مستقيم وبسرعة ثابتة يبقى متحركا بالسرعة نفسها, وفي الاتجاه نفسه , ما لم تؤثر فيه قوة محصلة تغير من حالته الساكنة اذا كان ساكنا, أو من حالته الحركية اذا كان متحركا.

- يوجه الطلاب لحل أسئلة النشاط (2)

النشاط الثاني : القانون الأول لنيوتن

تحديد المشكلة: ما الذي يجعل الأجسام تتحرك؟

ما الذي يوقف حركة الأجسام؟

الفروض والحلول المقترحة:

....

....

....

اختبار صحة الفروض:

الجزء الأول:

- ضع الكرة والكتلة الخشبية على سطح الطاولة,لاحظ الشكل (12).

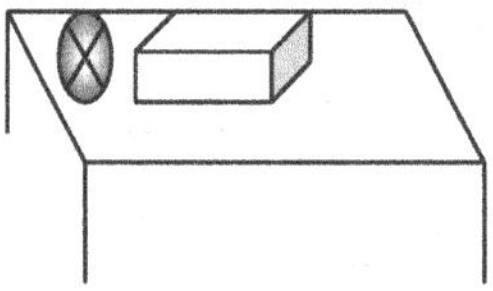

- ادفع الكرة بيدك, هل تحركت الكرة؟

نعم (..........) لا (..........)

- اترك الكرة والكتلة الخشبية على سطح الطاولة؟

الشكل (12)

- لماذا لا تتحرك الكرة أو الكتلة الخشبية من تلقاء نفسهما؟

....

- اسحب الكتلة الخشبية على سطح الطاولة.

- ماذا عملت لكي تتحرك الكرة أو الكتلة الخشبية؟

....

- لماذا تحركت الكرة أو الكتلة الخشبية؟

....

| الجسم الساكن حتى يتحرك لا بد من التأثير فيه بقوة. |

الجزء الثاني:

● ادفع الكرة على سطح الطاولة, لاحظ الشكل (13).

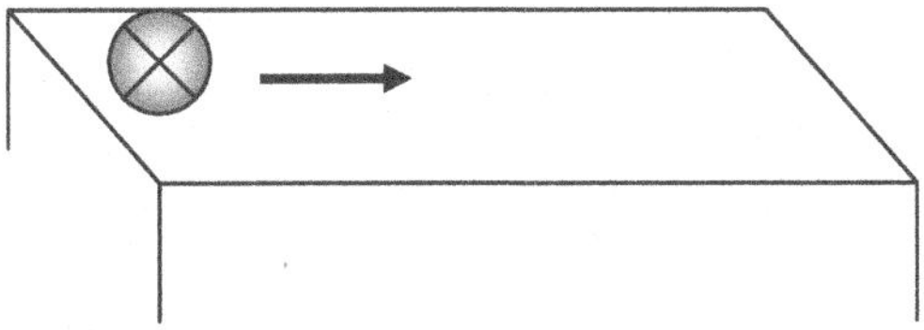

الشكل (13)

- لماذا تتغير سرعة الكرة أثناء حركتها؟

....

- كيف تزيد من سرعة الكرة؟

....

- كيف تغير اتجاه حركة الكرة؟

....

- كيف تعمل على تغيير حالة الجسم الحركية؟

....

الاستنتاج:

نص القانون الأول لنيوتن

....

....

الجزء الثالث:

- ادفع الكرة من جديد على سطح الطاولة.

- اسحب الكتلة الخشبية على سطح الطاولة.

- لماذا توقفت الكتلة الخشبية عن الحركة بمجرد توقف السحب؟

....

- ما القوة التي تعمل على إيقاف حركة الكرة أو الكتلة الخشبية؟

....

- ما القوى المؤثرة على حركة كل من الكرة والكتلة الخشبية ؟

....

الاستنتاج:

نص قانون نيوتن الأول:

....

....

التقويم:

1- كيف يتحرك القطار بسرعة ثابتة على سكة الحديد؟

....

2- ما القوى المؤثرة على سيارة تتحرك على طريق أفقي مستقيم؟

....

3- لماذا تتباطأ حركة الكرة المتدحرجة على سطح الأرض تدريجيا إلى أن تتوقف؟

....

الدرس الثالث

عنوان الدرس: القصور.

الأهداف الإجرائية: يتوقع من الطالب بعد دراسته لهذا الدرس, أن يكون قادرا على أن:

- يعرف كل من القصور, وكتلة القصور.
- يعلل بعض الظواهر المتعلقة بالقصور.
- يحدد العلاقة بين قصور الجسم وكتلته.

المفاهيم التي يتضمنها الدرس: القوة, القصور, كتلة القصور.

المواد والأدوات المستخدمة: دلوان متماثلان, حبل طويل رفيع, رمل.

الشعور بالمشكلة: يكلف المعلم أحد الطلاب بدفع مقعد على أرضية الغرفة, ويطلب من نفس الطالب دفع المقعد بعد أن يجلس طالب آخر فيه. " يوجه اهتمام الطلاب بما يقوم به الطالب ".

تحديد المشكلة: هل القوة اللازمة لتحريك الأجسام المختلفة من حالة السكون متساوية؟

ملحوظة للمعلم:

يناقش الطلاب في الفروض التي اقترحوها كحلول أولية للمشكلة من اجل توجيههم إلى اختبارها تجريبيا للتحقق من صحة الفروض.

التجريب:

-اقطع قطعتين متساويتين من الحبل, وثبت إحداهما بأحد الدلوين والأخرى بالدلو الآخر.

-املا أحد الدلوين بالرمل, وعلق الدلوين بوساطة الحبلين, لاحظ الشكل (14).

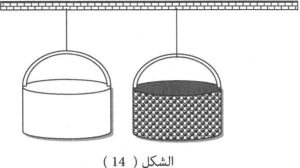

الشكل (14)

- أي الدلوين كتلته أكبر؟

- حاول تحريك كل من الدلوين.

- هل الدلوان يحتاجان نفس القوة لتحريكهما؟

- لماذا يحتاج الدلو الممتلئ بالرمل إلى قوة اكبر لتحريكه؟

- ماذا يحدث لمقدار القوة اللازمة لتحريك الدلو عند زيادة كتلة الرمل الموجودة فيه؟

- ما العلاقة بين كتلة الجسم والقوة التي تحاول تحريكه؟

ملحوظة للمعلم:

- يعرض نتائج الطلاب, لمناقشتها وللوصول إلى أن:

القصـور: ممانعة الجسم لأي تغيير في حالته الحركية.

كتلة القصـور: مقياس لممانعة الجسم للتغيير في حالته الحركية.

- النتائج السابقة هي نفسها التي توصل اليها العالم غاليليو (1564 – 1642 م) وأطلق على ممانعة الجسم لأي تغيير في حالته الحركية اسم القصور.

ورقة عمل

النشاط الثالث: القصور

تحديد المشكلة: هل القوة اللازمة لتحريك الأجسام المختلفة من حالة السكون متساوية؟

الفروض والحلول المقترحة:

....

....

....

اختبار صحة الفروض:

- اقطع قطعتين متساويتين من الحبل, وثبت إحداهما بأحد الدلوين والأخرى بالدلو الآخر.
- املا أحد الدلوين بالرمل, وعلق الدلوين بوساطة الحبلين, لاحظ الشكل (15).

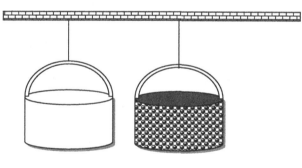

الشكل (15)

- أي الدلوين كتلته أكبر؟

....

حاول تحريك كل من الدلوين.

- هل الدلوان يحتاجان نفس القوة لتحريكهما؟

نعم (..........)   لا (..........)

- لماذا يحتاج الدلو الممتلئ بالرمل إلى قوة اكبر لتحريكه؟

....

- ماذا يحدث لمقدار القوة اللازمة لتحريك الدلو عند زيادة كتلة الرمل الموجودة فيه؟

....

- ما العلاقة بين كتلة الجسم والقوة التي تحاول تحريكه؟

....

الاستنتاج:

القصور: ....

التقويم:

1- لماذا تشعر بحركة المصعد عند بداية الحركة وعند نهايتها؟

....

2- لماذا يشترط قانون السير ربط حمولة المركبات جيدا؟

....

3- لماذا يرتد راكب السيارة إلى الخلف عند انطلاق السيارة فجأة؟

....

الدرس الرابع

عنوان الدرس: القوة والتغير في السرعة .

الأهداف الإجرائية: يتوقع من الطالب بعد دراسته لهذا الدرس, أن يكون قادرا على أن:

- يعرف مفهوم التسارع.
- يميز بين حركة الأجسام ذات التسارع الموجب والتسارع السالب.
- يفسر حركة جسم بسرعة ثابتة.
- يجد تسارع جسم يتحرك بسرعة في خط مستقيم.
- يجد التغير في سرعة جسم يتحرك بسرعة في خط مستقيم.

المفاهيم التي يتضمنها الدرس: القوة,السرعة الابتدائية؛ السرعة النهائية, التسارع؛ الزمن.

المواد والأدوات المستخدمة: ميزان نابضي, عربة ميكانيكية.

الشعور بالمشكلة: يكلف المعلم أحد الطلاب بدفع مقعدا على أرضية الغرفة, ويطلب من زميل له أن يساعده في الدفع.

تحديد المشكلة: كيف تتغير سرعة جسم ما عندما تؤثر فيه قوى مختلفة؟

ملحوظة للمعلم:

يناقش الطلاب في الفروض التي اقترحوها كحلول أولية للمشكلة من اجل توجيههم إلى اختبارها تجريبيا للتحقق من صحة الفروض.

التجريب:

- ضع العربة على سطح الطاولة, ثم اسحبها بوساطة الميزان النابضي, كما في الشكل (16):

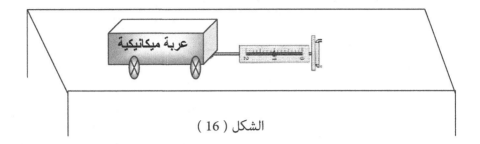

الشكل (16)

- لماذا تغيرت حالة العربة الحركية؟

- اسحب العربة بوساطة الميزان النابضي بحيث تكون قراءة الميزان ثابتة دائما.(لماذا؟)

- هل تتحرك العربة بسرعة ثابتة؟

- هل هناك قوى أخرى تؤثر على العربة إضافة إلى قوة الشد في الميزان النابضي؟

- اسحب العربة من جديد بوساطة الميزان النابضي, مع زيادة قراءة الميزان النابضي تدريجيا.

- لماذا تغير حالة العربة الحركية كان على شكل زيادة ثابتة في سرعتها؟

- ماذا حدث لسرعة العربة بازدياد القوة المؤثرة عليها؟

- لماذا اكتسبت العربة تسارعا؟

<u>ملحوظة للمعلم:</u>

يطلب من كل مجموعة أن تعرض نتيجة عملها و ويناقشهم فيها للتوصل إلى ما يلي:

الزيادة في القوة المؤثرة على جسم وبنفس اتجاه حركته تعمل على زيادة سرعته.

ناقش الطلاب في مفهوم التسارع معدل التغير في السرعة بالنسبة للزمن.

فإذا كانت سرعة الجسم الابتدائية (ع₁), وسرعته النهائية (ع₂), وكان الزمن الذي حدث فيه التغير في السرعة (ز), فإن التسارع الذي يرمز له بالرمز (ت) هو:

$$\text{التسارع} = \frac{\text{السرعة النهائية} - \text{السرعة الابتدائية}}{\text{الزمن الذي حدث خلاله التغير}}$$

$$\text{ت} = \frac{\text{ع}_٢ - \text{ع}_١}{\text{ز}}$$

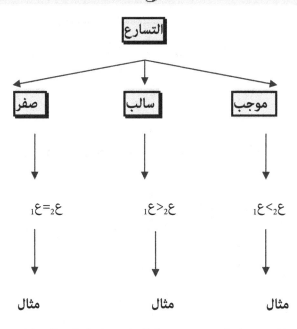

التسارع		
صفر	سالب	موجب
ع₂=ع₁	ع₂>ع₁	ع₂<ع₁
مثال	مثال	مثال
سيارة تسير بسرعة ثابتة	ضغط السائق على كوابح السيارة	سيارة تنطلق من السكون

إذا أثرت قوة محصلة في جسم فإنها تكسبه تسارعا.

ورقة عمل

النشاط الرابع: القوة والتغير في السرعة

تحديد المشكلة: ماذا يحدث لحركة جسم عند ازدياد القوة المؤثرة عليه بنفس اتجاه حركته؟

الفروض والحلول المقترحة:

....

....

....

اختبار صحة الفروض:

- ضع العربة على سطح الطاولة,ثم اسحبها بوساطة الميزان النابضي, كما في الشكل(17):

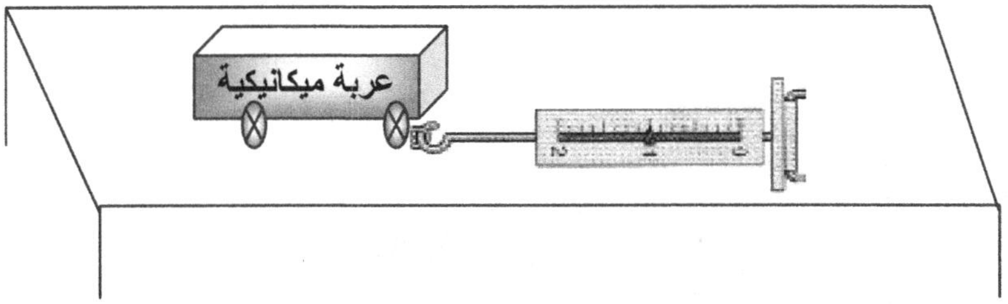

الشكل (17)

- لماذا تغيرت حالة العربة الحركية؟

....

- اسحب العربة بوساطة الميزان النابضي بحيث تكون قراءة الميزان ثابتة دائما.(لماذا؟)

....

- هل تتحرك العربة بسرعة ثابتة؟

نعم (..........) لا (..........)

- هل هناك قوى أخرى تؤثر على العربة إضافة إلى قوة الشد في الميزان النابضي؟

نعم (..........)   لا (..........)

اسحب العربة من جديد, مع زيادة قراءة الميزان النابضي تدريجيا.

- لماذا تغير حالة العربة الحركية كان على شكل زيادة ثابتة في سرعتها؟

....

- ماذا حدث لسرعة العربة بازدياد القوة المؤثرة عليها؟

....

- لماذا اكتسبت العربة تسارعا؟

....

الاستنتاج: ....

التقويم:

1- كيف تتحرك سيارة بسرعة ثابتة بالرغم من ضغط السائق بقدمه على دواسة البنزين؟

....

....

....

....

2- فسر العبارة التالية: عند ثبوت سرعة دراجة متحركة فان تسارعها يصبح صفرا.

....

....

....

....

3-   كيف تفسر نقصان سرعة سيارة بعد رفع السائق قدمه عن دواسة البنزين؟

....

....

....

....

4-   انطلقت عربة من السكون, إذا وصلت سرعتها 20م/ث خلال 4 ثواني. جد تسارعها.

....

....

....

....

الدرس الخامس

عنوان الدرس: العلاقة بين التسارع والقوة.

الأهداف الإجرائية: يتوقع من الطالب بعد دراسته لهذا الدرس, أن يكون قادرا عل أن:

- يحسب تسارع جسم متحرك بسرعة متغيرة.
- يحسب سرعة جسم متحرك بتسارع ثابت.
- يحدد العلاقة بين تسارع جسم والقوة المؤثرة فيه.
- يجد المسافة التي تحركها على ارض مستوية.
- يجد زمن حركة جسم.

المفاهيم التي يتضمنها الدرس: القوة؛السرعة الابتدائية؛ التسارع, السرعة النهائية, الزمن.

المواد والأدوات المستخدمة: عربة ميكانيكية, ميزان نابضي, جرس توقيت, شريط ورقي خاص بجرس التوقيت.

الشعور بالمشكلة: يقوم المعلم بسحب العربة الميكانيكية من حالة السكون بوساطة الميزان النابضي مع زيادة قراءة الميزان النابضي تدريجيا.

تحديد المشكلة: كيف يتغير تسارع جسم ما عندما تؤثر فيه قوى مختلفة؟

ملحوظة للمعلم:

يناقش الطلاب في الفروض التي اقترحوها كحلول أولية للمشكلة من اجل توجيههم إلى اختبارها تجريبيا للتحقق من صحة الفروض.

التجريب:

ثبت الشريط الورقي الخاص بجرس التوقيت في مؤخرة العربة, ومرره اسفل قرص الكربون في جرس التوقيت, لاحظ الشكل (18).

الشكل (18)

- هل العربة ساكنة ام متحركة؟

- شغل جرس التوقيت, ثم اسحب العربة بوساطة ميزان نابضي بحيث تكون قراءة الميزان ثابتة دائما, لاحظ الشكل (19).

الشكل (19)

- لماذا نسحب العربة بقوة ثابتة؟

- انزع الشريط الورقي الذي ستظهر عليه النقط, كما هو مبين أدناه:

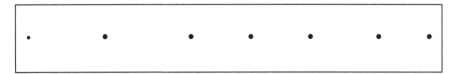

- لماذا تستثنى النقط الأولى من الشريط الورقي.

- قسم الشريط الورقي إلى أقسام بحيث يحتوي كل قسم منها على خمس نقط مثلا.

- ماذا تمثل مجموعة النقط الظاهرة على كل قسم من أقسام الشريط الورقي ؟

- من قراءتك لكل قسم من أقسام الشريط الورقي الذي حصلت عليه,أجب عما يلي:

- هل تختلف المسافات بين النقاط الخمس في كل شريط ؟
- هل تختلف أطوال أقسام الشريط الورقي الذي حصلت عليه ؟

- افرض أن خمس دورات جرس التوقيت تساوي وحدة زمنية واحدة.

- ماذا يمثل طول كل قسم من أقسام الشريط الورقي؟

ملحوظة للمعلم:

سجل افتراضات الطلاب على السبورة وناقشهم فيها, وتوصل معهم إلى أن:

طول القسم الأول من الشريط الورقي يمثل سرعة العربة في الفترة الزمنية الأولى, وطول القسم الثاني من الشريط الورقي يمثل سرعة العربة في الفترة الزمنية الثانية, وهكذا.

- رتب النتائج التي تحصل عليها في جدول كالتالي:

الفترة الزمنية	السرعة لكل فترة زمنية (طول الشريط)

- ارسم العلاقة بين الفترة الزمنية والسرعة لتي يمثلها طول الشريط؟

ملحوظة للمعلم:

سجل على السبورة أن التسارع: معدل التغير في السرعة بالنسبة للزمن.

$$\text{التسارع} = \frac{\text{السرعة النهائية} - \text{السرعة الإبتدائية}}{\text{الزمن الذي حدث خلاله التغير}}$$

$$ت = \frac{ع_{٢} - ع_{١}}{ز}$$

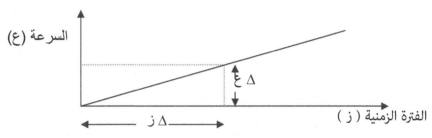

- احسب تسارع العربة؟

كرر الخطوات السابقة مرات عدة مستخدما قوى مختلفة, واحسب التسارع في كل مرة.

دون النتائج التي حصلت عليها في جدول كالآتي:

القوة	التسارع	القوة /التسارع

- قارن بين النتائج التي توصلت إليها في العمود الأول (القوة) من الجدول السابق والعمود الثاني (التسارع).

- ماذا تستنتج من مقارنتك السابقة؟

- ماذا تلاحظ من النتائج التي حصلت عليها في العمود الثالث من الجدول السابق؟

- ماذا تستنتج مما لاحظت؟

<u>ملحوظة للمعلم:</u>

- يعرض نتائج الطلاب, لمناقشتها وللوصول إلى أن:

> تسارع جسم تؤثر فيه قوة محصلة يتناسب تناسبا طرديا مع القوة.

- ناقش الطلاب في حركة الأجسام, وتوصل معهم إلى ما يلي:

معادلات الحركة للأجسام ذات التسارع الثابت

المعادلة الأولى	$ع_2 = ع_1 + ت\ ز$
المعادلة الثانية	$ع_2^2 = ع_1^2 + 2\ ت\ ف$
المعادلة الثالثة	$ف = ع_1\ ز + \dfrac{1}{2}\ ت\ ز^2$
حيث:	ت : تسارع الجسم $ع_1$: السرعة الابتدائية
	$ع_2$: السرعة النهائية. ف: المسافة. ز: الزمن.

يوجه الطلاب إلى حل أسئلة التقويم في النشاط (5).

ورقة عمل

النشاط الخامس: العلاقة بين التسارع والقوة

<u>تحديد المشكلة</u>: كيف يتغير تسارع جسم ما عندما تؤثر فيه قوى مختلفة؟

<u>الفروض والحلول المقترحة</u>:

....

....

<u>اختبار صحة الفروض</u>:

ثبت الشريط الورقي الخاص بجرس التوقيت في مؤخرة العربة, ومرره اسفل قرص الكربون في جرس التوقيت, لاحظ الشكل (20).

الشكل (20)

- شغل جرس التوقيت, ثم اسحب العربة بوساطة ميزان نابضي بحيث تكون قراءة الميزان ثابتة دائما, لاحظ الشكل (21).

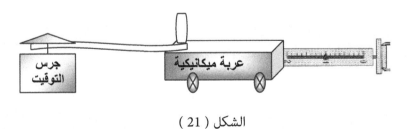

الشكل (21)

- لماذا نسحب العربة بقوة ثابتة؟

-انزع الشريط الورقي الذي ستظهر عليه النقط, كما هو مبين أدناه:

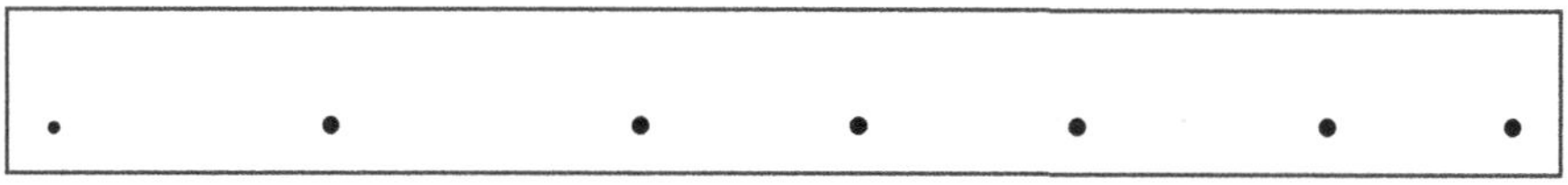

```
┌─────────────────────────────────────────────────────────────┐
│                                                               │
│  •        •        •        •        •        •        •       │
│                                                               │
└─────────────────────────────────────────────────────────────┘
```

- لماذا تستثنى النقط الأولى من الشريط الورقي.

....

- قسم الشريط الورقي إلى أقسام بحيث يحتوي كل قسم منها على خمس نقط مثلا.

- ماذا تمثل مجموعة النقط الظاهرة على كل قسم من أقسام الشريط الورقي؟

....

- من قراءتك لكل قسم من أقسام الشريط الورقي الذي حصلت عليه,أجب عما يلي:

- هل تختلف المسافات بين النقاط الخمس في كل شريط؟

نعم (..........)   لا (..........)

- هل تختلف أطوال أقسام الشريط الورقي الذي حصلت عليه؟

نعم (..........)   لا (..........)

- افرض أن خمس دورات جرس التوقيت تساوي وحدة زمنية واحدة.

- ماذا يمثل طول كل قسم من أقسام الشريط الورقي؟

....

- رتب النتائج التي تحصل عليها في جدول كالتالي:

الفترة الزمنية	السرعة لكل فترة زمنية (طول الشريط)

- ارسم العلاقة بين الفترة الزمنية والسرعة لتي يمثلها طول الشريط؟

....

....

- احسب تسارع العربة؟

....

كرر الخطوات السابقة مرات عدة مستخدما قوى مختلفة, واحسب التسارع في كل مرة.

....

- دون النتائج التي حصلت عليها في جدول كالآتي:

القوة	التسارع	القوة /التسارع

- قارن بين النتائج التي توصلت إليها في العمود الأول (القوة) من الجدول السابق والعمود الثاني (التسارع), ماذا تستنتج من مقارنتك السابقة؟

....

- ماذا تلاحظ من النتائج التي حصلت عليها في العمود الثالث من الجدول السابق؟

....

- ماذا تستنتج مما لاحظت؟

....

الاستنتاج:

```
......................................................................................
```

التقويم:

1- كيف يتغير تسارع جسم بتغير القوة المؤثرة فيه؟

....

....

2- يوضح الجدول التالي تغير سرعة سيارة تتحرك على طريق مستقيم مع الزمن:

الزمن (ثانية)	0	1	2	3	4	5
السرعة (م/ث)	0	5	10	15	20	25

1- احسب الزيادة في سرعة السيارة خلال كل ثانية.

....

....

2- هل الزيادة في سرعة السيارة خلال كل ثانية كانت ثابتة؟

نعم (.........)   لا (.........)

3- ارسم العلاقة بين السرعة والزمن.

....

....

....

....

4- احسب تسارع السيارة من الرسم.

....

....

....

....

5- سيارة تسير بسرعة ثابتة مقدارها 15 م/ث , جد تسارعها بعد مضي 10 ثواني

....

....

....

....

6- تتحرك عربة بتسارع ثابت قدره 2 م/ث^2,إذا انطلقت من السكون احسب سرعتها بعد
مضي 3 ثواني.

....

....

....

....

الدرس السادس

عنوان الدرس: القانون الثاني لنيوتن .

المفاهيم التي يتضمنها الدرس: القوة المحصلة, كتلة القصور, السرعة, التسارع, التغير في السرعة (Δع), التغير في الزمن (Δ ز).

المواد والأدوات المستخدمة: عربة ميكانيكية, ميزان نابضي, جرس توقيت, شريط ورقي خاص بجرس التوقيت, كتل خشبية.

الشعور بالمشكلة: يقوم المعلم بسحب العربة الميكانيكية من حالة السكون بوساطة الميزان النابضي مع زيادة قراءة الميزان النابضي تدريجيا, ويكرر الخطوة السابقة ولكن بتغيير الكتل التي تحملها العربة.

تحديد المشكلة: ما العلاقة التي تربط بين كل من القوة, والكتلة, والتسارع؟

ملحوظة للمعلم:

يناقش الطلاب في الفروض التي اقترحوها كحلول أولية للمشكلة من اجل توجيههم إلى اختبارها تجريبيا للتحقق من صحة الفروض.

التجريب:

- تبين الرسوم الثلاثة آلاتية, نتائج التجربة السابقة لثلاث مجموعات من الطلاب (أ, ب, ج), علما بان كتلة العربة المستخدمة في كل مجموعة كانت كما يلي على الترتيب (2, 3, 4).

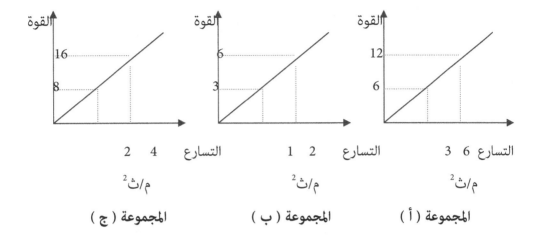

المجموعة (أ) **المجموعة (ب)** **المجموعة (ج)**

- لماذا تختلف النسبة بين القوة والتسارع في الرسوم الثلاثة؟
- احسب النسبة بين القوة والتسارع في كل من الرسوم الثلاثة السابقة؟
- ماذا تلاحظ من النتائج التي حصلت عليها؟
- ما العلاقة بين ما توصلت إليه من نتائج وكتلة العربة المستخدمة في كل مجموعة؟

ملحوظة للمعلم:

- يطلب من كل مجموعة أن تعرض نتيجة عملها, ويناقشهم فيها للوصول إلى ما يلي:

مقدار (القوة / التسارع) يساوي مقدارا ثابتا, ويسمى هذا المقدار الثابت الكتلة.

$$\text{ق}_{\text{محصلة}} = \text{ك} \times \text{ت}$$

تعرف العلاقة ق = ك× ت بالقانون الثاني لنيوتن في الحركة.

حيث: ق: القوة المحصلة (بوحدة نيوتن)

ك: كتلة القصور للجسم (بوحدة الكيلو غرام)

ت: التسارع. (بوحدة م/ث^2)

نص القانون الثاني لنيوتن:

إذا أثرت قوة محصلة في جسم, وأكسبته تسارعا فان مقدار هذا التسارع يتناسب طرديا مع القوة المحصلة ويكون باتجاهها.

- يوجه الطلاب لحل أسئلة النشاط (6), وأسئلة اختبر نفسك (القانون الثاني لنيوتن).

ورقة عمل

النشاط السادس: القانون الثاني لنيوتن

تحديد المشكلة: ما العلاقة التي تربط بين كل من القوة, والكتلة, والتسارع؟

الفروض والحلول المقترحة:

....

....

....

اختبار صحة الفروض:

- تبين الرسوم الثلاثة آلاتية, نتائج التجربة السابقة لثلاث مجموعات من الطلاب (أ, ب, ج), علما بان كتلة العربة المستخدمة في كل مجموعة كانت كما يلي على الترتيب (4 ,3 ,2).

3
3
4

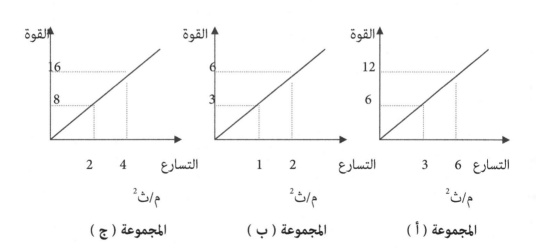

المجموعة (أ) **المجموعة (ب)** **المجموعة (ج)**

- لماذا تختلف النسبة بين القوة والتسارع في الرسوم الثلاثة؟

....

- احسب النسبة بين القوة والتسارع في كل من الرسوم الثلاثة السابقة؟

....

- ماذا تلاحظ من النتائج التي حصلت عليها؟

....

- ما العلاقة بين ما توصلت إليه من نتائج وكتلة العربة المستخدمة في كل مجموعة؟

....

نص القانون الثاني لنيوتن:
....
....

<u>التقويم:</u>

1- أثرت قوة على جسم فأكسبته تسارعا مقداره 10 م/ث^2 وباتجاه القوة، احسب مقدار التسارع الذي ستكسبه هذه القوة للجسم إذا نقصت كتلته إلى الربع؟

....

....

....

....

2- انطلق جسم كتلته 1 كغم من السكون, إذا وصلت سرعته 10 م/ث خلال (4) ثواني, احسب تسارعه, محصلة القوى المؤثرة عليه.

....

....

....

....

3-لماذا تختلف قوة محرك السيارة باختلاف حمولتها ؟

....

....

....

....

الدرس السابع

عنوان الدرس: السقوط الحر

الأهداف الإجرائية: يتوقع من الطالب بعد دراسته لهذا الدرس, أن يكون قادرا عل أن:

- يعرف كل من: قوة الجاذبية الأرضية.؛ تسارع السقوط الحر.
- يفسر لماذا تتحرك الأجسام الساقطة رأسيا إلى اسفل.
- يفسر سقوط الأجسام بتسارع ثابت (بإهمال مقاومة الهواء).

المفاهيم التي يتضمنها الدرس:قوة الجاذبية الأرضية,السقوط الحر, تسارع السقوط الحر.

المواد والأدوات المستخدمة: طاولة, كرة.

الشعور بالمشكلة: يمسك المعلم مساحة السبورة امام الطلاب, ثم يسقطها من يده.

تحديد المشكلة: لماذا تسقط الأجسام راسيا إلى اسفل باتجاه سطح الأرض ؟

ملحوظة للمعلم:

يناقش الطلاب في الفروض التي اقترحوها كحلول أولية للمشكلة من اجل توجيههم إلى اختبارها تجريبيا للتحقق من صحة الفروض.

التجريب:

- قف فوق الطاولة ثم امسك الكرة بيدك, و أطلب من زميلك أن يراقب حركة الكرة أثناء سقوطها.
- دع الكرة تسقط من يدك لاحظ الشكل (22), (لا تدفعها,اتركها تسقط لوحدها).

الشكل (22)

هل سلكت الكرة أثناء سقوطها مسارا مستقيما؟

هل سرعة الكرة ثابتة منذ لحظة سقوطها إلى حين وصولها إلى الأرض؟

هل تزداد سرعة الكرة أثناء سقوطها؟

- أعد النشاط مرة أخرى, ولكن في هذه المرة كن أنت الملاحظ, ودع زميلك يسقط الكرة, لاحظ الشكل(23).

الشكل (23)

- لماذا تسقط الكرة رأسيا إلى أسفل؟

- لماذا تتزايد سرعة الكرة أثناء سقوطها؟

- ما القوى المؤثرة على الكرة أثناء سقوطها راسيا إلى اسفل.

- لماذا تسقط الأجسام راسيا إلى اسفل باتجاه سطح الأرض؟

<u>ملحوظة للمعلم:</u>

يسجل المعلم على السبورة ما يلي:

قوة الجاذبية الأرضية:قوة تؤثر في جميع الأجسام على سطح الأرض, وتكون دائما باتجاه مركز الأرض.

قوة الجاذبية الأرضية:

تكسب الأجسام الساقطة تسارعا. (حسب القانون الثاني لنيوتن)

- يوجه الطلاب لحل أسئلة النشاط (7).

النشاط السابع: السقوط الحر

<u>تحديد المشكلة:</u> لماذا تسقط الأجسام راسيا إلى اسفل باتجاه سطح الأرض ؟

<u>الفروض والحلول المقترحة:</u>

....

....

....

<u>اختبار صحة الفروض:</u>

- قف فوق الطاولة ثم امسك الكرة بيدك, و أطلب من زميلك أن يراقب حركة الكرة أثناء سقوطها.

- دع الكرة تسقط من يدك لاحظ الشكل (24), (لا تدفعها,اتركها تسقط لوحدها).

الشكل (24)

هل سلكت الكرة أثناء سقوطها مسارا مستقيما؟

نعم ﴾ .... ﴿   لا ﴾ .... ﴿

هل سرعة الكرة ثابتة منذ لحظة سقوطها إلى حين وصولها إلى الأرض؟

نعم (.........)   لا (.........)

هل تزداد سرعة الكرة أثناء سقوطها؟

نعم (.........)   لا (.........)

- أعد النشاط مرة أخرى, ولكن في هذه المرة كن أنت الملاحظ, ودع زميلك يسقط الكرة, لاحظ الشكل(25).

الشكل (25)

لماذا تسقط الكرة رأسيا إلى أسفل؟

....

لماذا تتزايد سرعة الكرة أثناء سقوطها؟

....

ما القوى المؤثرة على الكرة أثناء سقوطها راسيا إلى اسفل.

....

- لماذا تسقط الأجسام راسيا إلى اسفل باتجاه سطح الأرض؟

....

الاستنتاج:

قوة الجاذبية الأرضية:...
تسارع السقوط الحر:...

التقويم:

1- لماذا لا يتطاير الغلاف الجوي ويبتعد عن سطح الأرض؟

....

2- لماذا تعود الكرة المقذوفة راسيا إلى أعلى إلى سطح الأرض؟

....

3- لماذا تتحرك الأجسام الساقطة راسيا إلى اسفل في خط مستقيم؟

....

....

الدرس الثامن

عنوان الدرس: تسارع السقوط الحر

الأهداف الإجرائية: يتوقع من الطالب بعد دراسته لهذا الدرس, أن يكون قادرا عل أن:

- يحل مسائل عملية مستخدما معادلات الحركة للأجسام الساقطة سقوطا حرا.
- يجد زمن السقوط للأجسام الساقطة سقوطا حرا.
- يجد الارتفاع الذي سقط منه جسم سقوطا حرا.
- يجد وزن جسم على سطح الأرض.

المفاهيم التي يتضمنها الدرس: كتلة القصور, الوزن, تسارع الجاذبية الأرضية, السرعة, المسافة.

المواد والأدوات المستخدمة: كرتان فلزيتان مختلفتان في الحجم ومن المادة نفسها, كرتان أخريان من المطاط مختلفتين في الحجم أيضا, طاولة.

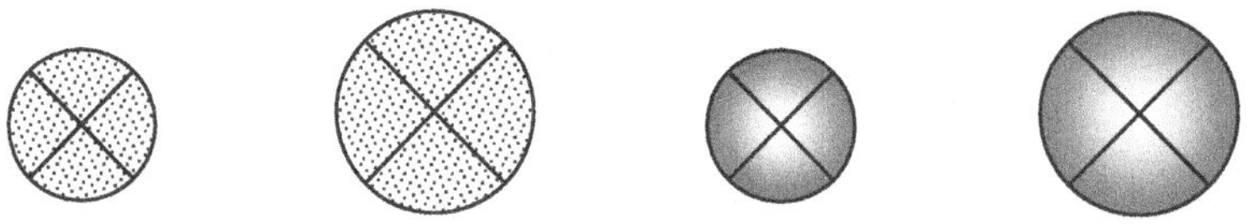

الشعور بالمشكلة: يمسك المعلم بإحدى يديه كرة فلزية, وباليد الأخرى كرة مطاطية, ويمد يديه إلى الأمام, ثم يسقط الكرتين معا في آن واحد.

تحديد المشكلة: هل التسارع الناشئ عن قوة الجاذبية الأرضية واحد لجميع الأجسام الساقطة سقوطا حرا؟

ملحوظة للمعلم:

يناقش الطلاب في الفروض التي اقترحوها كحلول أولية للمشكلة من اجل توجيههم إلى اختبارها تجريبيا للتحقق من صحة الفروض.

التجريب:

- قف فوق الطاولة وأمسك بإحدى يديك كرة فلزية, وباليد الأخرى الكرة الفلزية الأخرى.
- مد يديك إلى الأمام, ثم أسقط الكرتين معا في آن واحد, كما في الشكل (26).

الشكل (26)

- أيهما تصل الأرض أولا؟

أعد هذه المحاولة بحيث يقوم زميلك بإسقاطهما, في حين تقوم أنت بدور الملاحظ.

- هل وصلتا إلى الأرض في الوقت نفسه؟
- كيف تفسر ذلك؟
- كرر الخطوات السابقة باستخدام كرتي المطاط.
- هل وصلتا معا إلى الأرض؟

- كيف تفسر ذلك؟

- أعد الخطوات السابقة باستخدام كرة فلزية وكرة مطاطية.

- هل وصلتا معا إلى الأرض؟

- كيف تفسر ذلك؟

- خذ في مرة الكرتين المتماثلتين في الحجم, وفي مرة ثانية الكرتين المختلفتين في الحجم.

- هل وصلتا معا إلى الأرض؟

- كيف تفسر ذلك؟

- لماذا تختلف قوة الجاذبية الأرضية باختلاف كتل الأجسام؟

ملحوظة للمعلم: ناقش الطلاب في استنتاجاتهم, وتوصل معهم إلى أن:

نتيـجة: جميع الأجسام القريبة من سطح الأرض والساقطة سقوطا حرا باتجاهه, تتسارع بتسارع ثابت يسمى" تسارع السقوط الحر " ويرمز لهذا التسارع بالرمز " جـ".

حسب القانون الثاني لنيوتن (ق = ك × ت) فان قوة الجاذبية الأرضية تتناسب تناسبا طرديا مع الكتلة, لان تسارع الأجسام الساقطة سقوطا حرا ثابتا " جـ".

الوزن: قوة جذب الأرض للجسم.

و = كتلة الجسم × تسارع السقوط الحر $و = ك × جـ$

حيث: و: وزن الجسم ويقاس بوحدة نيوتن.

ك: كتلة الجسم (وتسمى كتلة القصور), وتقاس بوحدة (كغم)

جـ: تسارع الجاذبية الأرضية, ويقاس بوحدة (م/ث^2)

- ناقش الطلاب في حركة الأجسام الساقطة سقوطا حرا, وتوصل معهم إلى ما يلي:

• السرعة الابتدائية للجسم تساوي صفرا.التسارع يساوي جـ.

معادلات الحركة للأجسام الساقطة سقوطا حرا في مجال الجاذبية الأرضية

المعادلة الأولى	$ع_2 = جـ \; ز$
المعادلة الثانية	$ع_2^2 = 2 جـ \; ف$
المعادلة الثالثة	$ف = \dfrac{1}{2} جـ \; ز^2$
حيث:	جـ: تسارع السقوط الحر
	$ع_2$: السرعة النهائية. ف: المسافة. ز: الزمن.

- يوجه الطلاب إلى حل أسئلة التقويم في النشاط (8).

ورقة عمل

النشاط الثامن: تسارع السقوط الحر

<u>تحديد المشكلة:</u> هل التسارع الناشئ عن قوة الجاذبية الأرضية واحد لجميع الأجسام الساقطة سقوطا حرا؟

<u>الفروض والحلول المقترحة:</u>

....

....

....

<u>اختبار صحة الفروض:</u>

- قف فوق الطاولة وأمسك بإحدى يديك كرة فلزية, وباليد الأخرى الكرة الفلزية الأخرى.
- مد يديك إلى الأمام, ثم أسقط الكرتين معا في آن واحد, لاحظ الشكل (27).

الشكل (27)

أيهما تصل الأرض أولا ؟

....

أعد هذه المحاولة بحيث يقوم زميلك بإسقاطهما, في حين تقوم أنت بدور الملاحظ.

- هل وصلتا إلى الأرض في الوقت نفسه؟

نعم (..........)   لا (..........)

- كيف تفسر ذلك؟

....

- كرر الخطوات السابقة باستخدام كرتي المطاط.

- هل وصلتا معا إلى الأرض؟

نعم (..........)   لا (..........)

- كيف تفسر ذلك؟

....

- أعد الخطوات السابقة باستخدام كرة فلزية وكرة مطاطية.

- هل وصلتا معا إلى الأرض؟

نعم (..........)   لا (..........)

- كيف تفسر ذلك؟

....

- خذ في مرة الكرتين المتماثلتين في الحجم, وفي مرة ثانية الكرتين المختلفتين في الحجم.

- هل وصلتا معا إلى الأرض؟

نعم (..........)   لا (..........)

- كيف تفسر ذلك؟

....

- كيف تفسر حركة الأجسام الساقطة راسيا للأسفل بناء على القانون الثاني لنيوتن؟

....

- لماذا تختلف قوة الجاذبية الأرضية باختلاف كتل الأجسام؟

....

- هل يختلف وزن الجسم باختلاف كتلته؟

نعم (..........) لا (..........)

الاستنتاج:

....

التقويم:

1- كرتان لهما حجم واحد وكتلتان مختلفتان.أسقطتا في وقت واحد من ارتفاع واحد,فاي الجمل التالية صحيحة؟ولماذا؟(بإهمال مقاومة الهواء)

أ- أكبرهما كتلة تصل الأرض أولا.

....

....

....

....

ب- أقلهما كتلة تصل الأرض أولا.

....

....

....

جـ- الجسمان يصلان معا الأرض في الوقت نفسه.

....

....

....

....

2- استغرق سقوط كرة من شرفة منزل (3) ثواني, احسب ارتفاع الشرفة عن سطح الأرض؟

....

....

....

....

الدرس التاسع

عنوان الدرس: حساب تسارع السقوط الحر

الأهداف الإجرائية: يتوقع من الطالب بعد دراسته لهذا الدرس, أن يكون قادرا عل أن:

- يحل مسائل عملية مستخدما معادلات الحركة للأجسام الساقطة سقوطا حرا.
- يعين تسارع السقوط الحر عمليا.

المفاهيم التي يتضمنها الدرس: تسارع السقوط الحر؛ الزمن,الارتفاع.

المواد والأدوات المستخدمة: كرة فلزية, ساعة توقيت, متر, طاولة.

الشعور بالمشكلة: يعرض المعلم جدولا يبين قيم تسارع الجاذبية الأرضية في أماكن مختلفة.

المنطقة	ج: تسارع الجاذبية الأرضية (م/ث^2)
القطب الشمالي	9.832
نيويورك	9.813
نيوزيلندا	9.78
(جاوة) إندونيسيا	9.8
عمان(الأردن)	؟

تحديد المشكلة: **كيف يمكن حساب قيمة تسارع السقوط الحر ؟**

ملحوظة للمعلم:

يناقش الطلاب في الفروض التي اقترحوها كحلول أولية للمشكلة من اجل توجيههم إلى اختبارها تجريبيا للتحقق من صحة الفروض.

التجريب:

- اسقط الكرة من ارتفاع (2.5 م) على سبيل المثال ,لاحظ الشكل (28).

الشكل (28)

- باستخدام ساعة التوقيت, قس الزمن الذي تحتاجه الكرة حتى تصل إلى الأرض.
- اسقط الكرة من ارتفاعات مختلفة.
- باستخدام ساعة التوقيت, قس الزمن الذي تحتاجه الكرة حتى تصل إلى الأرض.
- رتب نتائجك في جدول كالتالي:

الارتفاع (ف) (متر)	الزمن (ز) (ثانية)	2 ف	$ز^2$	2ف / $ز^2$

- لماذا يختلف زمن السقوط باختلاف ارتفاع الجسم الساقط؟

- ماذا تلاحظ من قراءات العمود الأخير؟

- احسب متوسط القراءات في العمود الأخير, (لماذا)؟

- ماذا يعني متوسط قراءات العمود الأخير؟

<u>ملحوظة للمعلم:</u>

يطلب من كل مجموعة أن تعرض نتيجة عملها, ويناقشهم فيها للوصول إلى ما يلي:

تسارع السقوط الحر (9.8م/ث^2).

ورقة عمل

النشاط التاسع: حساب تسارع السقوط الحر

تحديد المشكلة: كيف يمكن حساب قيمة تسارع السقوط الحر ؟

الفروض والحلول المقترحة:

....

....

....

اختبار صحة الفروض:

اسقط الكرة من ارتفاعات مختلفة,لاحظ الشكل (29).

الشكل (29)

- باستخدام ساعة التوقيت, قس الزمن الذي تحتاجه الكرة حتى تصل إلى الأرض.

....

- رتب نتائجك في جدول كالتالي:

الارتفاع (ف) (متر)	الزمن (ز) (ثانية)	2 ف	$ز^2$	2ف / $ز^2$

لماذا يختلف زمن السقوط باختلاف ارتفاع الجسم الساقط؟

....

- ماذا تلاحظ من قراءات العمود الأخير؟

....

- احسب متوسط القراءات في العمود الأخير, (**لماذا**)؟

....

- ماذا يعني متوسط قراءات العمود الأخير؟

....

الاستنتاج:

تسارع السقوط الحر.................................م/$ث^2$.

التقويم:

1- لماذا يستخدم الجنود المظلات عند القفز من الطائرات؟

....

....

2- كيف تقيس عمق بئر إذا أعطيت ساعة توقيت وعدة أحجار؟

....

....

الدرس العاشر

عنوان الدرس: القانون الثالث لنيوتن.

الأهداف الإجرائية: يتوقع من الطالب بعد دراسته لهذا الدرس, أن يكون قادرا عل أن:

- يميز بين الفعل ورد الفعل.
- يفسر وجود القوى في الطبيعة على شكل أزواج.
- يعلل بعض التطبيقات ذات العلاقة بالقانون الثالث لنيوتن.

المفاهيم التي يتضمنها الدرس: القوة, الفعل ورد الفعل.

المواد والأدوات المستخدمة: ميزانان نابضان متماثلان, عربة ذات عجلات (زلاجة).

الشعور بالمشكلة: يمشي المعلم أمام الطلاب, ويوجه انتباههم إلى حركة قدميه.

تحديد المشكلة: ما مصدر القوة التي تدفع قدميك فتحركك للأمام؟

ملحوظة للمعلم:

يناقش الطلاب في الفروض التي اقترحوها كحلول أولية للمشكلة من اجل توجيههم إلى اختبارها تجريبيا للتحقق من صحة الفروض.

التجريب:

الجزء الأول:

ثبت أحد الميزانين في الحائط, واشبك خطافي النابضين معا.

- اسحب الميزان النابضي الثاني بشكل أفقي , كما في الشكل (30).

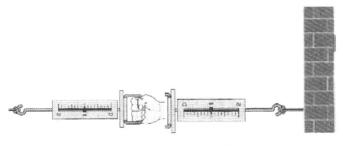

الشكل (30)

- هل تحرك مؤشر الميزان النابضي الأول.

- أعد الخطوة السابقة مرات عدة.

- هل اتجاه حركة مؤشر النابض الأول بنفس اتجاه حركة مؤشر النابض الثاني؟

- هل قراءة مؤشر النابض الأول هي نفسها قراءة مؤشر النابض الثاني؟

- قارن بين قراءة واتجاه مؤشر النابض الأول وقراءة واتجاه مؤشر النابض الثاني؟

- لماذا تحرك مؤشر النابض الأول عند سحب الميزان النابضي الثاني؟

<u>ملحوظة للمعلم:</u>

يعرض نتائج الطلاب لمناقشتها وللوصول إلى أن:

القوى توجد على شكل أزواج متساوية ومتضادة.

<u>الجزء الثاني:</u>

- قف على الزلاجة بحيث تكون في مواجهة الحائط وقريبا منه, وضع كلتا يديك على الحائط.

- ادفع الحائط بلطف, لاحظ الشكل (31).

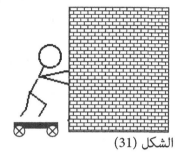

الشكل (31)

- كرر هذه العملية مرات عدة, مغيرا قوة دفعك للحائط.

- في أي اتجاه تتحرك عندما تدفع الحائط؟

- هل تزداد سرعة ابتعادك عن الحائط كلما كانت قوة دفعك للحائط أكبر؟

- ما الدليل على أن الحائط أثر فيك بقوة؟

- لماذا تحركت مبتعدا عن الحائط؟

- ما العلاقة بين قوة دفعك للحائط وقوة دفع الحائط لك؟

<u>ملحوظة للمعلم:</u>

يسجل على السبورة استنتاجات الطلاب ويناقشهم فيها للوصول إلى ما يلي:

قوة دفعك للحائط تساوي قوة دفع الحائط لك في المقدار وتعاكسها في الاتجاه.

لاحظ الشكل(32)

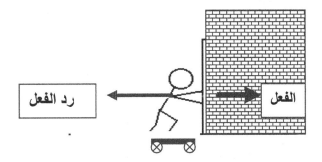

الشكل (32)

- لقد توصل نيوتن من قبل إلى هذه النتيجة, وقد صاغها على النحو الآتي:

لكل فعل رد فعل مساو له في المقدار ومعاكس له في الاتجاه.

وتعرف هذه النتيجة باسم القانون الثالث لنيوتن في الحركة.

- ومن الممكن صياغة هذا القانون بطريقة أخرى على النحو التالي:

نص القانون الثالث لنيوتن في الحركة.

**إذا أثر جسم (أ) بقوة في جسم آخر (ب) فان الجسم (ب) يؤثر بقوة في (أ)
تساوي القوة الأولى في المقدار وتعاكسها في الاتجاه.**

- يوجه الطلاب لإجراء النشاط (10).

ورقة عمل

النشاط العاشر: القانون الثالث لنيوتن

تحديد المشكلة: ما مصدر القوة التي تدفع قدميك فتحركك للأمام؟

الفروض والحلول المقترحة:

....

....

....

اختبار صحة الفروض:

الجزء الأول:

- ثبت أحد الميزانين في الحائط, واشبك خطافي النابضين معا.
- اسحب الميزان النابضي الثاني بشكل أفقي , كما في الشكل (33).

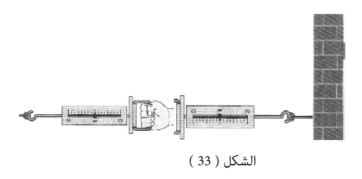

الشكل (33)

- هل تحرك مؤشر الميزان النابضي الأول.

نعم (..........)   لا (..........)

- أعد الخطوة السابقة مرات عدة.

- هل اتجاه حركة مؤشر النابض الأول بنفس اتجاه حركة مؤشر النابض الثاني؟

نعم (..........)   لا (..........)

- هل قراءة مؤشر النابض الأول هي نفسها قراءة مؤشر النابض الثاني؟

نعم (..........)   لا (..........)

- قارن بين قراءة واتجاه مؤشر النابض الأول وقراءة واتجاه مؤشر النابض الثاني؟

....

- لماذا تحرك مؤشر النابض الأول عند سحب الميزان النابضي الثاني؟

....

الاستنتاج:

القوى توجد على شكل..

الجزء الثاني:

- قف على الزلاجة بحيث تكون في مواجهة الحائط وقريبا منه, وضع كلتا يديك على الحائط.

- ادفع الحائط بلطف, لاحظ الشكل (34).

190

الشكل (34)

- كرر هذه العملية مرات عدة, مغيرا قوة دفعك للحائط.

- في أي اتجاه تتحرك عندما تدفع الحائط؟

....

- هل تزداد سرعة ابتعادك عن الحائط كلما كانت قوة دفعك للحائط أكبر؟

نعم   (..........)   لا (..........)

- ما الدليل على أن الحائط أثر فيك بقوة؟

....

- ما العلاقة بين قوة دفعك للحائط وقوة دفع الحائط لك؟

....

<u>الاستنتاج:</u>

....

التقويم:

1- لماذا يحتاج خرطوم الماء رجلي إطفاء على الأقل للامساك به وتوجيهه نحو مكان الحريق؟

....

....

....

....

2- فسر العبارة التالية: " القوى توجد دائما في الطبيعة على شكل أزواج "

....

....

....

....

3- إذا كانت القوى على شكل أزواج, فلماذا لا يلغي تأثير أحدهما الآخر؟

....

....

....

....

....

الدرس الحادي عشر

عنوان الدرس: قوة الدفع.

الأهداف الإجرائية: يتوقع من الطالب بعد دراسته لهذا الدرس, أن يكون قادرا عل أن:

- يعرف قوة الدفع.
- يفسر انطلاق الصاروخ للأمام بالرغم من اندفاع الغازات منه للخلف.

المفاهيم التي يتضمنها الدرس: القوة, الفعل ورد الفعل, قوة الدفع .

المواد والأدوات المستخدمة: مروحة, عربة ذات عجلات (زلاجة), بالون, مصاصة عصير, خيط طويل, لاصق شفاف.

الشعور بالمشكلة: ينفخ المعلم بالونا امام الطلاب, ويفلته في غرفة الصف (المختبر).

المشكلة: كيف تندفع الطائرة للأمام بالرغم من اندفاع الغازات من محركاتها للخلف؟

التجريب:

الجزء الأول:

انفخ البالون, والصق المصاصة على البالون بوساطة اللاصق.

أدخل طرف الخيط السفلي في المصاصة.

ثبت طرف الخيط العلوي في سقف الغرفة وشد الطرف السفلي حتى يصبح الخيط مشدودا بشكل رأسي, لاحظ الشكل (35).

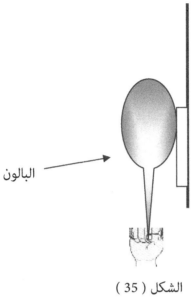

البالون

الشكل (35)

ابعد يدك عن فوهة البالون.

- ما اتجاه حركة البالون؟

- ما وجه الشبه بين حركة البالون وحركة الصاروخ؟

- وضح حركة البالون باستخدام القانون الثالث لنيوتن في الحركة.

<u>الجزء الثاني:</u>

ثبت المروحة فوق الزلاجة, و شغل المروحة.

- في أي اتجاه تتحرك الزلاجة؟

- لماذا تحركت الزلاجة؟

- ماذا عملت المروحة حتى تتحرك الزلاجة؟

ملحوظة للمعلم:

يدون نتائج الطلاب على السبورة, ويناقشهم فيها للوصول إلى أن:

محركات الصاروخ تعمل كما هو الحال في الطائرة النفاثة على نفث الغازات الناتجة عن احتراق الوقود المستخدم بقوة (والذي يختلف عن وقود الطائرات النفاثة), مم يولد قوة باتجاه معاكس تعمل على اندفاع الصاروخ, لاحظ الشكل (36)

الشكل (36)

- يوجه الطلاب لحل أسئلة النشاط (11)

ورقة عمل

النشاط الحادي عشر: قوة الدفع

المشكلة: كيف تندفع الطائرة للأمام بالرغم من اندفاع الغازات من محركاتها للخلف؟

الفروض والحلول المقترحة:

....

....

....

....

اختبار صحة الفروض:

الجزء الأول:

انفخ البالون, والصق المصاصة على البالون بوساطة اللاصق.

أدخل طرف الخيط السفلي في المصاصة.

ثبت طرف الخيط العلوي في سقف الغرفة وشد الطرف السفلي حتى يصبح الخيط مشدودا بشكل رأسي, لاحظ الشكل (37).

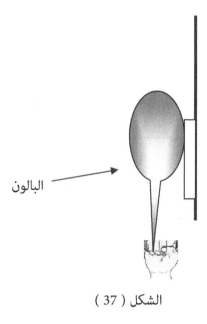

البالون

الشكل (37)

- ابعد يدك عن فوهة البالون.

- ما اتجاه حركة البالون؟

....

- ما وجه الشبه بين حركة البالون وحركة الصاروخ؟

....

- وضح حركة البالون باستخدام القانون الثالث لنيوتن في الحركة.

....

<u>الجزء الثاني:</u>

- ثبت المروحة فوق الزلاجة, و شغل المروحة.

- في أي اتجاه تتحرك الزلاجة؟

....

- لماذا تحركت الزلاجة؟

....

- ماذا عملت المروحة حتى تتحرك الزلاجة؟

....

الاستنتاج:

قوة الدفع:...

أسئلة مقترحة:

1- كيف تفسر حركة الصاروخ بناء على القانون الثالث لنيوتن؟

....

2- ما القوى المؤثرة على الصاروخ عند اندفاعه في الفضاء؟

....

المبحث : الفيزياء

عنوان الدرس: القياس.

اليوم:..................   التاريخ:..................

الصف: الثامن الأساسي   **إستراتيجية التدريس:** حل المشكلات.

الصف: التاسع الأساسي.   **الموضوع:** أخطاء القياس.

الوحدة الأولى: مهارات أساسية في القياس.

آلية تنفيذ الموقف التعليمي التعلمي:

-الأدوات اللازمة: فولتميتر عدد3 ، مقاومة عدد 3 ، مصدر قدرة عدد 3 ، أسلاك توصيل.

-الشعور بالمشكلة: أحمد طالب في الصف الثامن الأساسي ، كلفه المعلم بقياس الجهد الكهربائي المار في دارة كهربائية (القيمة المقبولة 6 فولت، ولكن أحمد حصل عل النتيجة 5 فولت وقام بتكرار القياس ولكن النتيجة لم تتغير.

كيف تساعده على اكتشاف أخطائه والحصول على نتيجة أكثر دقة ؟

- **تحديد المشكلة:** قياس الجهد الكهربائي المار في دارة كهربائية بدقة عالية؟

- **الفرضيات:** تقوم كل مجموعة بوضع الفرضيات، مثل:

1-   عدم انطباق مؤشر الفولتميتر على الصفر (الخطأ الصفري)

2-   النظر باتجاه مائل إلى مؤشر الفولتميتر

3-   استخدام تدريج غير مناسب لمقدار الجهد

- اختبار الفرضيات:

الفرضية (1): تأكد قبل غلق الدارة من انطباق مؤشر الفولتميتر على الصفر من خلال النظر عموديا إلى تدريج الفولتميتر فان لم ينطبق قم بمعايرته باستخدام برغي المعايرة.

الفرضية (2): انظر باتجاه عمودي على تدريج الفولتميتر وسجل القراءة. هل اختلفت القراءة ؟ هل اقتربت من القيمة المقبولة ؟

الفرضية (3): اختر التدريج الأنسب من خلال استخدام نقاط التوصيل في الفولتميتر وسجل القراءة.

إذا لم تقترب النتيجة من القيمة المقبولة اقترح فرضيات أخرى وقم باختبارها.

النتائج: دون الحلول المناسبة التي ساعدت أحمد في التوصل إلى نتائج أكثر دقة.

الاستنتاج...

التقويم

إستراتيجية التقويم: الملاحـــظة.

أداة التقويم: سلم التقدير.

المهمة: توضيح مفهوم القياس وعناصره.

بيئة تنفيذ المهمة: المختبر المدرسي.

الوقت المحدد لإنجاز المهمة: 15 دقيقة.

التقدير				معيار الأداء	الرقم
4	3	2	1		
				قام بإجراء عملية القياس بدقة	1
				دَوَّن قراءة الفولتميتر بشكل صحيح.	2
				قام ببناء الدائرة الكهربائية بشكل صحيح.	3
				راعى قواعد الأمن والسلامة العامة أثناء استخدام الأدوات.	4
				أظهر فهما واضحاً لمفهوم القياس.	5
				احترم آراء زملائه.	6
				تعاون مع زملائه	7

الفصل السادس

تدريب المعلمين على استخدام استراتيجية حل المشكلات

- ورشة تدريبية (1)
- النتاجات التعليمية المتوقعة:
- خطوات تنفيذ الورشة التدريبية:
- مقدمة نظرية:
- نشاط (1)
- تقويم تنفيذ النشاط
- أداة التقويم: سلم تقدير لفظي.
- استراتيجية التقويم المستخدمة في التدريب: الملاحظة.
- النشاط(2)
- النتاجات التعليمية المتوقعة:
- أساليب التدريب المقترحة:
- خطوات تنفيذ الورشة التدريبية:
- فوائد التعلّم القائم على حل المشكلات
- معيقات استخدام استراتيجية حل المشكلات
- تحديد المشكلة
- تحديد الفرضيات
- جمع المعلومات واختبار الفرضيات
- تكنولوجيا المعلومات والاتصالات
- توظيف استراتيجية حل المشكلات في موقف صفي
- استراتيجيات التقويم.

الفصل السادس

تدريب المعلمين على استخدام استراتيجية حل المشكلات

النتاجات التعليمية المتوقعة:

يتوقع في نهاية هذه الجلسة التدريبية أن تتحقق لدى المتدرب النتاجات التعليمية الآتية:

- يطبق خطوات استراتيجية حل المشكلات في مواقف تعليمية جديدة.
- يصمم أنشطة تعليمية تتضمن تطبيق استراتيجية حل المشكلات.
- يحدد مهام تعلميه تصلح أن تكون مشكلات تمكن الطلبة من بناء تعلمهم.
- يصميم أداة تقييم مناسبة للموقف الذي يتم اختياره لتطبيق استراتيجية حل المشكلات.

خطوات تنفيذ التدريب:

- تقسيم المتدربين في مجموعات (3-5) أشخاص.

ملحوظة للمدرب:

يعرف المدرب نفسه، ويعرض أهداف اليوم التدريبي.

ينفذ المدرب نشاطا افتتاحيا لكسر الجمود................................(5 دقائق)

يستعرض مقدمة نظرية...(5 دقائق)

مقدمة نظرية:

تعد استراتيجية التعليم القائم على حل المشكلات من الاستراتيجيات الهامة في التعليم لما توفره من مزايا للمعلم والمتعلم منها:

–   استثارة دافعية المتعلم.

–   اثارة حب الاستطلاع لدى المتعلم.

–   ارتباطها بقضايا حياتية يتم تفحصها من قبل الطلبة انفسهم.

–   تنقل المعلم من الدور التقليدي إلى الميسر والموجه في الموقف الصفي.

–   تشجع هذه الاستراتيجية على استخدام مستويات أعلى من التفكير لدى الطلبة

وتتضمن استراتيجية التعليم القائم على حل المشكلات غالبا الخطوات الآتية:

–   الشعور بالمشكلة.

–   تحديد المشكلة.

–   جمع المعلومات.

–   وضع الفروض.

–   التجريب لاختبار الفرضيات.

–   استخلاص النتائج والوصول للحل.

-   تنفيذ النشاط الآتي:

نشاط (1)

زمن النشاط: (45 دقيقة)

المبحث: الرياضيات العامة

الموضوع: حل نظام معادلتين خطيتين.

–   تقسيم المتدربين إلى مجموعات.

–   تقديم لكل مجموعة ورقة عمل تتضمن الموقف الآتي:

عرضت شركة مختصة في إصلاح الأعطال الكهربائية في المنازل خدماتها على الزبائن من خـلال عرضين هما:

العرض الأول: يدفع المشترك 5 دنانير رسم اشتراك شهري، وتكلفـة الخدمـة الواحـدة ثلاثـة دنانير.

العرض الثاني: يدفع المشترك 6 دنانير رسم اشتراك شهري، وتكلفـة الخدمـة الواحـدة دينـار واحد فقط.

أراد يوسف الاختيار بين العرضين للإستفادة من خدمات الشركة، أي العرضين أفضل له؟

اعطاء المتدربين الفرصة للآتي:

– تحليل الموقف من قبل المتدربين.

– تحديد المشكلة المتضمنة في الموقف.

– تحديد المطلوب:

– الربط بين ما هو معلوم وما هو مطلوب

- توزيع أوراق على المجموعات تتضمن الأسئلة الموجهة الآتية:

– ما تكلفة الاشتراك لمدة سنة، وتقديم (15) خدمة، وفق العرض الأول ؟

– ما تكلفة الاشتراك لمدة سنة، وتقديم (15) خدمة، وفق العرض الثاني ؟

– ماذا تلاحظ؟

– كيف يمكن أن يتساوى العرضان؟

- تنظيم جدولا للربط بين مدة العرض والتكلفة وفق العرض الأول.

- مثل البيانات التي حصلت عليها.

- تنظيم جدولا للربط بين مدة العرض والتكلفة وفق العرض الثاني.

- مثل البيانات التي حصلت عليها على المستوى نفسه.

- حدد حالات يكون فيها العرض الأول أفضل وأخرى يكون فيها العرض الثاني افضل

- متى يتساوى العرضين؟
- اتخذ القرار في حل الموقف

- بالعودة إلى التمثيل البياني السابق:

- ما نوع العلاقة التي تربط بين مدة العرض والتكلفة ضمن العرض الأول؟
- ما هي العلاقة الجبرية(المعادلة) التي تمكن التوصل أليها؟
- ما نوع العلاقة التي تربط بين مدة العرض والتكلفة ضمن العرض الثاني ؟
- ما هي العلاقة الجبرية (المعادلة) التي تمكن التوصل أليها؟
- ماذا ا تمثل النقطة التي يتساوى فيها العرضين بالنسبة للمعادلتين الناتجتين؟
- راجع الخطوات , تمعن بالحل تحقق من الحل.
- عرض المجموعات ما تم التوصل إليه.
- تقديم المدرب نظام المعادلات حل النظام ،الحل البياني

التقويم

الصف: الثامن.

المبحث: الرياضيات.

استراتيجية التقويم المستخدمة في التدريب: الملاحظة.

أداة التقويم: سلم تقدير لفظي.

سلم تقدير مقترح لتقويم مهارة الطالب في حل المشكلات				
المهارة	مقبول (1)	جيد (2)	جيد جدا (3)	ممتاز (4)
فهم المسألة	غير متأكد ماذا سيعمل؟	يستخرج الأرقام، غير متأكد مما سيعمل.	يستخرج الأرقام ، والعمليات قد تكون صحيحة أو خاطئة.	يستخرج الأرقام، والعمليات صحيحة.
اختيار طريقة الحل	لا يربط بين المطلوب والمعطيات.	يربط بين المعطيات والمطلوب.	يختار طريقة للحل وغير متأكد من صحتها	يختار طريقة أو أكثر صحيحة للحل
الحسابات	يستخرج الأرقام	يجري العمليات وقد تكون صحيحة أو خاطئة.	يجري العمليات بشكل صحيح.	يجري العمليات بشكل صحيح، والإجابة صحيحة.
استخدام الجداول والأشكال والرسوم	لا يستطيع أن يستخدم الجداول والأشكال.	غير متأكد من استخدام الجداول والأشكال.	ويعرف الأشكال والرسوم ولكنها ليست صحيحة بالكامل.	يعمل الجداول والأشكال بشكل صحيح.
يحقق كافة المتطلبات	لا يحقق متطلبات المسألة.	يحقق جميع متطلبات المسألة، الإجابة قد تكون صحيحة أو خاطئة.	يحقق جميع متطلبات المسألة، الإجابة صحيحة جزئياً.	يحقق جميع متطلبات المسألة، الإجابة صحيحة.

-   تحديد زمن قدره (15) دقيقة للتغذية الراجعة.

-   عرض كل مجموعة إجاباتها عن الأسئلة الآتية:

ما الإستراتيجية المستخدمة في الموقف السابق؟

....

....

....

ما النتاجات التي تناسب الموقف ؟

....

....

....

ما دور كل من المعلم والطالب؟

....

....

....

....

ما مدى توافق هذه الاستراتيجية مع البنائية المعرفية؟

....

....

....

التدريب الثاني (2)

النتاجات التعليمية المتوقعة:

يتوقع عند نهاية هذه الجلسة التدريبية أن تتحقق لدى المتدرب النتاجات التعليمية الآتية:

- التعرف إلى أهمية استخدام استراتيجية حل المشكلات في العملية التعليمية التعلمية.
- التعرف إلى معيقات استخدام استراتيجية حل المشكلات في العملية التعليمية التعلمية.
- إعطاء أمثلة على نجاح استخدام استراتيجية حل المشكلات في العملية التعليمية التعلمية، من خلال خبراته وخبرات الآخرين.
- تطبيق أمثلة من المنهاج تستخدم استراتيجية حل المشكلات في العملية التعليمية التعلمية.
- تقويم استخدام استراتيجية حل المشكلات في العملية التعليمية التعلمية.

أساليب التدريب المقترحة:

- العمل الجماعي.
- توجيهات المدرب.
- تبادل الأفكار مع المدرب.
- نقاش بشكل زوجي.
- تبادل الأفكار بين الأزواج.
- البحث من خلال شبكة الانترنت.
- الحوار والمناقشة.
- عرض النواتج والأعمال الجماعية ومناقشتها.

خطوات تنفيذ الورشة التدريبية:

- تقسيم المتدربين في مجموعات (3-5) أشخاص.

ملحوظة للمدرب:
- يعرف المدرب نفسه، ويعرض أهداف اليوم التدريبي.
ينفذ المدرب نشاطا افتتاحيا لكسر الجمود.........................(5 دقائق)

الجزء الأول

فوائد التعلّم القائم على حل المشكلات	(10 دقائق)

–   ناقش فوائد التعلّم القائم على حل المشكلات.

–   دوّن الفوائد المتفق عليها في الجدول الآتي.

الفوائد	
	1
	2
	3
	4
	5

تغذية راجعة:	(10 دقائق)

- مناقشة النقاط التي تم التوصل إليها، بعد انتهاء أعضاء المجموعات من تدوين الفوائد في الجدول.

- دوّن الفوائد التي يتم اقتراحها على لوحة حائط.

- اقترح على أعضاء المجموعات إضافة أي فوائد جديدة إلى القوائم التي أعدوها.

الجزء الثاني

معيقات استخدام استراتيجية حل المشكلات	(10) دقائق

- اطلب من كل عضو في مجموعة اقتراح عدد من النقاط التي تعد من معيقات استخدام استراتيجية حل المشكلات.

- اطلب من كل عضو في مجموعة كتابة اقتراحاتهم على لوحة كبيرة.

تغذية راجعة:	(10 دقائق)

- ناقش أفراد المجموعات في المعيقات التي كتبوها.

- اعرض عليهم هذه المعيقات إذا كان ذلك ضروريا.

- دوّن المعيقات التي يتم اقتراحها على لوحة حائط.

- اقترح على أعضاء المجموعات إضافة أي معيقات جديدة إلى القوائم التي أعدوها.

الجزء الثالث

تحديد المشكلة	(10 دقائق)

- اطلب من المتدربين تحديد ثلاث مشكلات يمكن استخدامها كأساس لموقـف صـفي ينفّـذ بطريقة حل المشكلات.

- عرض ما توصلت إليه أفراد المجموعات.

- ناقش افراد المجموعة فيما توصلوا اليه.

تغذية راجعة:	(10 دقائق)

- ناقش أعضاء المجموعات في المشكلات التي كتبوها.

- اعرض عليهم هذه المشكلات إذا كان ذلك ضروريا.

- دوّن المشكلات التي يتم اقتراحها على لوحة حائط.

- اقترح على المجموعات إضافة أي مشكلات جديدة إلى القوائم التي أعدوها.

الجزء الرابع

تحديد الفرضيات	(10 دقائق)

- تحديد الفرضيات الممكنة للمشكلة التي تبنوها في الجزء الثالث.

- عرض ما توصلت إليه أفراد المجموعات من فرضيات.

تغذية راجعة:	(10 دقائق)

- ناقش أفراد المجموعات في الفرضيات التي كتبوها.

- اعرض عليهم هذه الفرضيات إذا كان ذلك ضروريا.

- دوّن الفرضيات التي يتم اقتراحها على لوحة حائط.

- اقترح على المجموعات إضافة أي فرضيات جديدة إلى القوائم التي أعدوها.

الجزء الخامس

جمع المعلومات واختبار الفرضيات	**(15 دقيقة)**

ملحوظة للمعلم:

توفير البيئة التعليمية والأدوات لتحقيق اختبار الفرضيات بيسر وسهولة من قبل المتدربين

- اطلب من المتدربين تحديد الطرق الممكنة لاختبار الفرضيات الممكنة للمشكلة التي تبنوها في النشاط الثالث.
- عرض ما توصلت إليه أفراد المجموعات من فرضيات.

تغذية راجعة:	**(10 دقائق)**

- ناقش أفراد المجموعات في الطرق والوسائل التي كتبوها.
- اعرض عليهم الطرق والوسائل إذا كان ذلك ضروريا.
- دوّن الطرق والوسائل التي تم اقتراحها على لوحة حائط.
- اقترح على اعضاء المجموعات إضافة أي طرق ووسائل جديدة إلى القوائم التي أعدوها.

الجزء السادس

تكنولوجيا المعلومات والاتصالات	**(15 دقيقة)**

- اطلب من المتدربين اقتراح مجموعة من الأفكار التي من شانها توظيف تكنولوجيا المعلومات والاتصالات في التعلّم القائم على حل المشكلات.
- عرض ما توصلت إليه أفراد المجموعات من اقتراحات.

تغذية راجعة:	**(10 دقائق)**

- ناقش أفراد المجموعات في الاقتراحات التي كتبوها.
- اعرض عليهم اقتراحاتهم إذا كان ذلك ضروريا.
- دوّن الاقتراحات التي تم كتابتها على لوحة حائط.
- اقترح على أفراد المجموعات إضافة أي اقتراحات جديدة إلى القوائم التي أعدوها.

الجزء السابع

توظيف استراتيجية حل المشكلات في موقف صفي	**(30 دقيقة)**

- اطلب من المتدربين اختيار درس ، بحيث يمكن تنفيذه من خلال التعلّم القائم على حل المشكلات ، ويشتمل على:

- النتاجات التعليمية.
- دور المعلم.
- دور الطالب.
- الخطوات التي اتبعها في حل المشكلة.

تغذية راجعة:	**(10 دقائق)**

- ناقش المجموعات في الدروس التي صمموها وفق استراتيجية حل المشكلات.
- تحديد نقاط القوة والضعف في الدروس التي صمموها وفق استراتيجية حل المشكلات.
- دوّن الاقتراحات التي تم كتابتها على لوحة حائط.

- اقترح على المجموعات إضافة أي اقتراحات جديدة لتحسين الدروس التي صمموها وفـق استراتيجية حل المشكلات.

الجزء الثامن

استراتيجيات التقويم.	(15 دقيقة)

- اطلب من المتدربين اقتراح استراتيجية تقويم وأداة تقيس مدى تحقق النتاجات التعليمية في الدروس التي صمموها وفق استراتيجية حل المشكلات. مع مراعات أن تشتمل على:

- اسم الاستراتيجية.

- نتاج التعلّم.

- المهمة.

- بيئة تنفيذ المهمة.

- الوقت المحدد لإنجاز المهمة.

- معايير ومستويات الأداء.

- أداة التقويم.

تغذية راجعة:	(10 دقائق)

- ناقش أفراد المجموعات في استراتيجية وأداة التقويم التي بنوها.

- تحديد نقاط القوة والضعف في استراتيجية وأداة التقويم التي بنوها.

- دوّن الاقتراحات التي تم كتابتها على لوحة حائط.

- اقترح على المجموعات إضافة أي اقتراحات جديدة لتحسين أداة التقـويم التـي صـمموها وفق استراتيجية حل المشكلات.

الفصل السابع

حل المشكلات بطريقة العصف الذهني

- أسلوب العصف الذهني Brain storming

- القواعد الأساسية للعصف الذهني

- خطوات حل المشكلة وفق استراتيجية العصف الذهني

- كيف نزيد من فاعلية استخدام استراتيجية العصف الذهني في حل المشكلات

- مزايا أسلوب العصف الذهني

- محددات أسلوب العصف الذهني

- مواقف تعليمية باستخدام استراتيجية العصف الذهني

الفصل السابع

حل المشكلات بطريقة العصف الذهني

العصف الذهني Brain storming

يعد مفهوم العصف الذهني أحد المفاهيم التربوية التي ظهرت وفق المدرسة المعرفية، فالعقل يعصف بالمشكلة، ويفحصها، ويمحصها، بهدف التوصل إلى الحلول الإبداعية المناسبة لها. وهي استرتيجية لتحفيز التفكير والبحث. ويستخدم العصف الذهني كأسلوب للتفكير الجماعي أو الفردي في حل كثير من المشكلات العلمية والحياتية المختلفة، بقصد زيادة فاعلية مهارات التفكير لدى الطلبة في جميع مستوياتهم العقلية ومراحلهم الدراسية.

كما يعد هذا الأسلوب مدخلاً لتخفيف حدة التعصب للآراء، والتدرب على احترام جميع الآراء مهما كانت. ويقصد به توليد وإنتاج أفكار وآراء إبداعية من الأفراد والمجموعات لحل مشكلة معينة، وتكون هذه الأفكار والآراء متنوعة ومختلفة ومتعددة. أي وضع الذهن في حالة من الإثارة والجاهزية للتفكير في كل الاتجاهات لتوليد أكبر قدر من الأفكار حول المشكلة أو الموضوع المطروح، بحيث يتاح للفرد جو من الحرية يسمح له بطرح كل الآراء والأفكار التي تدور في خاطره.

ويرتبط مفهوم العصف الذهني بمفهوم حفز أو إثارة العقل، ويقوم على تصور حل المشكلة على أنه موقف به طرفان يتحدى أحدهما الأخر، العقل البشري(المخ) من جانب، والمشكلة التي تتطلب الحل من جانب آخر. ولابد للعقل من الالتفاف حول المشكلة والنظر إليها من أكثر من جانب، ومحاولة تطويقها واقتحامها بكل الطرق الممكنة. ويمكن تعريف العصف الذهني Brain storming بأنه تعبير يقصد به: استخدام العقل في التصدي النشط للمشكلة، ومحاولة البحث عن حلول لها.

مما سبق يمكن تعريف العصف الذهني بانـه: أسـلوب تعليمـي وتـدريبي يقـوم عـلى حرية التفكير، من أجل توليد أكبر كم من الأفكار لمعالجة موضوع من الموضـوعات المفتوحـة من قبل المعلم أو المدرب أو قائد المجموعة خلال جلسة قصيرة.

كما يمكن تعريفه على أنه: أحد أساليب المناقشة الجماعية الذي يشجع على توليـد أكـبر عدد ممكن من الأفكار المتنوعة والمتكررة بشكل عفوي، وتلقائي، وحر، وفى مناخ مفتـوح غـير نقدي.

ويهدف استخدام أسلوب العصف الذهني Brain storming إلى تحقيق الآتي:

1 ـ حل المشكلات حلا إبداعيا.

2 ـ خلق مشكلات لإثارة تفكير الآخرين.

3 ـ إيجاد مشكلات، أو مشاريع جديدة قائمة على اثارة وحفز الفرد على التفكير.

4 ـ تحفيز وتنمية تفكير الطلبة والمتدربين.

مما سبق يتضح مدى ارتباط أسلوب العصف الذهني Brain storming بالمشـكلات وكيفية ايجادها، وخلقها، وحلها، اضافة إلى مسـاعدة الآخـرين عـلى ممارسـة عمليـات العلـم المختلفة ومهارات التفكير المختلفة.

ويمكن استخدام أسلوب العصف الذهني Brain storming في تنمية التفكير الابـداعي، من خلال اتباع المراحل الثلاث الآتية:

1 ـ تعريف وتحديد المشكلة.

2 ـ استمطار الأفكار، أو توليدها.

3 ـ البحث عن الحل.

القواعد الأساسية للعصف الذهني:

يقوم استخدام أسلوب العصف الذهني Brain storming على قواعد أهما:

1- ضرورة تجنب النقد للأفكار المتولدة:

يتم تأجيل الحكم على الأفكار المنبثقة من أعضاء جلسة العصف الذهني، وذلك في من أجل استمطار اكبر قدر من الأفكار، فإحساس الفرد بأن أفكاره ستكون موضعاً للنقد والرقابة منذ ظهورها يكون عاملاً كافياً لتوقف استمطار أية أفكار أخرى.

2- حرية التفكير والترحيب بكل الأفكار مهما يكن نوعها:

ترتب الأفكار بشكل هرمي، كما أن أكثر الأفكار احتمالاً للظهور والصدور هي الأفكار العادية والشائعة والمألوفة، وبالتالي فللتوصل إلى الأفكار غير العادية والأصيلة يجب زيادة عدد الأفكار المقدمة من قبل الطلبة. والهدف إعطاء قدر أكبر من الحرية للطالب أو الطالبة في التفكير، وإعطاء حلول للمشكلة المعروضة مهما تكن نوعية هذه الحلول أو مستواها.

3- زيادة كمية الأفكار المطروحة:

توليد أكبر عدد ممكن من الأفكار المقترحة؛ لأنه كلما زاد عدد الأفكار المقترحة من قبل الطلبة زاد احتمال بلوغ قدر أكبر من الأفكار الأصيلة التي تؤدي إلى الحل المبدع للمشكلة.

4- تعميق أفكار الآخرين وتطويرها:

ويقصد بها إثارة حماس المشاركين في جلسات العصف الذهني من الطلاب أو من غيرهم لأن يضيفوا لأفكار الآخرين ما يرونه مفيدا لافكارهم لتصبح أكثر عمقا، وأن يقدموا ما يمثل تحسيناً أو تطويراً.

كما يتابع المعلم مدى تدفق الأفكار للطلبة أثناء استمطارها ، وعند توقف سيل الأفكار يوقف الجلسة لمدة دقيقة للتفكير في طرح أفكار جديدة، وقراءة الأفكار المطروحة وتأملها، ثم يفتح الباب مرة أخرى للأفكار الجديدة للتدفق بحرية وتتم كتابتها أولاً بأول. وفي حالة قلة الأفكار المطروحة فإنه يحاول استثارتهم بعبارات أو كلمات تولد لديهم مزيداً من هذه الأفكار، كما يقدم المعلم ما لديه من أفكار لاثارة دافعيتهم من جديد لاستمطار أفكار أكثر عمقا. وبعد انتهاء المجموعة من طرح أكبر عدد من الأفكار يتم تقويم هذه الأفكار.

خطوات حل المشكلة وفق استراتيجية العصف الذهني:

تعد خطوات حل المشكلة وفق استراتيجية العصف الذهني أساسا يتبعه المعلم والمتعلم في العملية التعليمية التعلمية، وهذه الخطوات هي:

- صياغة المشكلة.

- تحديد المشكلة.

- توليد الأفكار التي تعبر عن حلول للمشكلة.

- تقويم الأفكار التي تم التوصل إليها.

ويمكن توضيح خطوات حل المشكلة وفق استراتيجية العصف الذهني كالآتي:

1 ـ صياغة المشكلة:

تبدأ جلسة العصف الذهني بالشعور بالمشكلة، ويمكن توضيح ذلك بالآتي:

- صياغة المشكلة من خلال موقف صفي، أو قصة، او شكل، او بأي وسيلة يراها المعلم مناسبة للموقف الصفي.

- شرح أبعاد المشكلة للطلبة بوضوح ويسر؛ لتجنب تشتت الطلبة في أفكار بعيدة عن لب المشكلة.

- جمع بعض الحقائق حولها بغرض تقديم المشكلة للطلبة؛ مما يسهم في وضوح أبعاد وعناصر المشكلة.

2 ـ تحديد المشكلة:

تحديد دقيق للمشكلة وذلك بإعادة صياغتها وتحديدها من خلال طرح اسئلة موجهة للمشكلة. وعلى المعلم أن يراعي أنواع وعدد الأسئلة التي يطرحها لتوجيه تفكير الطلبة نحو المشكلة.

كما أن تحديد المشكلة بشكل واضح من قبل المعلم للطلبة يسهم بشكل واضح في اختصار الوقت والجهد في تحقيق أفضل النتائج، والوصول إلى حلول إبداعية وخلاقة للمشكلة من قبل الطلبة.

3 ـ توليد الأفكار التي تعبر عن حلول للمشكلة:

وتعد الخطوة الأهم في جلسة العصف الذهني لما لها من استمطار للأفكار، حيث يتم من خلالها إثارة فيض حر من الأفكار، ولا بد أن يوفر المعلم للطلبة الجو المناسب؛ من أجل تهيئتهم للتفكير، وسماع زملائهم بوضوح؛ لبناء أفكار جديدة وغير مكررة، كما أن الاستماع الجيد من قبل الطلبة للأفكار المطروحة يساعدهم على بناء أفكار جديدة قائمة على أفكار الآخرين، وتتم هذه الخطوة في ظل مراعاة الجوانب الآتية:

أ - عرض قواعد العصف الذهني.

ب - عقد جلسة حوارية تنشيطية(جلسة عصف ذهني).

ج - تقبل جميع الأفكار المطروحة.

د - عرض جميع الأفكار (الحلول المقترحة للمشكلة).

هـ ـ تجنب تسرب الإحباط أو الملل لدى الطلبة.

4 ـ تقويم الأفكار التي تم التوصل إليها:

تؤدي استراتيجية العصف الذهني إلى توليد عدد كبير من الأفكار المطروحة حول مشكلة معينة، ومن هنا تظهر أهمية تقويم هذه الأفكار، واختيار الأفكار القابلة للتنفيذ. والهدف من تقويم الأفكار هوتحديد ما يمكن أخذه منها، وفي بعض الحالات تكون الأفكار الجيدة بارزة، وواضحة ولكن في الغالب تكون الأفكار الجيدة من الصعب تحديدها، ونخشىـ عادة من إهمالها وسط العديد من الأفكار المهمة أو الأقل أهمية.

وتحتاج عملية التقويم نوعاً من التفكير التحليلي الذي يبدأ بتحليل الأفكار وتقليصها حتى نصل إلى القلة الجيدة منها وفق معايير يحددها المعلم، إضافة إلى مدى ارتباطها أو قربها أو بعدها عن لب المشكلة المدروسة المراد حلها. ويتم تقويم الأفكار بأحدي طريقتين:

أ-التقويم عن طريق الفريق المصغر:

يمكن تكوين فريق التقويم من المعلم وثلاثة من أفراد المجموعـات، أو يتم تحديـد لجنة أو فريق يمثل جميع المجموعات ، ويتم اختيارهم من قبل المجموعة أو من قبل المعلم. ويتم التقويم في ضوء الآتي:

- مراجعة قوائم الأفكار (الحلول)، للتأكد من عدم إغفال أي من الأفكار الإبداعية.

- استبعاد الأفكار على أساس المعايير الآتية:

- الجدة.

- الأصالة.

- الفائدة.

- منطقية الحل.

- التكلفة.

- وقت التنفيذ.

- تصنيف الأفكار المتبقية على أساس المعايير السابقة.

- تطبيق المعايير السابقة مرة ثانية حتى يتم الوصول إلي أفضل الأفكار.

ب-التقويم عن طريق جميع أفراد المجموعة:

يزود كل فرد بقائمة من الأفكار التي تم التوصل إليها أثناء جلسة العصف الذهني، ويقوم باختيار نسبة محددة من الأفكار يتم الاتفاق عليها، علـى سـبيل المثال (10 %) من الأفكار التي يعتبرها أفضل الأفكار، ثم تسلم إلى المعلم. وتكون هذه الأفكار التي وقع عليها

الاختيار من قبل جميع أفراد المجموعة هي الأفكار المميزه، كما يمكن استخدام الأساليب الإحصائية المناسبة للتوصل إلى هذه النتيجة (ترتيب الأفكار المتميزة).

كيف نزيد من فاعلية استخدام استراتيجية العصف الذهني في حل المشكلات؟

يحتاج توظيف استراتيجية العصف الذهني في حل المشكلات إلى جهد مضاعف من المعلم والطالب على حد سواء، فالمعلم يحتاج إلى وقت طويل للتخطيط لكشف وإظهار مشكلات تثير في طلبته التفكير، وتحفز فيهم البحث والتقصي ، وتثير فيهم الدافعية والمبادرة في التعلم. ويمكن وضع بعض العوامل والعناصر التي يمكن للمعلم أن يأخذ بها لإنجاح عملية العصف الذهني، ومن هذه العناصر نذكر الآتي:

1- وضوح المشكلة لدى المعلم والمتعلم.

2- وضوح مبادئ، وقواعد العمل والتقيد بها من قبل الجميع.

3- خبرة المعلم، وقناعته بقيمة أسلوب العصف الذهني كأحد الاتجاهات المعرفية في حفز الإبداع.

4- قدرة المعلم على ادارة وتوجيه الحوار والنقاش.

5- المشكلة المطروحة تستحق الدراسة والبحث.

6- ملاءمة المشكلة لقدرات وخبرات الطلبة.

7- ارتباط المشكلة بحياة الطلبة وخبراتهم.

8- توزيع الأدوار بين الطلبة اثناء الحوار من خلال ادارة الحوار وتدوين وعرض الأفكار.

9- تنويع المعلم للأسئلة التي يطرحها على الطلبة.

مزايا أسلوب العصف الذهني:

يعد استخدام استراتيجية العصف الذهني في حل المشكلات إحدى الاستراتيجيات التي اثبتت الدراسات التربوية الحديثة أثرها في تنمية مهارات التفكير المختلفة لدى الطلبة، كما يمكن تلخيص العديد من مزايا استخدام العصف الذهني في مجال التدريس منها الآتي:

- التعرف على ما يمتلكه الطلبة من أفكار، إضافة إلى معرفة المعلم لطلبته بماذا يفكرون، وكيف يفكرون.

- إثارة تفكير الطلبة، وتوفير جو من المتعة لهم في المراحل الدراسية المختلفة.

- سهل التطبيق: فلا يحتاج إلي تدريب طويل من قبل مستخدميه في برامج التدريب.

- تنمية مهارات التفكير المختلفة لدى الطلبة.

- اقتصادي: لا يتطلب عادة أكثر من مكان مناسب وسبورة وطباشير وبعض الأوراق والأقلام.

- تنمية قدرة الطلبة على التعبير بحرية في ظل عدم النقد.

- تنمية الثقة بالنفس من خلال طرح الفرد آراءه بحرية دون تخوف من نقد الآخرين لها.

- توليد أفكار إبداعية لحل المشكلات بسبب استمطار أكبر قدر من الأفكار.

محددات أسلوب العصف الذهني:

بالرغم من وجود العديد من مميزات استخدام استراتيجية العصف الذهني في حل المشكلات، إلا أنه يؤخذ على هذا الأسلوب العديد من السلبيات منها الآتي:

- ظهور العديد من الأفكار غير الواقعية، وليس لها علاقة بالموقف(المشكلة).

- صعوبة تقويم الأفكار المقترحة من قبل الطلبة.

- طرح أفكارهم لحل المشكلة بسرعة وعفوية.

- الحلول المقترحة من قبل الطلبة تكون عادية ومتواضعة.

مما سبق يتضح أن نجاح جلسات العصف الذهني تقوم على المبادىء الأربعة الآتية:

- **بناء الأفكارعلى أفكار الآخرين:** استعمال أفكار الآخرين لاكتشاف أفكار جديدة مبنية عليها، فالأفكار المقترحة ليست حكراً على أصحابها فهي حق لأي مشارك، يجوز اقتباسها وتحويرها وتوليد أفكار أخرى منها، وبذلك لا بد من الاستماع الجيد للأفكار المطروحة لدى جميع الطلبة.

- **إرجاء التقويم:** الابتعاد عن انتقاد أو تقويم أي من الأفكار المتولدة, لأن نقد أو تقويم أي من الأفكار المتولدة يفقد الفرد المتابعة، ويصرف انتباهه عن محاولة الوصول إلى أفكار جديدية وابداعية، لأن الخوف من النقد والشعور بالتوتر يعيقان التفكير الإبداعي.

- **إطلاق حرية الفكر:** تحرير كل ما يعيق التفكير الإبداعي لدى الطلبة، وذلك للوصول إلى حالة من الحرية، وعدم الخوف من نقد الآخرين، ويؤدي ذلك إلى انطلاق القدرات الإبداعية مثل: التخيل، وتوليد الأفكار في جو لا يشوبه الحرج من النقد والتقييم. ويستند هذا المبدأ إلى أن الأفكار غير الواقعية الغريبة والطريفة تثير أفكاراً أفضل عند الأشخاص الآخرين.

- **الكم قبل الكيف:** التركيز في جلسة العصف الذهني على توليد أكبر قدر من الأفكار مهما كانت جودتها، فالأفكار المتطرفة وغير المنطقية أو الغربية مقبولة، ويستند هذا المبدأ على الافتراض بأن الأفكار والحلول المبدعة للمشكلات تأتي بعد عدد من الحلول غير المألوفة والأفكار الأقل أصالة.

مواقف تعليمية باستخدام استراتيجية العصف الذهني

المشكلة(1)

المشكلة (موضوع الجلسة): انخفاض تحصيل الطلبة في مادة الفيزياء.

خطوات جلسة العصف الذهني:

- **صياغة المشكلة.**

انخفاض تحصيل الطلبة في مادة الفيزياء.

- **تحديد المشكلة.**

ويمكن إعادة صياغة المشكلة وتحديدها من خلال أسئلة ترتبط بالمواقف الآتية:

- أسباب تتعلق بمحتوي المناهج وبنائها.

- أسباب تتعلق بالطلبة ومستواهم العقلي.

- أسباب تتعلق بطرائق التدريس.

- **توليد الأفكار التي تعبر عن حلول للمشكلة.**

عرض الأفكار بغض النظر عن خطئها أو صوابها أو غرابتها، ولا تنتقد أفكار الآخـرين أو
تعترض عليها. وعدم تقويم الأفكار التي تم التوصل إليها. لأن الهدف هو توليد أكبر عدد مـن
الأفكار.

- **تقويم الأفكار التي تم التوصل إليها.**

يقوم المعلم بمناقشة الطلبة في الأفكار المطروحة من أجل تقويمها وتصنيفها إلى:

- أفكار أصيلة وتحتاج إلى مزيد من البحث.

- أفكار مفيدة وقابلة للتطبيق.

- أفكار مفيدة ولكنها غير قابلة للتطبيق.

- أفكار غير عملية وغير قابلة للتطبيق.

تلخيص الأفكار القابلة للتطبيق وعرضها على الطلبة ومناقشتهم بها.

مواقف تعليمية باستخدام استراتيجية العصف الذهني

المشكلة(2)

المشكلة (موضوع الجلسة): تلوث البيئة المحلية.

الصف: التاسع الأساسي.

خطوات جلسة العصف الذهني:

صياغة المشكلة.

تلوث المياه الجوفية، ومياه السدود، والهواء الجوي.

- **تحديد المشكلة.**

ويمكن إعادة صياغة المشكلة وطرحها من خلال الأسئلة الآتية:

- كيف نقلل من تلوث الغلاف الجوي؟

- كيف نقلل من تلوث مياه الشرب؟

- **توليد الأفكار التي تعبر عن حلول للمشكلة.**

عرض الأفكار بغض النظر عن خطئها أو صوابها أو غرابتها، ولا تنتقد أفكار الآخرين أو تعترض عليها. وعدم تقويم الأفكار التي تم التوصل إليها. لأن الهدف هو توليد أكبر عدد مـن الأفكار.

- **تقويم الأفكار التي تم التوصل إليها.**

- يقوم المعلم بمناقشة الطلبة في الأفكار المطروحة من أجل تقويمها وتصنيفها إلى:

- أفكار أصيلة وتحتاج إلى مزيد من البحث.

- أفكار مفيدة وقابلة للتطبيق.

- أفكار مفيدة ولكنها غير قابلة للتطبيق.

- أفكار غير عملية وغير قابلة للتطبيق.

تلخيص الأفكار القابلة للتطبيق وعرضها على الطلبة ومناقشتهم بها.

مواقف تعليمية باستخدام استراتيجية العصف الذهني

المشكلة(3)

المشكلة (موضوع الجلسة): وجود صحاري خلف الجبال.

الصف: الثامن الأساسي.   **المادة الدراسية:** العلوم

الأهداف الإجرائية:

يتوقع من الطالب في نهاية جلسة العصف الذهني أن يكون قادرا على أن:

- يوضح أسباب تشكل الصحاري.

- يميز بين خصائص الصحاري والجبال.

- يحدد أثر الجبال في هطول الأمطار.

خطوات جلسة العصف الذهني:

صياغة المشكلة.

وجود صحاري خلف الجبال.

تحديد المشكلة.

ويمكن إعادة صياغة المشكلة وطرحها من خلال الأسئلة الآتية:

- كيف تتشكل الصحاري؟

- ما أثر الجبال على الهطول؟

- قارن بين خصائص الصحاري والجبال؟

- ما أثر ارتفاع الجبل على هطول الأمطار والثلوج؟

- **توليد الأفكار التي تعبر عن حلول للمشكلة.**

تعد هذه المرحلة الأهم في جلسة العصف الذهني لذا على المعلم أن يراعي الآتي:

- عرض الأفكار بغض النظر عن خطئها أو صوابها أو غرابتها.

- عدم انتقاد أفكار الآخرين أو الاعتراض عليها.

- عدم تقويم الأفكار التي تم التوصل إليها.

- توليد أكبر عدد من الأفكار.

- **تقويم الأفكار التي تم التوصل إليها.**

- يقوم المعلم بمناقشة الطلبة في الأفكار المطروحة من أجل تقويمها وتصنيفها إلى:

- أفكار أصيلة وتحتاج إلى مزيد من البحث.

- أفكار مفيدة وقابلة للتطبيق.

- أفكار مفيدة ولكنها غير قابلة للتطبيق.

- أفكار غير عملية وغير قابلة للتطبيق.

- **تلخيص الأفكار القابلة للتطبيق وعرضها على الطلبة ومناقشتهم بها.**

مواقف تعليمية باستخدام استراتيجية العصف الذهني

المشكلة (4)

المشكلة (موضوع الجلسة): ارتفاع درجة الحرارة عند هطول الثلوج، وانخفاضها عند ذوبانه.

الصف: التاسع الأساسي.

المادة الدراسية: الكيمياء

الأهداف الإجرائية:

يتوقع من الطالب في نهاية جلسة العصف الذهني أن يكون قادرا على أن:

- يوضح أسباب هطول الثلج.

- يميز بين خصائص الثلج والمطر.

- يحدد أثر هطول الثلوج على درجة الحرارة.

- يحدد أثر ذوبان الثلوج على درجة الحرارة.

خطوات جلسة العصف الذهني:

صياغة المشكلة.

ارتفاع درجة الحرارة عند هطول الثلوج، وانخفاضها عند ذوبانه.

تحديد المشكلة.

ويمكن إعادة صياغة المشكلة وطرحها من خلال الأسئلة الآتية:

- ما أسباب هطول الثلج ؟

- قارن بين خصائص الثلج والمطر ؟

- وضح أثر هطول الثلوج على درجة الحرارة ؟

- وضح أثر ذوبان الثلوج على درجة الحرارة؟

- **توليد الأفكار التي تعبر عن حلول للمشكلة.**

تعد هذه المرحلة الأهم في جلسة العصف الذهني لذا على المعلم أن يراعي الآتي:

- عرض الأفكار بغض النظر عن خطئها أو صوابها أو غرابتها.

- عدم انتقاد أفكار الآخرين أو الاعتراض عليها.

- عدم تقويم الأفكار التي تم التوصل إليها.

- توليد أكبر عدد من الأفكار.

- **تقويم الأفكار التي تم التوصل إليها.**

يقوم المعلم بمناقشة الطلبة في الأفكار المطروحة من أجل تقويمها وتصنيفها إلى:

- أفكار أصيلة وتحتاج إلى مزيد من البحث.

- أفكار مفيدة وقابلة للتطبيق.

- أفكار مفيدة ولكنها غير قابلة للتطبيق.

- أفكار غير عملية وغير قابلة للتطبيق.

- **تلخيص الأفكار القابلة للتطبيق وعرضها على الطلبة ومناقشتهم بها.**

مواقف تعليمية باستخدام استراتيجية العصف الذهني

المشكلة(5)

المشكلة (موضوع الجلسة): يصبح مذاق لقمة الخبز حلوا عند مضغها لفترة طويلة في الفم.

الصف: التاسع الأساسي.

المادة الدراسية: الأحياء

الأهداف الإجرائية:

يتوقع من الطالب في نهاية جلسة العصف الذهني أن يكون قادرا على أن:

- يفسر أسباب تحول مذاق لقمة الخبز.

- يوضح أثر الفم على عملية الهضم.

- يحدد المادة الغذائية التي يتكون منها الخبز.

- يميز بين الكربوهيدرات والجلوكوز.

خطوات جلسة العصف الذهني:

صياغة المشكلة.

ارتفاع درجة الحرارة عند هطول الثلوج، وانخفاضها عند ذوبانه.

تحديد المشكلة.

ويمكن إعادة صياغة المشكلة وطرحها من خلال الأسئلة الآتية:

- ما أسباب تحول مذاق لقمة الخبز ؟

- وضح أثر الفم على عملية الهضم ؟

- اذكر المادة الغذائية التي يتكون منها الخبز ؟

- قارن بين الكربوهيدرات والجلوكوز من حيث تركيبها البنائي؟

- **توليد الأفكار التي تعبر عن حلول للمشكلة.**

تعد هذه المرحلة الأهم في جلسة العصف الذهني لذا على المعلم أن يراعي الآتي:

- عرض الأفكار بغض النظر عن خطئها أو صوابها أو غرابتها.

- عدم انتقاد أفكار الآخرين أو الاعتراض عليها.

- عدم تقويم الأفكار التي تم التوصل إليها.

- توليد أكبر عدد من الأفكار.

- **تقويم الأفكار التي تم التوصل إليها.**

يقوم المعلم بمناقشة الطلبة في الأفكار المطروحة من أجل تقويمها وتصنيفها إلى:

- أفكار أصيلة وتحتاج إلى مزيد من البحث.

- أفكار مفيدة وقابلة للتطبيق.

- أفكار مفيدة ولكنها غير قابلة للتطبيق.

- أفكار غير عملية وغير قابلة للتطبيق.

- **تلخيص الأفكار القابلة للتطبيق وعرضها على الطلبة ومناقشتهم بها.**

الفصل الثامن

حل المشكلات بطريقة الاستقصاء

- الاستقصاء

- الدراسات التي تناولت التدريس وفقا لطريقة الاستقصاء الموجه:

الفصل الثامن

حل المشكلات بطريقة الاستقصاء

الاستقصاء:

تعد طريقة الاستقصاء من أكثر طرق التدريس فاعلية في تنمية التفكير لدى الطلبة, ويستخدم العديد من المختصين في التدريس الاستقصاء أو الاكتشاف بمعنى واحد, إلا أن الاكتشاف يحدث عندما يمارس المتعلم عمليات العلم لاكتشاف بعض المفاهيم أو المبادئ العلمية. أما الاستقصاء فيحتاج المتعلم إلى ممارسة العمليات العقلية إضافة إلى الممارسة العملية (Sund & Trowbridge, 1973).

ويبدو من الأدب التربوي بوجه عام أن طريقة الاستقصاء أو طريقة الاكتشاف توأمان ووجهان لعملة واحدة (زيتون, 2001). ويجمع المختصون في التربية العلمية على أن طريقة الاستقصاء الموجه تتميز بمميزات عديدة منها ما يلي:

- تنمي مهارات التفكير لدى المتعلم.

- تعمل على تنمية دافعيه المتعلم نحو التعلم.

- تساعد المتعلم على اكتشاف الحقائق والمبادئ والتي يرغب بمعرفتها.

- تنمي عند المتعلم عمليات العلم,والتصنيف, ووضع الفروض واختبارها وتجريبها.

- تنمي مفهوم الذات لدى المتعلم, من خلال اعتماده على نفسه في إنجاز المهام الموكلة إليه.

(Biehler & Snowman , 1993 ؛ Ginnis & Brandes, 1996 ؛ Salvin, 2000).

ووضع " برونر " أربعة مبررات لاستخدام طريقة الاكتشاف وهي:

- تشجيع المتعلم على التفكير.

- إثارة دافعية المتعلم.

- تعلم مهارات الاكتشاف.

- زيادة قدرة المتعلم على التذكر, وتخزين واسترجاع المعلومات.

وبالرغم من تحديد هذه التبريرات للتدريس الاكتشافي, فان لها صلة بالاستقصاء, حيث أن الخطط للطريقتين متشابهة, إذ أن جميعها يؤكد على أهمية ممارسة عمليات العلم لدى الطلبة, وهناك مبررات أخرى لاستخدام طريقة الاستقصاء الموجه في التدريس وهي:

- زيادة مستوى التوقع للطالب, ويعني إمكانية إنجازه للمهمة الموكلة إليه بمفرده.

- تطور الموهبة لدى الطالب مثل: المواهب الإبداعية, والاجتماعية, والتنظيمية, والتخطيطية.

- تنمي التعلم الاستقصائي مفهوم الذات لدى الطالب.

- اصبح التعلم متمركزا حول الطالب(Sund & Trowbridge, 1973).

ويستخدم الاستقصاء عندما لا يملك الطلبة خبرة التعلم من خلال الاستقصاء, فيبدأ المعلم بتوجيههم إلى مشكلة الدراسة, ويحددها لهم , ويشجعهم على البحث عن حل أو حلول لها, وتنحصر مساعدة المعلم للطلبة على شكل أسئلة تثير فيهم التفكير, وتعيدهم إلى الإجراءات السليمة لحل المشكلة(Sund & Trowbridge, 1973).

ويرى " شوارتز " أن استخدام المعلم لطريقة الاستقصاء الموجه في التدريس يساعد الطلبة على تحمل مسؤولية التعلم والانخراط في البحث والاستقصاء, ويهيئ فرصا أمامهم لممارسة عمليات العلم ومهارات التفكير العليا(Shwartz, 2000).

ويقوم الاستقصاء على العمليات العقلية والعمليات العملية, بحيث تؤديان بالمتعلم إلى حل لمشكلة البحث, ويمر الاستقصاء بالعمليات التالية:

- تحديد المشكلة من خلال عرض موقف مشكل أمام الطلبة, أو طرح سؤال يثير تفكيرهم.

- إجراء التجارب من قبل الطلبة, لكي يبحثوا في حلول ممكنة للموقف المشكل الذي تعرضوا له.

- ممارسة بعض عمليات العلم, كالملاحظة, والتصنيف, والقياس, والتنبؤ, والاستنتاج.

- يخلص الطلبة إلى نتائج العمليات العقلية والعمليات العملية التي قاموا بها من أجل حل المشكلة(Sund & Trowbridge, 1973).

ويتم التدريس وفقا لطريقة الاستقصاء بالخطوات التالية:

- يعرض المعلم أمام الطلبة موقفا تعليميا يحثهم على طرح الأسئلة, كما يقوم المعلم بتسجيل أسئلة الطلبة.

- تحديد الأسئلة المرتبطة بالموضوع.

- التخطيط لعملية البحث, من خلال تحديد الوقت, واختيار مصادر التعلم المناسبة.

- متابعة عملية البحث والمراقبة, مع تقديم المساعدة والتشجيع على مواصلة البحث والاستقصاء.

- مساعدة الطلبة على التوصل إلى النتائج, وتسجيلها, وإجراء المناقشات حول النتائج التي تم التوصل إليها(الخطايبة , 2005).

كما يمكن استخدام طريقة الاستقصاء في التدريس, بتطبيق الخطوات التالية:

- تقديم أسئلة أو مشكلات تثير تفكير الطالب ورغبته في حلها.

- تنفيذ الطلبة الأنشطة من أجل حل المشكلة.

- تفسير المشكلة, والوصول الى النتائج (نشوان,2001).

الدراسات التي تناولت التدريس وفقاً لطريقة الاستقصاء الموجه:

أجرى " عكور " دراسة للتعرف على أثر طريقتي الاستقصاء وشبكات المفاهيم في تنمية التفكير الإبداعي لدى طلبة الصف الثامن الأساسي في العلوم. واختيرت عينة الدراسة بالطريقة القصدية وبلغ عدد أفرادها (61) طالبا من الصف الثامن الأساسي من مدرسة عمر اللافي الثانوية للبنين. وكان من نتائجها:

- وجود فروق ذات دلالة إحصائية في تنمية التفكير الإبداعي لصالح طريقة الاستقصاء.

- أثر كل من طريقتي الاستقصاء وشبكات المفاهيم في تنمية التفكير الإبداعي لدى طلاب الصف الثامن الأساسي(عكور, 2002).

أما " كلارك " (Clark) هدفت دراسته إلى تقييم استخدام الأنشطة الاستقصائية في تدريس المفاهيم العلمية في المرحلة الأساسية. واستخدم الباحث (468) نشاطا استقصائيا, وطبقها على طلبة (9) مدارس أساسية في مبحث الأحياء. وكان من نتائجها أن استخدام المهام والأنشطة القائمة على الاستقصاء شجعت الطلبة على التفكير في حلول للمشكلات التي عرضت أمامهم, كما ساعدت الطلبة على إجراء التجارب العلمية من أجل الوصول إلى أسباب حدوث الظواهر والأشياء(Clark, 2002).

وقام " هيلات " بدراسة أثر استخدام الطريقة الاستقصائية في اكتساب عمليات العلم لدى طلبة ذوي أنماط تعلمية مختلفة, وتكونت عينة الدراسة من (54) طالبا في الصف الثامن الأساسي في مدرسة حكما الثانوية الشاملة. وكان من نتائجها:

- وجود فروق ذات دلالة إحصائية عند مستوى الدلالة($\alpha = 0.05$) بين متوسطي علامات الطلبة ذوي النمط التعلمي النظري والطلبة ذوي النمط التعلمي النشط, ولصالح الطلبة ذوي النمط التعلمي النظري.

- وجود فروق ذات دلالة إحصائية عند مستوى الدلالة($\alpha = 0.05$) بين متوسطي علامات الطلبة ذوي النمط التعلمي التأملي والطلبة ذوي النمط التعلمي النشط, ولصالح الطلبة ذوي النمط التعلمي التأملي(هيلات,2001).

بينما أجرى " الحكيمي " دراسة لمعرفة أثر استخدام طريقة الاستقصاء الموجه في تحصيل المفاهيم البيولوجية والاحتفاظ بالمعرفة العلمية لدى طلبة الصف الثاني الثانوي العلمي بمدينة عدن, وتكونت عينة الدراسة من (140) طالبا وطالبة من طلبة الصف الثاني الثانوي العلمي وقسم أفراد العينة إلى مجموعتين إحداها تجريبية لتدريسها بالاستقصاء الموجه, والأخرى ضابطة لتدريسها بالطريقة التقليدية . وكان من نتائج الدراسة تفوق طلبة المجموعة التجريبية على طلبة المجموعة الضابطة في تحصيل المفاهيم البيولوجية (الحكيمي, 2000).

وقام أبو قمر بدراسة أثر استخدام طريقة الاستقصاء الموجه في تحصيل طلبة الصف الثامن الأساسي لمادة العلوم وعلى اتجاهاتهم نحوها, وكانت عينة الدراسة مؤلفة من (189) طالبا وطالبة. وجاءت نتائج الدراسة:

- طريقة الاستقصاء الموجه تفوقت على الطريقة التقليدية بالنسبة لتحصيل الطلبة للمفاهيم العلمية من جهة, ولاتجاهاتهم من جهة أخرى.

- استخدام طريقة الاستقصاء الموجه في تعليم العلوم كانت متعادلة التأثير بالنسبة لتحصيل الطلبة للمفاهيم في كلا الجنسين (ذكور, إناث).

- نمو اتجاهات الطلبة الذكور نحو العلوم اكبر من نمو الطالبات(أبو قمر,1996).

كما أجرى " أجول "(Ajewole) دراسة هدفت إلى معرفة أثر طريقة الاستقصاء والشرح في اتجاهات الطلبة نحو مادة الأحياء, وتكونت عينة الدراسة من (240) طالبا وطالبة تم اختيارهم بالطريقة العشوائية, وتم تقسيم عينة الدراسة إلى مجموعتين: مجموعة تجريبية درست الأحياء بطريقة الاستقصاء, ومجموعة ضابطة درست المحتوى نفسه بطريقة الشرح. وكان من نتائجها ظهور اتجاه علمي لدى أفراد المجموعة التجريبية أفضل من أفراد المجموعة الضابطة(Ajewole, 1991).

وأجرى ذياب دراسة هدفت إلى المقارنة بين الاستقصاء المفاهيمي والاستقصاء العملياتي والطريقة التقليدية في التدريس, وكيف يؤثر كل منهما في اكتساب الطلبة المحتوى العلمي ومهارات العلم الأساسية, وتكونت عينة الدراسة من (419) طالبا وطالبة من الصف السادس الابتدائي في مدارس منطقة البلقاء التابعة لوكالة الغوث. وكان من نتائجها تفوق طريقة الاستقصاء المفاهيمي وطريقة الاستقصاء العملياتي على طريقة التدريس التقليدية من حيث تحصيل الطلبة للمفاهيم العلمية وعمليات العلم(ذياب, 1989).

أما " زيتون " فأجرى دراسة لمعرفة أثر طريقة الاستقصاء في التحصيل والاحتفاظ بالمعرفة العلمية في تدريس مادة الأحياء في المرحلة الجامعية, وتكونت عينة الدراسة من(88) طالبا. وكشفت نتائج الدراسة:

-   تعلم مادة الأحياء بالطريقة الاستقصائية يفوق التعلم بالطريقة التقليدية.

-   وجود فروق ذات دلالة إحصائية في التحصيل والاحتفاظ بالمعلومات بين متوسطي أداء طلبة المجموعة التجريبية والضابطة على الاختبار التحصيلي ولصالح المجموعة التجريبية (زيتون,1984).

كما أجرت " قموه " دراسة هدفت إلى المقارنة بين أثر طريقة الاستقصاء, والمنظم المتقدم, والطريقة التقليدية في تحصيل الطلبة للمفاهيم الفيزيائية والطرق العلمية, وتكونت عينة الدراسة من (467) طالبا وطالبة. وكان من نتائجها:

-   تفوق الطلبة الذين درسوا بطريقة الاستقصاء في اختبار مفاهيم الانكسار واختبار الطرق العلمية على طلبة المنظم المتقدم.

-   تفوق الطلبة الذين درسوا بطريقة الاستقصاء في اختبار مفاهيم الانكسار واختبار الطرق العلمية على الطلبة الذين درسوا بالطريقة التقليدية(قموه,1984).

وأجرى غباين دراسة هدفت إلى معرفة أثر استخدام أسلوب الاستقصاء في تحصيل طلبة المرحلة الإعدادية للمفاهيم الفيزيائية والطرق العلمية, وتكونت عينة الدراسة من (340) طالبا و(228)طالبة من الصف الأول الإعدادي.وكان من نتائجها أن أسلوب الاستقصاء

أكثر فاعلية من الأسلوب التقليدي في تحصيل الطلبة للمفاهيم الفيزيائية والطرق العلمية (غباين,1982).

بعد استعراض الدراسات السابقة فيما يتعلق باستخدام كل من طريقة حل المشكلات وطريقة الاستقصاء الموجه في التدريس, يتضح أثر كل منهما الإيجابي في تحصيل وتنمية مهارات التفكير, لدى الطلبة في المراحل الدراسية المختلفة.

كما يتضح أثر إعادة تنظيم محتوى الكتب العلوم من قبل معلمي العلوم أو المتخصصين في المناهج وكتب العلوم في تنمية مهارات التفكير , واكتساب المفاهيم العلمية لدى الطلبة في المراحل الدراسية المختلفة.

كما أجرى (قطيط، 2006) دراسة هدفت إلى استقصاء أثر معالجة المعلومات واستخدام كل من دورة التعلم وأشكالV في اكتساب المفاهيم الفيزيائية وتنمية عمليات العلم لطلاب الصف الأول الثانوي العلمي، أي أن هذه الدراسة حاولت الاجابة عن السؤال الرئيس الآتي:

ما أثر معالجة المعلومات واستخدام كل من دورة التعلم وأشكالV في اكتساب المفاهيم الفيزيائية وتنمية عمليات العلم لطلاب الصف الأول الثانوي العلمي؟

وللاجابة عن السؤال الرئيسي يتطلب الإجابة عن الأسئلة الآتية:

هل يختلف اكتساب المفاهيم الفيزيائية لطلاب الصف الأول الثانوي العلمي باختلاف المحتوى الدراسي (معالجة المعلومات، الكتاب المدرسي)؟

هل يختلف اكتساب المفاهيم الفيزيائية لطلاب الصف الأول الثانوي العلمي باختلاف طريقة التدريس (دورة التعلم، أشكال V)؟

هل تختلف تنمية عمليات العلم لطلاب الصف الأول الثانوي العلمي باختلاف المحتوى الدراسي (معالجة المعلومات، الكتاب المدرسي)؟

هل تختلف تنمية عمليات العلم لطلاب الصف الأول الثانوي العلمي باختلاف طريقة التدريس(دورة التعلم، أشكال V)؟

وتكونت عينة الدراسة من (142) طالبا، تم اختيارهم قصديا، موزعين على أربع شعب، من الصف الأول الثانوي العلمي، وكان من نتائجها:

- وجود فرق ذي دلالة إحصائية عند مستوى (α=0.05) بين متوسط علامات الطلبة في اختبار المفاهيم الفيزيائية البعدي عند العلامة الكلية لصالح الطلبة الذين درسوا وفق معالجة المعلومات. وبناءً على ذلك ترفض الفرضية الصفرية الاولى، أي أنه يوجد فرق ذي دلالة إحصائية عند مستوى (α=0.05) بين متوسط علامات طلاب الصف الأول الثانوي العلمي في اختبار المفاهيم الفيزيائية تعزى للمحتوى الدراسي.

ويعود ذلك إلى اهتمام المتعلم بالمشكلات المطروحة في المحتوى الذي تم معالجته زاد من قدرته على التفاعل مع المفاهيم العلمية لانه يشعر أنه أمام تحد يلزمه التفكير والبحث عن حلول أولية أو فروض لهذه المشكلات فيبحث ويجرب ويتساءل وينتقل من دور سلبي كان يلازمه في الأسلوب التقليدي إلى دور فاعل في ظل محتوى يثير فيه البحث والتفكير والتقصي أما الكتاب المدرسي فيركز على سرد المعلومات وشرحها، كما يعرض المادة العلمية بأسلوب تقليدي يقتصر على الجانب النظري الذي يتطلب من الطلاب القدرة على الحفظ والتذكر.

ويستدعي استخدام المتعلم كل من الطريقتين أن يبحث ويستقصي ويفكر في السؤال أو الموقف المشكل الذي واجهه في بداية الموقف التعليمي فينتقل المتعلم إلى البحث والتجريب وصولا إلى فهم المفاهيم العلمية. كما أن استخدام كل من طريقة دورة التعلم، أشكال V يشعر المتعلم أنه أمام مشكلة تستدعي البحث والتقصي، فيقوم بتحديد المشكلة، ووضع الفرضيات كحلول أولية للموقف المحير الذي يسعى لإيجاد حلول مناسبة له، وينتقل المتعلم إلى البحث والتجريب لقبول أو رفض الفرضيات التي وضعها. كما تؤكدان على استمرارية التعلم الذاتي واعتماد المتعلم على نفسه وشعوره بالإنجاز وتطوير اتجاهاته العلمية ومواهبه الإبداعية.

- تفوق الطلاب الذين درسوا المحتوى المنظم في اختبار عمليات العلم مقارنة بالطلاب الذين درسوا الكتاب المدرسي. ويعود ذلك إلى اهتمام المتعلم بالمواضيع الدراسية التي تطرح

بشكل متكامل زاد من قدرته على تنمية عمليات العلم وجعله باحثا عن المعرفة وليس متلقيا سلبيا لها ، مما حدا به إلى التركيز على إيجاد حلول وإجابات للمواضيع المطروحة والبحث عن فروض لها، كل ذلك ساهم بشكل فاعل في زيادة قدرته على ممارسة عمليات العلم.

ويعود ذلك إلى تقديم المفاهيم بطريقة تجعل المتعلم هو محور العملية التعليمية التعلمية ساهم في تقارب نتائج الطلبة في اختبار عمليات العلم كما أن المتعلم يجد نفسه أمامه سؤال رئيسي أو موقف محير يثير فيه حب الاستطلاع والرغبة في الاكتشاف والتقصي كل ذلك ساهم بصورة واضحة في تقارب دور الطالب أثناء تعلمه بطريقتي التدريس. وتقديم المواضيع الدراسية في صورة مشكلات من الطرق التي تبعث في الطالب القدرة على التنبؤ، كما أنها طريقة فعالة لتنمية مهارات التفكير. (Herrenkohl, 1999)

كما أن مراعاة التتابع في عرض المادة العلمية، زاد من قدرة المتعلم على ربط المعارف الجديدة بما لديه من معارف سابقة، فأصبح التعلم ذو معنى، وانعكس ذلك إيجابا على قدرته في فهم وتفسير المفاهيم العلمية، وتطبيق القوانين الفيزيائية بشكل صحيح. والتركيز على الجانب التطبيقي للمعرفة العلمية، من خلال أنشطة تنقل المتعلم إلى بيئته ليفكر فيما يدور حوله، ويفسر الظواهر التي تحيطه، كل ذلك ساهم في تحسين قدرته على فهم وتطبيق المعرفة العلمية.

ويوصي الباحث بما يلي:

- أخذ مؤلفوا الكتب المدرسية بأهمية معالجة المعلومات بطريقة تحاكي عقل المتعلم وتناسب قدراته.

- الاهتمام من قبل المتخصصين في مجال تطوير وتأليف الكتب المدرسية بتنظيم المادة الدراسية لتلائم التعلم الذاتي للمتعلم، وتثير فيه حب الاستطلاع.

- إجراء دراسات لاختبار أثر استراتيجيات تدريسية قائمة على التعلم الذاتي للمتعلم في تنمية عمليات العلم المختلفة لديه.

- إجراء دراسات لاختبار أثر معالجة المعلومات في تنمية مهارات التفكير المختلفة، وعمليات العلم الأساسية والمتكاملة.

- إعداد برامج ودورات تهدف إلى تدريب المعلمين على التدريس وفق طرق تدريسية تثير في المتعلم حب الاستطلاع والاكتشاف.

- استخدام طرق تدريسية قائمة على النشاط الذاتي للمتعلم؛ نظرا لما لها من نتائج إيجابية في اكتساب المفاهيم الفيزيائية، وتنمية عمليات العلم لدى الطلبة.

- اهتمام المتخصصين في مجال إعداد المعلمين، بالطرق التدريسية القائمة على النشاط الذاتي للمتعلم.

الفصل التاسع

دليل المعلم

وفقا لطريقة الاستقصاء

في تدريس وحدة " قوانين نيوتن في الحركة "

- الدرس الأول: أنواع الحركة.

- الدرس الثاني:القانون الأول لنيوتن.

- الدرس الثالث: القصور.

- الدرس الرابع: القوة والتغير في السرعة.

- الدرس الخامس: العلاقة بين التسارع والقوة.

- الدرس السادس: القانون الثاني لنيوتن.

- الدرس السابع: السقوط الحر.

- الدرس الثامن: تسارع السقوط الحر.

- الدرس التاسع: حساب تسارع السقوط الحر.

- الدرس العاشر: القانون الثالث لنيوتن.

- الدرس الحادي عشر: قوة الدفع.

الفصل السابع

دليل المعلم

وفقا لطريقة الاستقصاء

في تدريس وحدة " قوانين نيوتن في الحركة "

مقدمة:

عزيزي المعلم:

أعد هذا الدليل في وحدة " قوانين نيوتن في الحركة "، وذلك لمساعدتك في تدريسها وفقا لطريقة الاستقصاء, والتي تؤكد على استمرارية التعلم الذاتي للمتعلم من خلال تهيئة مواقف تثير فيه حب الاستطلاع والتفكير والبحث والتجريب, بغرض:

- مساعدة طلاب الصف التاسع الأساسي على اكتساب المفاهيم الفيزيائية.

- تنمية مهارات التفكير العليا لديهم.

كما انه يشتمل على ما يلي:

- الدرس الأول: أنواع الحركة.

- الدرس الثاني: القانون الأول لنيوتن.

- الدرس الثالث: القصور.

- الدرس الرابع: القوة والتغير في السرعة.

- الدرس الخامس: العلاقة بين التسارع والقوة.

- الدرس السادس: القانون الثاني لنيوتن.

- الدرس السابع: السقوط الحر.

- الدرس الثامن: تسارع السقوط الحر.

- الدرس التاسع: حساب تسارع السقوط الحر.

- الدرس العاشر: القانون الثالث لنيوتن.

- الدرس الحادي عشر: قوة الدفع.

أهداف وحدة قوانين نيوتن في الحركة

يرجى بعد تدريس هذه الوحدة, أن يكون الطالب قادرا على أن:

الأهداف المعرفية:

- يميز بين أنواع الحركة.

- يذكر أمثلة على أنواع الحركة.

- يحدد مفهوم كل من: القوة, الوزن, قوة الاحتكاك, قوة الجاذبية الأرضية, كتلة القصور, القصور, الحركة المستقيمة, الحركة الاهتزازية, الحركة الدورانية, الحركة الدائرية, التسارع, السرعة, النيوتن, رد الفعل.

- يذكر بالكلمات نص كل من قوانين نيوتن الثلاثة في الحركة.

- يفسر بعض التطبيقات ذات العلاقة بقوانين نيوتن الثلاثة في الحركة.

- يحل مسائل عملية مستخدما قوانين نيوتن الثلاثة في الحركة.

- يفسر حركة الأجسام بسرعة ثابتة.

- يذكر أمثلة تطبيقية على كل من قوانين نيوتن الثلاثة في الحركة.

- يذكر وحدة كل من: التسارع, الوزن, القوة, السرعة.

- يوضح العلاقة بين الكتلة والتسارع.

- يفسر ازدياد سرعة الأجسام الساقطة راسيا باتجاه الأرض.

- يوضح العلاقة بين وزن الأجسام وكتلتها.

- يعلل بعض التطبيقات ذات العلاقة بالسقوط الحر في مجال الجاذبية الأرضية.

- يحل مسائل عملية مستخدما تسارع السقوط الحر في مجال الجاذبية الأرضية.

الأهداف المهارية:

- يعين تسارع السقوط الحر عمليا.

- يعين تسارع الأجسام المتحركة على طريق أفقي مستقيم عمليا.

- يرسم العلاقة بين السرعة والزمن للأجسام المتحركة على طريق أفقي مستقيم.

- يرسم القوى التي تؤثر في حركة الأجسام.

- يجري تجارب عملية تتعلق بقوانين نيوتن الثلاثة في الحركة.

الأهداف الوجدانية:

- يقدر العلم والعلماء.

- يظهر الرغبة في حب الاستطلاع.

المفاهيم والمصطلحات :

المفهوم	مدلوله اللفظي
الحركة المستقيمة	الحركة التي يتغير فيها موضع جسم مع الزمن باتجاه ثابت.
الحركة الدائرية	حركة جسم في مسار دائري.
الحركة الاهتزازية	حركة جسم حول موضع سكونه ذهابا وإيابا.
الحركة الدورانية	حركة جسم حول محور ثابت.

القوة	مؤثر خارجي يغير أو يحاول تغيير الحالة الحركية للجسم مقدارا أو اتجاها أو مقدارا و اتجاها.
قوة الاحتكاك	قوة مؤثرة باتجاه معاكس لاتجاه حركة الأجسام.
القصور	ممانعة الجسم لأي تغيير في حالته الحركية.
كتلة القصور	مقياس لممانعة الجسم للتغيير في حالته الحركية.
السقوط الحر	حركة الجسم حرا في مجال الجاذبية الأرضية
قوة الجاذبية الأرضية	قوة تؤثر في جميع الأجسام على سطح الأرض, وتكون دائما باتجاه مركز الأرض.
الوزن	قوة جذب الأرض للجسم.
رد الفعل	قوة تنشأ من الجسم عندما تؤثر فيه قوة خارجية, ويكون مقدارها مساويا للقوة الخارجية واتجاهها معاكسا لها.
تسارع السقوط الحر	التسارع الذي يكتسبه الجسم عندما يسقط سقوطا حرا في مجال الجاذبية الأرضية, ويساوي 9.8م/ث^2
التسارع	معدل التغير في السرعة بالنسبة للزمن
السرعة	معدل التغير في الإزاحة التي تحدث للجسم بالنسبة للزمن

القوانين

-1 $\text{ت} = (\text{ع}_2 - \text{ع}_1) / \text{ز}$

-2 $\text{ع}_2 = \text{ع}_1 + \text{ت ز}$

-3 $\text{ع}_2^2 = \text{ع}_1^2 + 2\,\text{ت ف}$

-4 $\text{ف} = \text{ع}_1\,\text{ز} + 0.5\,\text{ت}\,\text{ز}^2$

-5 القوة المحصلة = الكتلة × التسارع. (ق = ك × ت)

-6 الوزن = الكتلة × تسارع الجاذبية الأرضية. (و =ك × جـ)

جدول توزيع دروس الوحدة الدراسية

الدرس	عنوان الدرس	عدد الحصص
الأول	أنواع الحركة	1
الثاني	القانون الأول لنيوتن	1
الثالث	القصور	1
الرابع	القوة والتغير في السرعة	1
الخامس	العلاقة بين التسارع والقوة	2
السادس	القانون الثاني لنيوتن	1
السابع	السقوط الحر	1
الثامن	تسارع السقوط الحر	1
التاسع	حساب تسارع السقوط الحر	1
العاشر	القانون الثالث لنيوتن	1
الحادي عشر	قوة الدفع	1

الدرس الأول

<u>عنوان الدرس:</u> أنواع الحركة.

<u>الأهداف الإجرائية:</u> يتوقع من الطالب بعد دراسته لهذا الدرس, أن يكون قادرا على أن:

- يعدد أنواع الحركة
- يعرف كل من أنواع الحركة الأربعة.
- يعط أمثلة على أنواع الحركة.

<u>المفاهيم التي يتضمنها الدرس:</u> الحركة الانتقالية المستقيمة, الحركة الدائرية, الحركة الدورانية, الحركة الاهتزازية.

<u>المواد والأدوات المستخدمة:</u> طاولة, كرة, خيط, ورق مقوى (كرتون), قلم, مقص.

<u>المشكلة:</u> كيف تميز بين أنواع الحركة المختلفة؟

<u>الجزء الأول:</u>

- احضر الكرة, وضعها على سطح الطاولة.

يلاحظ: ماذا تلاحظ؟

- ادفع الكرة على سطح الطاولة, لاحظ الشكل (1).

يلاحظ: هل تغير موضع الكرة مع الزمن؟

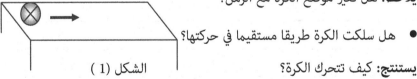

الشكل (1)

- هل سلكت الكرة طريقا مستقيما في حركتها؟

يستنتج: كيف تتحرك الكرة؟

يستنتج: كيف تعرف أن حركة الكرة حركة انتقالية مستقيمة؟

يستنتج: أعط تعريفا للحركة الانتقالية المستقيمة.

الجزء الثاني:

- اربط الكرة بطرف الخيط, وامسك بيدك الطرف الآخر.

- قم بتحريك الكرة في مسار دائري في مستوى أفقي, لاحظ الشكل (2).

يلاحظ: هل تتحرك الكرة في خط مستقيم؟

يفترض: ماذا حدث للكرة عند البدء بتحريكها؟

يستنتج: كيف تتحرك الكرة؟

يستنتج: كيف تعرف أن حركة الكرة دائرية؟

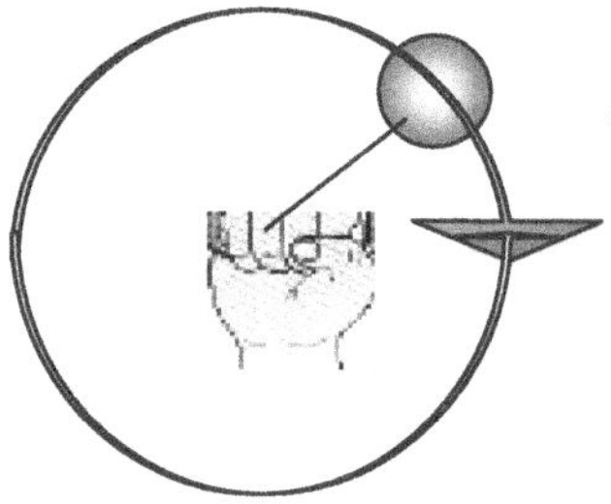

الشكل (2)

يقارن: كيف تختلف حركة الكرة في الجزء الأول من النشاط عنها في هذا الجزء؟

يستنتج: أعط تعريفا للحركة الدائرية.

الجزء الثالث:

- اربط الكرة بطرف الخيط, وثبت الطرف الآخر بنقطة ثابتة,لاحظ الشكل(3).

- ادفع الكرة إلى اليمين أو إلى اليسار.

يلاحظ:

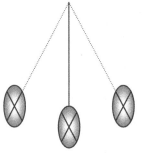

- هل تحركت الكرة في مسار دائري؟

- هل تحركت الكرة في خط مستقيم؟

يستنتج: كيف تتحرك الكرة؟

يتنبأ: ماذا يحدث لحركة الكرة إذا قصر الخيط؟   الشكل (3)

يتنبأ: ماذا يحدث لحركة الكرة إذا زاد طول الخيط؟

يقارن: كيف تختلف حركة الكرة في الجزء الأول من النشاط عنها في هذا الجزء؟

يقارن: كيف تختلف حركة الكرة في الجزء الثاني من النشاط عنها في هذا الجزء؟

يستنتج: كيف تعرف أن حركة الكرة اهتزازية؟

يستنتج: أعط تعريفا للحركة الاهتزازية.

<u>الجزء الرابع:</u>

- باستخدام المقص, اصنع من الورق المقوى مروحة واثقبها في مركزها.

- ادخل القلم كمحور للمروحة, لاحظ الشكل (4)

- امسك القلم بيدك, وحرك المروحة باليد الأخرى.

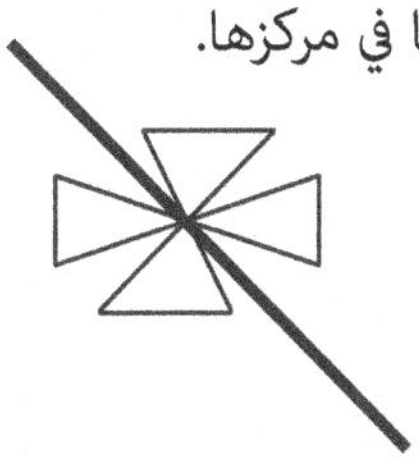

يلاحظ:

- هل تتحرك المروحة في مسار دائري؟   الشكل (4)

- هل تتحرك المروحة بشكل اهتزازي؟

يتنبأ: ماذا يحدث لحركة المروحة عندما تترك بلا قلم في مركزها؟

يفترض: ما أهمية القلم في حركة المروحة؟

يقارن: كيف تختلف حركة الكرة في كل من الأجزاء الثلاثة السابقة من النشاط عن حركة المروحة في هذا الجزء؟

يستنتج: كيف تعرف أن حركة المروحة دورانية؟

يستنتج: أعط تعريفا للحركة الدورانية.

- يوجه الطلاب إلى حل أسئلة النشاط (1).

ورقة عمل
النشاط الأول: أنواع الحركة

الجزء الأول:

● احضر الكرة, وضعها على سطح الطاولة.

- ماذا تلاحظ؟

....

الشكل (5)

● ادفع الكرة على سطح الطاولة, لاحظ الشكل (5).

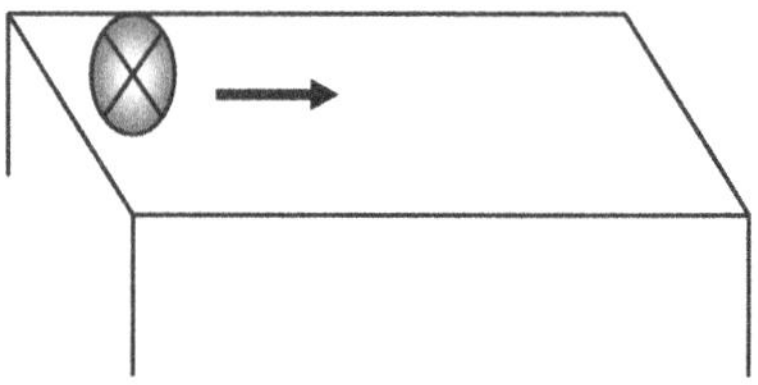

- هل تغير موضع الكرة مع الزمن؟

نعم (..........)   لا (..........)

- هل سلكت الكرة طريقا مستقيما في حركتها؟

نعم (..........)   لا (..........)

- كيف تتحرك الكرة؟

....

- كيف تعرف أن حركة الكرة حركة انتقالية مستقيمة؟

....

- أعط تعريفا للحركة الانتقالية المستقيمة.

....

الاستنتاج:

الحركة المستقيمة:...

الجزء الثاني:

اربط الكرة بطرف الخيط, وامسك بيدك الطرف الآخر.

الشكل (6)

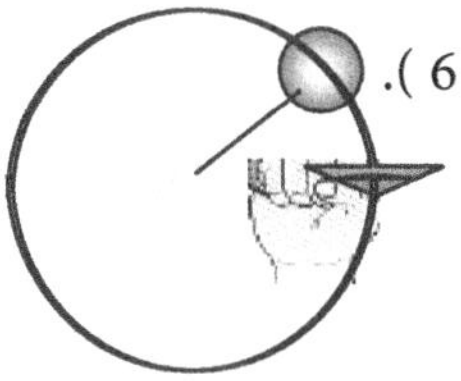

- قم بتحريك الكرة في مسار دائري في مستوى أفقي, لاحظ الشكل (6).

- هل تتحرك الكرة في خط مستقيم؟

نعم (..........) لا (..........)

- ماذا حدث للكرة عند البدء بتحريكها ؟

....

- كيف تتحرك الكرة؟

....

- كيف تعرف أن حركة الكرة دائرية؟

....

- كيف تختلف حركة الكرة في الجزء الأول من النشاط عنها في هذا الجزء؟

....

أعط تعريفا للحركة الدائرية.

....

الاستنتاج:

الحركة الدائرية:..

الجزء الثالث:

- اربط الكرة بطرف الخيط, وثبت الطرف الآخر بنقطة ثابتة, لاحظ الشكل (7).

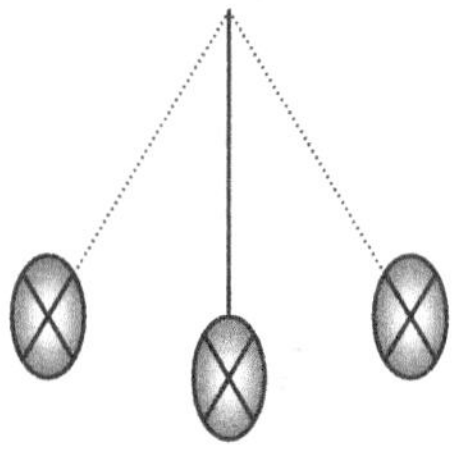

• ادفع الكرة إلى اليمين أو إلى اليسار.

• هل تحركت الكرة في مسار دائري؟

نعم (.........)   لا (..........)

• هل تحركت الكرة في خط مستقيم؟

نعم (..........)   لا (..........)

- كيف تتحرك الكرة؟

....

- ماذا يحدث لحركة الكرة إذا قصر الخيط؟

....

- ماذا يحدث لحركة الكرة إذا زاد طول الخيط؟

....

- كيف تختلف حركة الكرة في الجزء الأول من النشاط عنها في هذا الجزء؟

....

- كيف تختلف حركة الكرة في الجزء الثاني من النشاط عنها في هذا الجزء؟

....

- كيف تعرف أن حركة الكرة اهتزازية؟

....

الشكل (7)

263

- أعط تعريفا للحركة الاهتزازية.

....

الاستنتاج:

الحركة الاهتزازية:..

الجزء الرابع:

- باستخدام المقص, اصنع من الورق المقوى مروحة واثقبها في مركزها.
- ادخل القلم كمحور للمروحة, لاحظ الشكل (8)
- امسك القلم بيدك, وحرك المروحة اليد الأخرى.
- هل تتحرك المروحة في مسار دائري؟

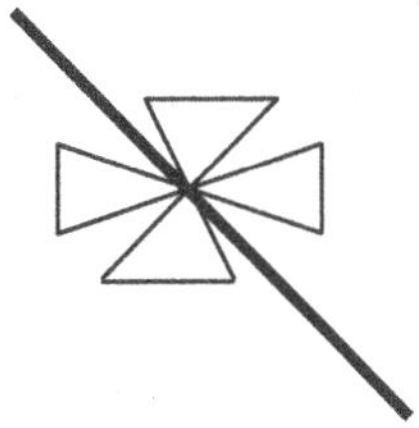

الشكل (8)

نعم (..........)   لا (..........)

- هل تتحرك المروحة في خط مستقيم؟

نعم (..........)   لا (..........)

- هل تتحرك المروحة بشكل اهتزازي؟

نعم (..........)   لا (..........)

- كيف تتحرك المروحة؟

....

- ماذا يحدث لحركة المروحة عندما تترك بلا قلم في مركزها؟

....

- ما أهمية القلم في حركة المروحة؟

....

- كيف تختلف حركة الكرة في كل من الأجزاء الثلاثة السابقة من النشاط عن حركة المروحة في هذا الجزء؟

....

- كيف تعرف أن حركة المروحة دورانية؟

....

- أعط تعريفا للحركة الدورانية.

....

الاستنتاج:

الحركة الدورانية:...

التقويم:

1-   كيف يتحرك النابض في الميزان النابضي؟

....

2-   وضح نوع الحركة للكواكب حول الشمس؟

....

3-   عند قيامك بفتح الباب, كيف تحرك الباب؟ وما نوع حركته؟

....

....

4-   سيارتان تتحركان على طريق ,كما في الشكل (9).

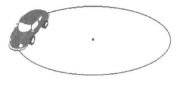 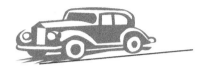

الشكل (9)

وضح نوع كل من:

أ-   حركة السيارتين.

....

ب-   حركة عجلات السيارتين.

....

الدرس الثاني

عنوان الدرس: القانون الأول لنيوتن.

الأهداف الإجرائية: يتوقع من الطالب بعد دراسته لهذا الدرس, أن يكون قادرا على أن:

- يذكر نص قانون نيوتن الأول في الحركة.
- يفسر حركة الأجسام بسرعة ثابتة.
- يحدد القوى المؤثرة في الأجسام.

المفاهيم التي يتضمنها الدرس: السحب, الدفع, القوة, محصلة القوى.

المواد والأدوات المستخدمة: كرة, كتلة خشبية, خيط, طاولة.

المشكلة: **ما الذي يجعل الأجسام تتحرك؟**

ما الذي يوقف حركة الأجسام؟

الجزء الأول:

- ضع الكرة والكتلة الخشبية على سطح الطاولة, لاحظ الشكل (10).

الشكل (10)

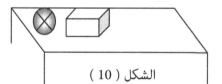

يلاحظ: هل هما متحركتان أم ساكنتان؟

يفترض: ما الذي تفعله حتى تتحرك الكرة؟

يتنبأ: ماذا يحدث إذا دفعت الكرة بيدك؟

- اترك الكرة والكتلة الخشبية على سطح الطاولة؟

يلاحظ: هل تتحركان من تلقاء نفسهما؟

- اسحب الكتلة الخشبية على سطح الطاولة.

يتنبأ: هل هناك طرق أخرى يمكنك بوساطتها تحريك الكتلة الخشبية؟

يستنتج: ماذا عملت لكي تتحرك الكرة أو الكتلة الخشبية؟

يستنتج: لماذا تحركت الكرة أو الكتلة الخشبية؟

يستنتج: أعط تعريفا للقوة.

<u>ملحوظة للمعلم</u>: يناقش الطلاب في استنتاجاتهم للوصول إلى ما يلي:

1-   الجسم الساكن حتى يتحرك لا بد من التأثير فيه بقوة.

2-   القوة مؤثر يؤثر في الأجسام بالدفع أو السحب.

<u>الجزء الثاني</u>:

- ضع الكرة على سطح الطاولة.

يلاحظ:هل هي ساكنة أم متحركة؟

- ادفع الكرة على سطح الطاولة, لاحظ الشكل (11).

يلاحظ:

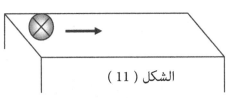

الشكل (11)

- هل تحركت من تلقاء نفسها؟

- هل تتحرك الكرة في خط مستقيم؟

- هل سرعتها ثابتة أم متغيرة ؟

- هل تزداد سرعتها أم تنقص أثناء الحركة؟

يفترض: كيف تزيد من سرعة الكرة؟

يفترض: كيف تغير اتجاه حركة الكرة؟

يستنتج: ما الذي يعمل على تغيير حالة الجسم الساكن؟

يستنتج: ما الذي يعمل على تغيير حالة الجسم المتحرك؟

ملحوظة للمعلم: ارسم المخطط التالي على السبورة وناقشه مع الطلاب.

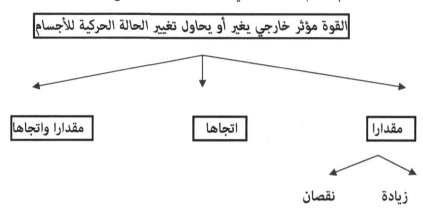

القوة مؤثر خارجي يغير أو يحاول تغيير الحالة الحركية للأجسام

مقدارا | **اتجاها** | **مقدارا واتجاها**

زيادة | **نقصان**

النتائج السابقة هي نفسها التي توصل اليها نيوتن, وأطلق عليها قانون نيوتن الأول في الحركة.

<u>نص القانون الأول لنيوتن:</u>

الجسم الساكن يبقى ساكنا ما لم تؤثر فيه قوة تحركه, والجسم المتحرك في خط مستقيم وبسرعة ثابتة يبقى كذلك,ما لم تؤثر فيه قوة تغير اتجاه سرعته أو مقدارها أو الاثنين معا.

<u>الجزء الثالث:</u>

- ادفع الكرة من جديد على سطح الطاولة.

يلاحظ: هل تتوقف الكرة عن الحركة؟

- اسحب الكتلة الخشبية على سطح الطاولة.

يفسر: لماذا توقفت الكتلة الخشبية عن الحركة بمجرد توقف السحب؟

يستنتج: ما الذي يعمل على تغيير سرعة الكرة أو الكتلة الخشبية؟

يستنتج: ما القوة التي تعمل على إيقاف حركة الكرة أو الكتلة الخشبية؟

يستنتج: ما القوى المؤثرة على حركة كل من الكرة والكتلة الخشبية ؟

ملحوظة للمعلم: بناء على ما توصل إليه الطلاب من استنتاجات سابقة أعد صياغة قانون نيوتن الأولى على السبورة:

<u>نص قانون نيوتن الأول</u>:الجسم الساكن يبقى ساكنا, والجسم المتحرك في خط مستقيم وبسرعة ثابتة يبقى متحركا بالسرعة نفسها, وفي الاتجاه نفسه , ما لم تؤثر فيه <u>قوة محصلة</u> تغير من حالته الساكنة اذا كان ساكنا, أو من حالته الحركية اذا كان متحركا.

● يوجه الطلاب إلى حل أسئلة النشاط (2)

ورقة عمل

النشاط الثاني: القانون الأول لنيوتن

الجزء الأول:

- ضع الكرة والكتلة الخشبية على سطح الطاولة, لاحظ الشكل (12).

- ما الذي تفعله حتى تتحرك الكرة؟

....

الشكل (12)

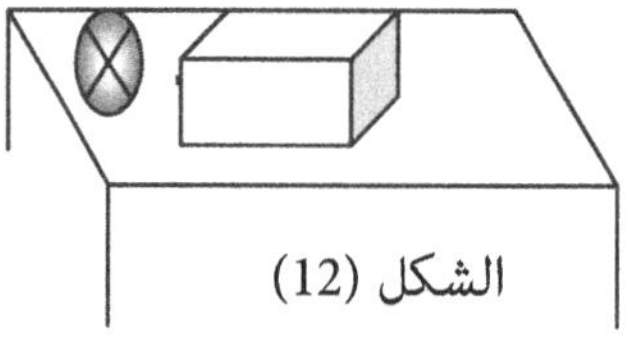

- ماذا يحدث إذا دفعت الكرة بيدك؟

....

- اترك الكرة والكتلة الخشبية على سطح الطاولة؟

- هل تتحركان من تلقاء نفسهما؟

نعم (..........) لا (..........)

- اسحب الكتلة الخشبية على سطح الطاولة.

- هل هناك طرق أخرى يمكنك بوساطتها تحريك الكتلة الخشبية؟

نعم (..........) لا (..........)

- ماذا عملت لكي تتحرك الكرة أو الكتلة الخشبية؟

....

- لماذا تحركت الكرة أو الكتلة الخشبية؟

....

- أعط تعريفا للقوة.

....

<u>الاستنتاج:</u>

القوة:
....
....

<u>الجزء الثاني:</u>

● ضع الكرة على سطح الطاولة.

- هل هي ساكنة أم متحركة؟

نعم (........)   لا (.........)

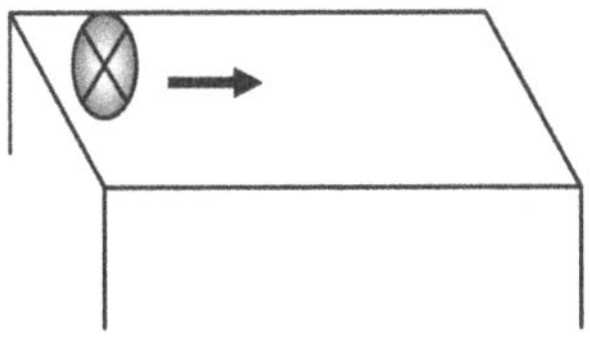

● ادفع الكرة على سطح الطاولة, لاحظ الشكل (13).

● هل تحركت من تلقاء نفسها؟   الشكل (13)

نعم (........)   لا (.........)

● هل تتحرك الكرة في خط مستقيم؟

نعم (........)   لا (.........)

● هل سرعتها ثابتة أم متغيرة ؟

نعم (........)   لا (.........)

● هل تزداد سرعتها أم تنقص أثناء الحركة؟

نعم (........)   لا (.........)

- كيف تزيد من سرعة الكرة؟

....

- كيف تغير اتجاه حركة الكرة؟

....

- ما الذي يعمل على تغيير حالة الجسم الساكن؟

....

- ما الذي يعمل على تغيير حالة الجسم المتحرك؟

....

الاستنتاج:

نص قانون نيوتن الأول:

....

....

الجزء الثالث:

- ادفع الكرة من جديد على سطح الطاولة.

- هل تتوقف الكرة عن الحركة؟

نعم (..........)   لا (..........)

- اسحب الكتلة الخشبية على سطح الطاولة.

- لماذا توقفت الكتلة الخشبية عن الحركة بمجرد توقف السحب؟

....

- ما الذي يعمل على تغيير سرعة الكرة أو الكتلة الخشبية؟

....

- ما القوة التي تعمل على إيقاف حركة الكرة أو الكتلة الخشبية؟

....

- ما القوى المؤثرة على حركة كل من الكرة والكتلة الخشبية ؟

....

الاستنتاج:

نص قانون نيوتن الأول

....

....

التقويم:

1- كيف يتحرك القطار بسرعة ثابتة على سكة الحديد؟

....

2- ما القوى المؤثرة على سيارة تتحرك على طريق أفقي مستقيم؟

....

3- لماذا تتباطأ حركة الكرة المتدحرجة على سطح الأرض تدريجيا إلى أن تتوقف؟

....

الدرس الثالث

عنوان الدرس: القصور.

الأهداف الإجرائية: يتوقع من الطالب بعد دراسته لهذا الدرس, أن يكون قادرا على أن:

- يعرف كل من القصور, وكتلة القصور.

- يعلل بعض الظواهر المتعلقة بالقصور.

- يحدد العلاقة بين قصور الجسم وكتلته.

المفاهيم التي يتضمنها الدرس: القوة, القصور, كتلة القصور.

المواد والأدوات المستخدمة: دلوان متماثلان, حبل طويل رفيع, رمل.

المشكلة: هل القوة اللازمة لتحريك شاحنة من حالة السكون تساوي القوة اللازمة لتحريك سيارة من حالة السكون؟

- اقطع قطعتين متساويتين من الحبل, وثبت إحداهما بأحد الدلوين والأخرى بالدلو الآخر.

- املا أحد الدلوين بالرمل, وعلق الدلوين بوساطة الحبلين, لاحظ الشكل (14).

- حاول تحريك كل من الدلوين.

يلاحظ:

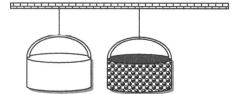

- هل تحرك الدلوان من تلقاء نفسهما؟

- هل الدلوان يحتاجان نفس القوة لتحريكهما؟ الشكل (14)

يتنبأ: ماذا يحدث لمقدار القوة اللازمة لتحريك الدلو عند زيادة كتلة الرمل الموجودة فيه؟

يتنبأ: ماذا يحدث لمقدار القوة اللازمة لتحريك الدلو عند نقصان كتلة الرمل الموجودة فيه؟

يستنتج: ما الذي يعمل على تغيير حالة الأجسام المتحركة؟

يفترض: لماذا يحتاج الدلو الممتلئ بالرمل إلى قوة اكبر لتحريكه؟

يستنتج: ما العلاقة بين كتلة الجسم والقوة التي تحاول تحريكه؟

ملحوظة للمعلم:

- ناقش الطلاب في النتائج التي توصلوا اليها, وسجل على السبورة:

القصـور: ممانعة الجسم لأي تغيير في حالته الحركية.

كتلة القصـور: مقياس لممانعة الجسم للتغيير في حالته الحركية.

ورقة عمل

النشاط الثالث : القصور

- اقطع قطعتين متساويتين من الحبل, وثبت إحداهما بأحد الدلوين والأخرى بالدلو الآخر.

- املا أحد الدلوين بالرمل, وعلق الدلوين بوساطة الحبلين, لاحظ الشكل (15).

الشكل (15)

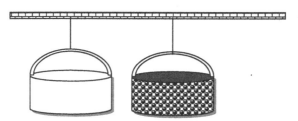

- حاول تحريك كل من الدلوين.
- هل تحرك الدلوان من تلقاء نفسهما؟

نعم (..........) لا (..........)

- هل الدلوان يحتاجان نفس القوة لتحريكهما؟

نعم (..........) لا (..........)

- ماذا يحدث لمقدار القوة اللازمة لتحريك الدلو عند زيادة كتلة الرمل الموجودة فيه؟

....

- ماذا يحدث لمقدار القوة اللازمة لتحريك الدلو عند نقصان كتلة الرمل الموجودة فيه؟

....

- ما الذي يعمل على تغيير حالة الأجسام المتحركة؟

....

- لماذا يحتاج الدلو الممتلئ بالرمل إلى قوة اكبر لتحريكه؟

....

- ما العلاقة بين كتلة الجسم والقوة التي تحاول تحريكه؟

....

الاستنتاج:

القصور:..
....

<u>**التقويم:**</u>

1-   لماذا يشترط قانون السير ربط حمولة المركبات جيدا؟

....

2-   لماذا يرتد راكب السيارة إلى الخلف عند انطلاق السيارة فجأة؟

....

3-   لماذا تشعر بحركة المصعد عند بداية الحركة وعند نهايتها؟

....

الدرس الرابع

عنوان الدرس: القوة والتغير في السرعة.

الأهداف الإجرائية: يتوقع من الطالب بعد دراسته لهذا الدرس, أن يكون قادرا على أن:

- يعرف مفهوم التسارع.
- يميز بين حركة الأجسام ذات التسارع الموجب والتسارع السالب.
- يفسر حركة جسم بسرعة ثابتة.
- يجد تسارع جسم يتحرك بسرعة في خط مستقيم.
- يجد التغير في سرعة جسم يتحرك بسرعة في خط مستقيم.

المفاهيم التي يتضمنها الدرس: القوة,السرعة الابتدائية؛ السرعة النهائية, التسارع؛ الزمن.

المواد والأدوات المستخدمة: ميزان نابضي, عربة ميكانيكية.

المشكلة: كيف تتغير سرعة جسم ما عندما تؤثر فيه قوى مختلفة؟

- ضع العربة على سطح الطاولة, ثم اسحبها بوساطة الميزان النابضي, كما في الشكل (16).

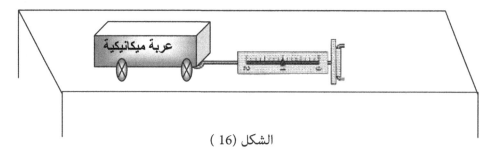

الشكل (16)

يلاحظ: هل طرأ تغير على حالة العربة الحركية؟

يستنتج: لماذا تحركت العربة؟

- اسحب العربة بوساطة الميزان النابضي من جديد, بحيث تكون قراءة الميزان ثابتة دائما.

يلاحظ: هل تتحرك العربة بسرعة ثابتة؟

يتنبأ: هل هناك قوى أخرى تؤثر على العربة إضافة إلى قوة الشد في الميزان النابضي؟

- اسحب العربة من جديد بوساطة الميزان النابضي, مع زيادة قراءة الميزان النابضي تدريجيا.

يلاحظ :

- هل تتحرك العربة بسرعة ثابتة؟

- هل تزداد سرعة العربة تدريجيا؟

يستنتج: لماذا تغير حالة العربة الحركية كان على شكل زيادة ثابتة في سرعتها؟

يستنتج: ما العلاقة بين القوة المؤثرة على جسم وسرعته ؟

يستنتج: لماذا اكتسبت العربة تسارعا؟

ملحوظة للمعلم:

- سجل العبارة التالية على السبورة بعد مناقشة الطلاب في نتائجهم التي توصلوا إليها.

> **الزيادة في القوة المؤثرة على جسم وبنفس اتجاه حركته تعمل على زيادة سرعته.**

ناقش الطلاب في مفهوم التسارع: معدل التغير في السرعة بالنسبة للزمن.

$$التسارع = \frac{التغير\ في\ السرعة}{الزمن\ الذي\ حدث\ فيه\ تغير\ السرعة}$$

فإذا كانت سرعة الجسم الابتدائية (ع$_1$), وسرعته النهائية (ع$_2$), وكان الزمن الذي حدث فيه التغير في السرعة (ز), فان التسارع الذي يرمز له بالرمز (ت) هو:

$$التسارع = \frac{السرعة\ النهائية - السرعة\ الإبتدائية}{الزمن\ الذي\ حدث\ خلاله\ التغير}$$

$$ت = \frac{ع_2 - ع_1}{ز}$$

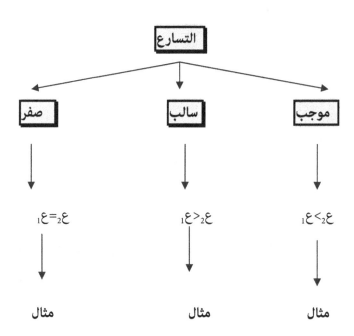

إذا أثرت قوة محصلة في جسم فإنها تكسبه تسارعا.

• يوجه الطلاب لحل أسئلة النشاط (4)

ورقة عمل

النشاط الرابع:القوة والتغير في السرعة

- ضع العربة على سطح الطاولة, ثم اسحبها بوساطة الميزان النابضي, كما في الشكل (17).

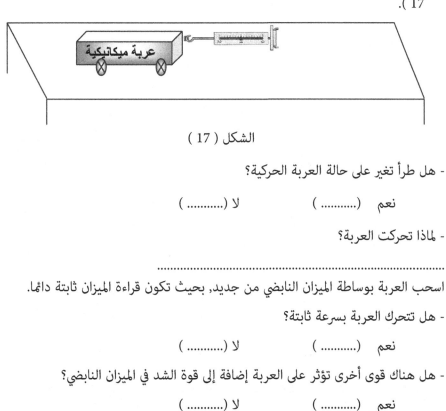

الشكل (17)

- هل طرأ تغير على حالة العربة الحركية؟

نعم (..........) لا (..........)

- لماذا تحركت العربة؟

....

اسحب العربة بوساطة الميزان النابضي من جديد, بحيث تكون قراءة الميزان ثابتة دائما.

- هل تتحرك العربة بسرعة ثابتة؟

نعم (..........) لا (..........)

- هل هناك قوى أخرى تؤثر على العربة إضافة إلى قوة الشد في الميزان النابضي؟

نعم (..........) لا (..........)

- اسحب العربة من جديد, مع زيادة قراءة الميزان النابضي تدريجيا.
- هل تتحرك العربة بسرعة ثابتة؟

نعم (..........) لا (..........)

- هل تزداد سرعة العربة تدريجيا؟

نعم   (...........)   لا   (...........)

- لماذا تغير حالة العربة الحركية كان على شكل زيادة ثابتة في سرعتها؟

....

- ما العلاقة بين القوة المؤثرة على جسم وسرعته ؟

....

- لماذا اكتسبت العربة تسارعا؟

....

الاستنتاج:...

التقويم:

1-   كيف تتحرك سيارة بسرعة ثابتة بالرغم من ضغط السائق بقدمه على دواسة البنزين؟

....

2-   فسر العبارة التالية: عند ثبوت سرعة دراجة متحركة فان تسارعها يصبح صفرا.

....

3-كيف تفسر نقصان سرعة سيارة بعد رفع السائق قدمه عن دواسة البنزين؟

....

4-انطلقت عربة من السكون, إذا وصلت سرعتها 20م/ث خلال 4 ثواني,جد تسارعها.

....

الدرس الخامس

<u>عنوان الدرس:</u> العلاقة بين التسارع والقوة.

<u>الأهداف الإجرائية:</u> يتوقع من الطالب بعد دراسته لهذا الدرس, أن يكون قادرا عل أن:

- يحسب تسارع جسم متحرك بسرعة متغيرة.
- يحسب سرعة جسم متحرك بتسارع ثابت.
- يحدد العلاقة بين تسارع جسم والقوة المؤثرة فيه.
- يجد المسافة التي تحركها على ارض مستوية.
- يجد زمن حركة جسم.

<u>المفاهيم التي يتضمنها الدرس:</u>القوة؛السرعة الابتدائية؛ التسارع, السرعة النهائية, الزمن.

<u>المواد والأدوات المستخدمة:</u>عربة ميكانيكية, ميزان نابضي, جرس توقيت, شريط ورقي خاص بجرس التوقيت.

<u>المشكلة:</u> كيف يتغير تسارع جسم ما عندما تؤثر فيه قوى مختلفة؟

- ثبت الشريط الورقي الخاص بجرس التوقيت في مؤخرة العربة, ومرره اسفل قرص الكربون في جرس التوقيت, لاحظ الشكل (18).

الشكل (18)

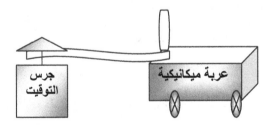

يلاحظ: هل العربة ساكنة ام متحركة؟

- شغل جرس التوقيت, ثم اسحب العربة بوساطة ميزان نابضي بحيث تكون قراءة الميزان ثابتة دائما, لاحظ الشكل (19).

الشكل (19)

يستنتج: لماذا نسحب العربة بقوة ثابتة؟

- انزع الشريط الورقي الذي ستظهر عليه النقط, كما هو مبين أدناه:

يستنتج: لماذا تستثنى النقط الأولى من الشريط الورقي.

- قسم الشريط الورقي إلى أقسام بحيث يحتوي كل قسم منها على خمس نقط مثلا.

يفترض: ماذا تمثل مجموعة النقط الظاهرة على كل قسم من أقسام الشريط الورقي؟

يحلل:

من قراءتك لكل قسم من أقسام الشريط الورقي الذي حصلت عليه,أجب عما يلي:

- هل تختلف المسافات بين النقاط الخمس في كل شريط؟

- هل تختلف أطوال أقسام الشريط الورقي الذي حصلت عليه؟

- افرض أن خمس دورات جرس التوقيت تساوي وحدة زمنية واحدة.

يفترض: ماذا يمثل طول كل قسم من أقسام الشريط الورقي؟

ملحوظة للمعلم:

سجل افتراضات الطلاب على السبورة وناقشهم فيها, وتوصل معهم إلى أن:

طول القسم الأول من الشريط الورقي يمثل سرعة العربة في الفترة الزمنية الأولى, وطول القسم الثاني من الشريط الورقي يمثل سرعة العربة في الفترة الزمنية الثانية, وهكذا.

يسجل: رتب النتائج التي تحصل عليها في جدول كالتالي:

السرعة لكل فترة زمنية (طول الشريط)	الفترة الزمنية

يطبق: ارسم العلاقة بين الفترة الزمنية والسرعة لتي يمثلها طول الشريط؟

ملحوظة للمعلم: ارسم المنحنى التالي, وناقش الطلاب بذلك.

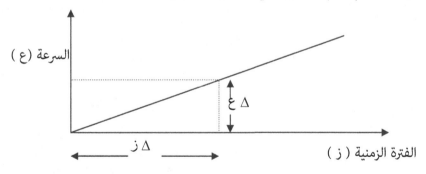

يطبق: احسب تسارع العربة؟

كرر الخطوات السابقة مرات عدة مستخدما قوى مختلفة, واحسب التسارع في كل مرة.

يسجل: دون النتائج التي حصلت عليها في جدول كالآتي:

القوة	التسارع	القوة /التسارع

يقارن: قارن بين النتائج التي توصلت إليها في العمود الأول (القوة) من الجدول السابق والعمود الثاني (التسارع).

يستنتج: ماذا تستنتج من مقارنتك السابقة؟

يلاحظ: ماذا تلاحظ من النتائج التي حصلت عليها في العمود الثالث من الجدول السابق؟

يستنتج: ماذا تستنتج مما لاحظت؟

ملحوظة للمعلم: ناقش الطلاب في نتائجهم, وسجل على السبورة:

تسارع جسم تؤثر فيه قوة محصلة يتناسب تناسبا طرديا مع القوة المحصلة.

- ناقش الطلاب في حركة الأجسام, وتوصل معهم إلى ما يلي:

المعادلة الأولى	$ع_2 = ع_1 + ت\ ز$
المعادلة الثانية	$ع_2^2 = ع_1^2 + 2\ ت\ ف$
المعادلة الثالثة	$ف = ع_1\ ز + \frac{1}{2}\ ت\ ز^2$
حيث:	**ت : تسارع الجسم $ع_1$: السرعة الابتدائية $ع_2$: السرعة النهائية. ف: المسافة. ز: الزمن.**

يوجه الطلاب إلى حل أسئلة التقويم في النشاط (5).

ورقة عمل

النشاط الخامس: العلاقة بين التسارع والقوة

-ثبت الشريط الورقي الخاص بجرس التوقيت في مؤخرة العربة, ومرره اسفل قرص الكربون في جرس التوقيت, لاحظ الشكل (20).

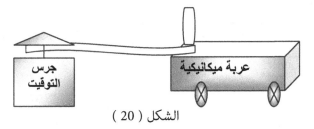

الشكل (20)

- هل العربة ساكنة ام متحركة؟

نعم (..........) لا (..........)

- شغل جرس التوقيت, ثم اسحب العربة بوساطة ميزان نابضي بحيث تكون قراءة الميزان ثابتة دائما, لاحظ الشكل (21).

الشكل (21)

- لماذا نسحب العربة بقوة ثابتة؟

....

- انزع الشريط الورقي الذي ستظهر عليه النقط, كما هو مبين أدناه:

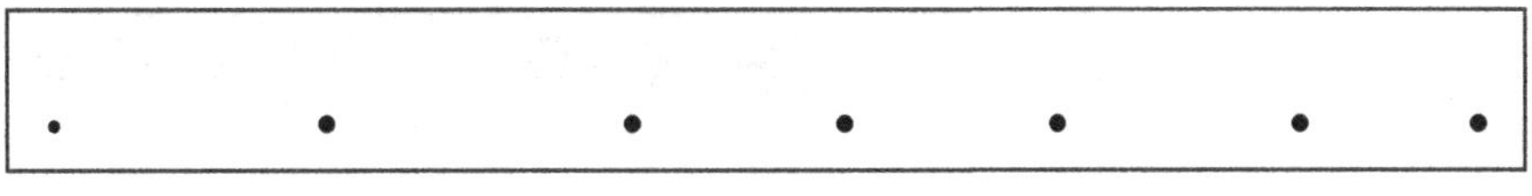

- لماذا تستثنى النقط الأولى من الشريط الورقي.

....

- قسم الشريط الورقي إلى أقسام بحيث يحتوي كل قسم منها على خمس نقط مثلا.

- ماذا تمثل مجموعة النقط الظاهرة على كل قسم من أقسام الشريط الورقي؟

....

- من قراءتك لكل قسم من أقسام الشريط الورقي الذي حصلت عليه,أجب عما يلي:

- هل تختلف المسافات بين النقاط الخمس في كل شريط؟

نعم (..........) لا (..........)

-هل تختلف أطوال أقسام الشريط الورقي الذي حصلت عليه؟

نعم (..........) لا (..........)

- افرض أن خمس دورات جرس التوقيت تساوي وحدة زمنية واحدة.

- ماذا يمثل طول كل قسم من أقسام الشريط الورقي؟

....

- رتب النتائج التي تحصل عليها في جدول كالتالي:

الفترة الزمنية	السرعة لكل فترة زمنية (طول الشريط)

- ارسم العلاقة بين الفترة الزمنية والسرعة لتي يمثلها طول الشريط؟

....

- احسب تسارع العربة؟

....

كرر الخطوات السابقة مرات عدة مستخدما قوى مختلفة, واحسب التسارع في كل مرة.

....

- دون النتائج التي حصلت عليها في جدول كالآتي:

القوة	التسارع	القوة /التسارع

- قارن بين النتائج التي توصلت إليها في العمود الأول (القوة) من الجدول السابق والعمود الثاني (التسارع).

....

- ماذا تستنتج من مقارنتك السابقة؟

....

- ماذا تلاحظ من النتائج التي حصلت عليها في العمود الثالث من الجدول السابق؟

....

- ماذا تستنتج مما لاحظت؟

....

الاستنتاج:

....

التقويم:

يوضح الجدول التالي تغير سرعة سيارة تتحرك على طريق مستقيم مع الزمن:

الزمن (ثانية)	0	1	2	3	4	5
السرعة (م/ث)	0	5	10	15	20	25

1- احسب الزيادة في سرعة السيارة خلال كل ثانية.

....

2- هل الزيادة في سرعة السيارة خلال كل ثانية كانت ثابتة؟

نعم (..........) لا (..........)

3- ارسم العلاقة بين السرعة والزمن.

....

4- احسب تسارع السيارة من الرسم.

....

5- سيارة تسير بسرعة ثابتة مقدارها 15 م/ث , جد تسارعها بعد مضي 10 ثواني

....

6- تتحرك عربة بتسارع ثابت قدره 2 م/ث^2,إذا انطلقت من السكون احسب سرعتها بعد مضي 3 ثواني.

....

الدرس السادس

عنوان الدرس: القانون الثاني لنيوتن .

الأهداف الإجرائية: يتوقع من الطالب بعد دراسته لهذا الدرس, أن يكون قادرا عل أن:

- يذكر نص قانون نيوتن الثاني.
- يجد محصلة القوى المؤثرة على جسم متحرك بتسارع ثابت.
- يحل مسائل عملية مستخدما القانون الثاني لنيوتن في الحركة.

المفاهيم التي يتضمنها الدرس: محصلة القوى, كتلة القصور, التسارع, التغير في السرعة (Δع), التغير في الزمن (Δ ز).

المواد والأدوات المستخدمة: عربة ميكانيكية, ميزان نابضي, جرس توقيت, شريط ورقي خاص بجرس التوقيت.

المشكلة: ما العلاقة التي تربط بين كل من القوة, والكتلة, والتسارع؟

- تبين الرسوم الثلاثة آلاتية, نتائج النشاط السابق لثلاث مجموعات من الطلاب (أ, ب, ج), علما بان كتلة العربة المستخدمة في كل مجموعة كانت كما يلي على الترتيب (2, 3, 4) كغم.

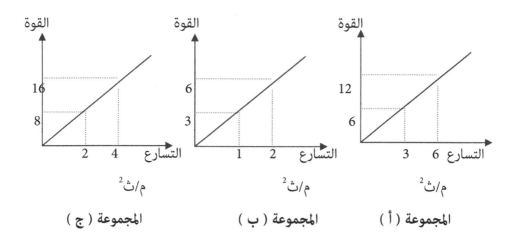

المجموعة (ج)	المجموعة (ب)	المجموعة (أ)

يلاحظ: ماذا تلاحظ من الرسوم الثلاثة السابقة؟

يطبق: احسب النسبة بين القوة والتسارع في كل من الرسوم الثلاثة السابقة؟

يلاحظ: ماذا تلاحظ من النتائج التي حصلت عليها؟

يستنتج: لماذا تختلف النسبة بين القوة والتسارع في الرسوم الثلاثة؟

يستنتج: ما العلاقة بين ما توصلت إليه من نتائج وكتلة العربة؟

ملحوظة للمعلم: ناقش الطلاب في النتائج للوصول إلى أن:

مقدار (القوة / التسارع) يساوي مقدارا ثابتا, ويسمى هذا المقدار الثابت الكتلة.

$$\frac{\text{القوة المحصلة}}{\text{التسارع}} = \text{الكتلة}$$

$$ق_{\text{محصلة}} = ك \times ت$$

تعرف العلاقة: ق = ك× ت بالقانون الثاني لنيوتن في الحركة.

حيث: ق: القوة المحصلة (بوحدة نيوتن)

ك: كتلة القصور للجسم (بوحدة الكيلو غرام)

ت: التسارع. (بوحدة م/ث^2)

نص القانون الثاني لنيوتن:

إذا أثرت قوة محصلة في جسم, وأكسبته تسارعا فان مقدار هذا التسارع يتناسب طرديا مع القوة المحصلة ويكون باتجاهها.

- يوجه الطلاب لحل أسئلة النشاط (6), وأسئلة اختبر نفسك (القانون الثاني لنيوتن).

ورقة عمل

النشاط السادس: القانون الثاني لنيوتن

- تبين الرسوم الثلاثة آلاتية, نتائج النشاط السابق لثلاث مجموعات من الطلاب (أ, ب, ج), علما بان كتلة العربة المستخدمة في كل مجموعة كانت كما يلي على الترتيب (2, 3, 4).

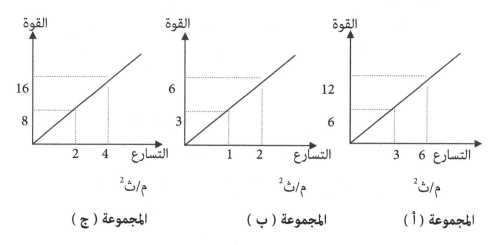

المجموعة (أ)

المجموعة (ب)

المجموعة (ج)

- ماذا تلاحظ من الرسوم الثلاثة السابقة؟

احسب النسبة بين القوة والتسارع في كل من الرسوم الثلاثة السابقة؟

....

- ماذا تلاحظ من النتائج التي حصلت عليها؟

....

- لماذا تختلف النسبة بين القوة والتسارع في الرسوم الثلاثة؟

....

- ما العلاقة بين ما توصلت إليه من نتائج وكتلة العربة المستخدمة في كل مجموعة؟

....

<u>الاستنتاج:</u>

نص القانون الثاني لنيوتن:

....

<u>التقويم:</u>

1- أثرت قوة على جسم فأكسبته تسارعا مقداره 10 م/ث2 وباتجاه القوة,احسب مقدار التسارع الذي ستكسبه هذه القوة للجسم إذا نقصت كتلته إلى الربع؟

....

....

....

2- انطلق جسم كتلته 1 كغم من السكون, إذا وصلت سرعته 10 م/ث خلال (4) ثواني, احسب تسارعه, محصلة القوى المؤثرة عليه.

....

....

....

3- لماذا تختلف قوة محرك السيارة باختلاف حمولتها ؟

....

....

....

الدرس السابع

عنوان الدرس: السقوط الحر .

الأهداف الإجرائية: يتوقع من الطالب بعد دراسته لهذا الدرس, أن يكون قادرا عل أن:

- يعرف كل من: قوة الجاذبية الأرضية, تسارع السقوط الحر.
- يفسر لماذا تتحرك الأجسام الساقطة رأسيا إلى اسفل.
- يفسر سقوط الأجسام بتسارع ثابت (بإهمال مقاومة الهواء).

المفاهيم التي يتضمنها الدرس:قوة الجاذبية الأرضية,السقوط الحر, تسارع السقوط الحر.

المواد والأدوات المستخدمة: طاولة, كرة.

المشكلة: لماذا تسقط الأجسام راسيا إلى اسفل باتجاه سطح الأرض ؟

- قف فوق الطاولة ثم امسك الكرة بيدك, و أطلب من زميلك أن يراقب حركة الكرة أثناء سقوطها.دع الكرة تسقط من يدك لاحظ الشكل (22), (لا تدفعها,اتركها تسقط لوحدها).

الشكل (22)

يلاحظ: هل سرعة الكرة ثابتة منذ لحظة سقوطها إلى حين وصولها إلى الأرض؟

- أعد النشاط مرة أخرى, ولكن في هذه المرة كن أنت الملاحظ, ودع زميلك يسقط الكرة, لاحظ الشكل(23).

الشكل (23)

يلاحظ:

هل سلكت الكرة أثناء سقوطها مسارا مستقيما؟

هل تزداد سرعة الكرة أثناء سقوطها؟

يفترض: لماذا تسقط الكرة رأسيا إلى أسفل؟

يفترض: لماذا تتزايد سرعة الكرة أثناء سقوطها؟

يتنبأ: ما القوى المؤثرة على الكرة أثناء سقوطها راسيا إلى اسفل.

يستنتج: لماذا تسقط الأجسام راسيا إلى اسفل باتجاه سطح الأرض؟

ملحوظة للمعلم: ناقش مع الطلاب ما توصلوا إليه من نتائج, وسجل على السبورة ما يلي:

قوة الجاذبية الأرضية:
قوة تؤثر في جميع الأجسام على سطح الأرض, وتكون دائما باتجاه مركز الأرض.

قوة الجاذبية الأرضية:
تكسب الأجسام الساقطة تسارعا. (حسب القانون الثاني لنيوتن)

- يوجه الطلاب لحل أسئلة النشاط (7).

ورقة عمل

النشاط السابع: السقوط الحر

- قف فوق الطاولة ثم امسك الكرة بيدك, و أطلب من زميلك أن يراقب حركة الكرة أثناء سقوطها.
- دع الكرة تسقط من يدك لاحظ الشكل (24), (لا تدفعها,اتركها تسقط لوحدها).

الشكل (24)

- هل سرعة الكرة ثابتة منذ لحظة سقوطها إلى حين وصولها إلى الأرض؟

نعم   (..........)   لا (..........)

أعد النشاط مرة أخرى, ولكن في هذه المرة كن أنت الملاحظ, ودع زميلك يسقط الكرة, لاحظ الشكل(25).

الشكل (25)

هل سلكت الكرة في أثناء سقوطها مسارا مستقيما؟

نعم (..........)   لا (..........)

هل تزداد سرعة الكرة أثناء سقوطها؟

نعم (..........)   لا (..........)

لماذا تسقط الكرة رأسيا إلى أسفل؟

....

لماذا تتزايد سرعة الكرة أثناء سقوطها؟

....

- ما القوى المؤثرة على الكرة أثناء سقوطها راسيا إلى اسفل.

....

- لماذا تسقط الأجسام راسيا إلى اسفل باتجاه سطح الأرض؟

....

الاستنتاج:

قوة الجاذبية الأرضية:...

تسارع السقوط الحر:...

التقويم:

1- لماذا لا يتطاير الغلاف الجوي ويبتعد عن سطح الأرض؟

....

2- لماذا تعود الكرة المقذوفة راسيا إلى أعلى إلى سطح الأرض؟

....

3- لماذا تتحرك الأجسام الساقطة راسيا إلى اسفل في خط مستقيم؟

....

....

الدرس الثامن

عنوان الدرس: تسارع السقوط الحر .

الأهداف الإجرائية: يتوقع من الطالب بعد دراسته لهذا الدرس, أن يكون قادرا عل أن:

- يحل مسائل عملية مستخدما معادلات الحركة للأجسام الساقطة سقوطا حرا.
- يجد زمن السقوط للأجسام الساقطة سقوطا حرا.
- يجد الارتفاع الذي سقط منه جسم سقوطا حرا.
- يجد وزن جسم على سطح الأرض.

المفاهيم التي يتضمنها الدرس: كتلة القصور, الوزن, تسارع الجاذبية الأرضية, السرعة, المسافة.

المواد والأدوات المستخدمة: كرتان فلزيتان مختلفتان في الحجم ومن المادة نفسها, كرتان أخريان من المطاط مختلفتين في الحجم أيضا, طاولة.

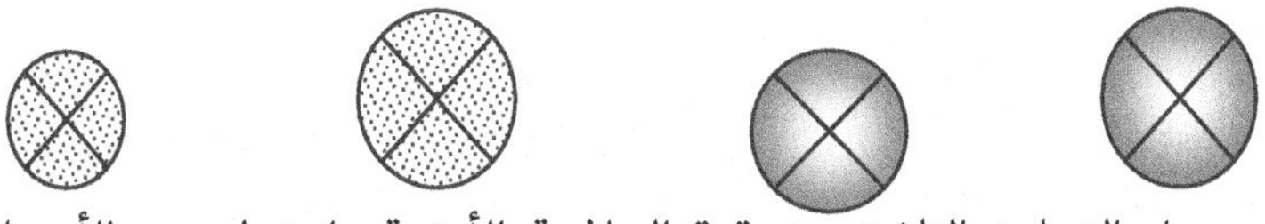

المشكلة: هل التسارع الناشئ عن قوة الجاذبية الأرضية واحد لجميع الأجسام الساقطة سقوطا حرا؟

- يوجه الطلاب لإجراء النشاط (8) وفق الخطوات التالية:

- قف فوق الطاولة وأمسك بإحدى يديك كرة فلزية, وباليد الأخرى الكرة الفلزية الأخرى.

- مد يديك إلى الأمام, ثم أسقط الكرتين معا في آن واحد, كما في الشكل (26).

الشكل (26)

- أعد هذه المحاولة بحيث يقوم زميلك بإسقاطهما, في حين تقوم أنت بدور الملاحظ.

يلاحظ: أيهما تصل سطح الأرض أولا؟

يستنتج: كيف تفسر ذلك؟

- كرر الخطوات السابقة باستخدام كرتي المطاط.

يلاحظ: هل وصلتا معا إلى الأرض؟

يستنتج: كيف تفسر ذلك؟

- أعد الخطوات السابقة باستخدام كرة فلزية وكرة مطاطية.

- خذ في مرة الكرتين المتماثلتين في الحجم, وفي مرة ثانية الكرتين المختلفتين في الحجم.

يلاحظ: هل وصلتا معا إلى الأرض؟

يستنتج: كيف تفسر ذلك؟

ملحوظة للمعلم: ناقش الطلاب في استنتاجاتهم, وتوصل معهم إلى أن:

نتيجة:جميع الأجسام القريبة من سطح الأرض والساقطة سقوطا حرا باتجاهه, تتسارع بتسارع ثابت يسمى" تسارع السقوط الحر " ويرمز لهذا التسارع بالرمز " ﺟ ".

حسب القانون الثاني لنيوتن (ق = ك × ت) فان قوة الجاذبية الأرضية تتناسب تناسبا طرديا مع الكتلة,لان تسارع الأجسام الساقطة سقوطا حرا ثابتا " ج ".

الوزن: قوة جذب الأرض للجسم.

و = كتلة الجسم × تسارع السقوط الحر **و = ك × ج**

حيث: و: وزن الجسم ويقاس بوحدة نيوتن.

ك: كتلة الجسم (وتسمى كتلة القصور), وتقاس بوحدة (كغم)

ج: تسارع الجاذبية الأرضية, ويقاس بوحدة (م/ث^2)

- ناقش الطلاب في حركة الأجسام الساقطة سقوطا حرا, وتوصل معهم إلى ما يلي:

- السرعة الابتدائية للجسم تساوي صفرا, التسارع يساوي ج.

معادلات الحركة للأجسام الساقطة سقوطا حرا في مجال الجاذبية الأرضية

المعادلة الأولى	$ع_2$ = ج ز
المعادلة الثانية	$ع_2^2$ = 2ج ف
المعادلة الثالثة	ف = $\frac{1}{2}$ ج $ز^2$
حيث: ج: تسارع السقوط الحر **$ع_2$: السرعة النهائية. ف: المسافة. ز: الزمن.**	

- يوجه الطلاب إلى حل أسئلة التقويم في النشاط (8).

ورقة عمل

النشاط الثامن: تسارع السقوط الحر

- قف فوق الطاولة وأمسك بإحدى يديك كرة فلزية, وباليد الأخرى الكرة الفلزية الأخرى.

- مد يديك إلى الأمام, ثم أسقط الكرتين معا في آن واحد, لاحظ الشكل (26).

الشكل (26)

- أعد هذه المحاولة بحيث يقوم زميلك بإسقاطهما, في حين تقوم أنت بدور الملاحظ.

- هل وصلتا إلى الأرض في الوقت نفسه؟

نعم (..........) لا (..........)

- أيهما تصل سطح الأرض أولا؟

....

- كيف تفسر ذلك؟

....

- كرر الخطوات السابقة باستخدام كرتي المطاط.

- هل وصلتا معا إلى الأرض؟

نعم   (..........)   لا   (..........)

- كيف تفسر ذلك؟

....

- أعد الخطوات السابقة باستخدام كرة فلزية وكرة مطاطية.

- خذ في مرة الكرتين المتماثلتين في الحجم, وفي مرة ثانية الكرتين المختلفتين في الحجم.

- هل وصلتا معا إلى الأرض؟

نعم   (..........)   لا   (..........)

- كيف تفسر ذلك؟

....

الاستنتاج:

....

- لماذا تصل الأجسام الساقطة راسيا للأسفل معا إلى سطح الأرض؟

....

- كيف تفسر حركة الأجسام الساقطة راسيا للأسفل بناء على القانون الثاني لنيوتن؟

....

الاستنتاج:

....

لماذا تختلف قوة الجاذبية الأرضية باختلاف كتل الأجسام؟

....

هل يختلف وزن الجسم باختلاف كتلته؟

نعم (..........) لا (..........)

الاستنتاج:

الوزن:..

التقويم:

1- كرتان لهما حجم واحد وكتلتان مختلفتان.أسقطتا في وقت واحد من ارتفاع واحد, فاي الجمل التالية صحيحة؟ولماذا؟(بإهمال مقاومة الهواء)

أ- أكبرهما كتلة تصل الأرض أولا.

....

ب- أقلهما كتلة تصل الأرض أولا.

....

جـ- الجسمان يصلان معا الأرض في الوقت نفسه.

....

2- استغرق سقوط كرة من شرفة منزل (3) ثواني, احسب ارتفاع الشرفة عن سطح الأرض

....

الدرس التاسع

<u>عنوان الدرس:</u> حساب تسارع السقوط الحر .

<u>الأهداف الإجرائية:</u> يتوقع من الطالب بعد دراسته لهذا الدرس, أن يكون قادرا عل أن:

- يحل مسائل عملية مستخدما معادلات الحركة للأجسام الساقطة سقوطا حرا.
- يعين تسارع السقوط الحر عمليا.

<u>المفاهيم التي يتضمنها الدرس:</u> تسارع السقوط الحر؛ الزمن,الارتفاع.

<u>المواد والأدوات المستخدمة:</u> كرة فلزية, ساعة توقيت, متر, طاولة.

<u>المشكلة:</u> كيف يمكن حساب قيمة تسارع السقوط الحر؟

- يوجه الطلاب إلى إجراء النشاط (9), وفق الخطوات التالية:

- اسقط الكرة من ارتفاع (2.5 م) على سبيل المثال,لاحظ الشكل (28).

الشكل (28)

يلاحظ: هل يختلف زمن السقوط باختلاف ارتفاع الجسم الساقط؟

يقيس: باستخدام ساعة التوقيت, قس الزمن الذي تحتاجه الكرة حتى تصل إلى الأرض.

- اسقط الكرة من ارتفاعات مختلفة.

يقيس: باستخدام ساعة التوقيت, قس الزمن الذي تحتاجه الكرة حتى تصل إلى الأرض.

ملحوظة للمعلم:

يوجه الطلاب لاختيار ارتفاعات مناسبة عند إسقاط الكرة, لكي يتسنى للطلاب قياس زمن السقوط بشكل صحيح.

يسجل: رتب نتائجك في جدول كالتالي:

الارتفاع (ف) (متر)	**الزمن (ز) (ثانية)**	**2 ف**	**ز^2**	**2ف / ز^2**

يفترض: لماذا يختلف زمن السقوط باختلاف ارتفاع الجسم الساقط؟

يلاحظ: ماذا تلاحظ من قراءات العمود الأخير؟

يفترض: احسب متوسط القراءات في العمود الأخير, (**لماذا**)؟

يستنتج: ماذا يعني متوسط قراءات العمود الأخير؟

ملحوظة للمعلم:

ناقش الطلاب في استنتاجاتهم, وتوصل معهم إلى أن:

تسارع السقوط الحر = (9.8م/ث^2).

- يناقش الطلاب في إجاباتهم عن أسئلة النشاط (9), وأسئلة اختبر نفسك (السقوط الحر).

ورقة عمل

النشاط التاسع: حساب تسارع السقوط الحر

اسقط الكرة من ارتفاع (2.5 م) على سبيل المثال,لاحظ الشكل (29).

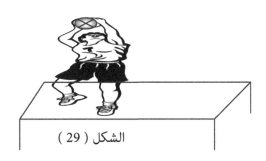

الشكل (29)

- هل يختلف زمن السقوط باختلاف ارتفاع الجسم الساقط؟

نعم (..........)   لا (..........)

- باستخدام ساعة التوقيت, قس الزمن الذي تحتاجه الكرة حتى تصل إلى الأرض.

....

- اسقط الكرة من ارتفاعات مختلفة.
- باستخدام ساعة التوقيت, قس الزمن الذي تحتاجه الكرة حتى تصل إلى الأرض.

....

- رتب نتائجك في جدول كالتالي:

الارتفاع (ف) (متر)	الزمن (ز) (ثانية)	2 ف	$ز^2$	2ف / $ز^2$

- هل يختلف زمن السقوط باختلاف ارتفاع الجسم الساقط؟

نعم (..........)   لا (..........)

- ماذا تلاحظ من قراءات العمود الأخير؟

....

- احسب متوسط القراءات في العمود الأخير, (لماذا)؟

....

- ماذا يعني متوسط قراءات العمود الأخير؟

....

الاستنتاج:

تسارع السقوط الحر =..............................م/ث^2

التقويم:

1- لماذا يستخدم الجنود المظلات عند القفز من الطائرات؟

....

....

....

2- كيف تقيس عمق بئر إذا أعطيت ساعة توقيت وعدة أحجار؟

....

....

....

....

الدرس العاشر

عنوان الدرس: القانون الثالث لنيوتن.

الأهداف الإجرائية: يتوقع من الطالب بعد دراسته لهذا الدرس, أن يكون قادرا عل أن:

- يميز بين الفعل ورد الفعل.
- يفسر وجود القوى في الطبيعة على شكل أزواج.
- يعلل بعض التطبيقات ذات العلاقة بالقانون الثالث لنيوتن.

المفاهيم التي يتضمنها الدرس: القوة, الفعل ورد الفعل.

المواد والأدوات المستخدمة: ميزانان نابضان متماثلان,عربة ذات عجلات (زلاجة).

المشكلة: **ما مصدر القوة التي تدفع قدميك فتحركك للأمام؟**

- يوجه الطلاب لإجراء النشاط (10)

الجزء الأول:

ثبت أحد الميزانين في الحائط, واشبك خطافي النابضين معا, كما في الشكل (30).

- ثم اسحب الميزان النابضي الثاني بشكل أفقي.

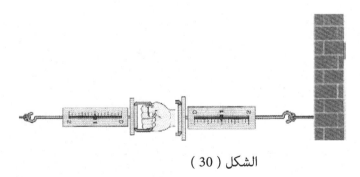

الشكل (30)

- أعد الخطوة السابقة مرات عدة.

يلاحظ: هل اتجاه حركة مؤشر النابض الأول بنفس اتجاه حركة مؤشر النابض الثاني؟

يلاحظ: هل قراءة مؤشر النابض الأول هي نفسها قراءة مؤشر النابض الثاني؟

يقارن: قارن بين قراءة واتجاه مؤشر النابض الأول وقراءة واتجاه مؤشر النابض الثاني؟

يستنتج: كيف يتحرك مؤشر النابض الأول عند سحب الميزان النابضي الثاني؟

ملحوظة للمعلم: ناقش مع الطلاب ما توصلوا إليه من نتائج, وسجل على السبورة ما يلي:

القوى توجد على شكل أزواج متساوية ومتضادة.

<u>الجزء الثاني:</u>

- قف على الزلاجة بحيث تكون في مواجهة الحائط وقريبا منه, وضع كلتا يديك على الحائط.

- ادفع الحائط بلطف, لاحظ الشكل (31).

الشكل (31)

كرر هذه العملية مرات عدة, مغيرا قوة دفعك للحائط.

يلاحظ:

- في أي اتجاه تتحرك عندما تدفع الحائط؟

هل تزداد سرعة ابتعادك عن الحائط كلما كانت قوة دفعك للحائط أكبر؟

يستنتج: ما الدليل على أن الحائط أثر فيك بقوة؟

يستنتج: ما العلاقة بين قوة دفعك للحائط وقوة دفع الحائط لك؟

ملحوظة للمعلم:

ناقش مع الطلاب ما توصلوا إليه من نتائج, وسجل على السبورة ما يلي:

قوة دفعك للحائط تساوي:قوة دفع الحائط لك في المقداروتعاكسها في الاتجاه.

لاحظ الشكل(32)

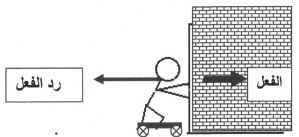

الشكل (32)

لقد توصل نيوتن من قبل إلى هذه النتيجة, وقد صاغها على النحو الآتي:

لكل فعل رد فعل مساو له في المقدار ومعاكس له في الاتجاه.

وتعرف هذه النتيجة باسم القانون الثالث لنيوتن في الحركة.

ومن الممكن صياغة هذا القانون بطريقة أخرى على النحو التالي:

<u>نص القانون الثالث لنيوتن في الحركة:</u> إذا أثر جسم (أ) بقوة في جسم آخر (ب) فان الجسم (ب) يؤثر بقوة في (أ) تساوي القوة الأولى في المقدار وتعاكسها في الاتجاه.

● يوجه الطلاب لحل أسئلة النشاط (10).

ورقة عمل

النشاط العاشر: القانون الثالث لنيوتن

الجزء الأول:

- ثبت أحد الميزانين في الحائط, واشبك خطافي النابضين معا, كما في الشكل (33).
- ثم اسحب الميزان النابضي الثاني بشكل أفقي.

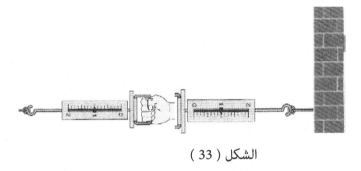

الشكل (33)

- أعد الخطوة السابقة مرات عدة.
- هل اتجاه حركة مؤشر النابض الأول بنفس اتجاه حركة مؤشر النابض الثاني؟

نعم (..........) لا (..........)

- هل قراءة مؤشر النابض الأول هي نفسها قراءة مؤشر النابض الثاني؟

نعم (..........) لا (..........)

- قارن بين قراءة واتجاه مؤشر النابض الأول وقراءة واتجاه مؤشر النابض الثاني؟

....

- كيف يتحرك مؤشر النابض الأول عند سحب الميزان النابضي الثاني؟

....

الاستنتاج:

....

الجزء الثاني:

قف على الزلاجة بحيث تكون في مواجهة الحائط وقريبا منه, وضع كلتا يديك على الحائط.

- ادفع الحائط بلطف, لاحظ الشكل (34).

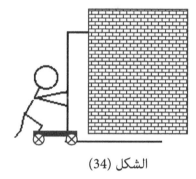

الشكل (34)

- كرر هذه العملية مرات عدة, مغيرا قوة دفعك للحائط.

- في أي اتجاه تتحرك عندما تدفع الحائط؟

....

- هل تزداد سرعة ابتعادك عن الحائط كلما كانت قوة دفعك للحائط أكبر؟

نعم (.........)   لا (.........)

- ما الدليل على أن الحائط أثر فيك بقوة؟

....

- ما العلاقة بين قوة دفعك للحائط وقوة دفع الحائط لك؟

....

<u>الاستنتاج:</u>

....

<u>التقويم:</u>

- لماذا يحتاج خرطوم الماء رجلي إطفاء على الأقل للامساك به وتوجيهه نحو مكان الحريق؟

....

- فسر العبارة التالية: " القوى توجد دائما في الطبيعة على شكل أزواج "

....

- إذا كانت القوى على شكل أزواج, فلماذا لا يلغي تأثير أحدهما الآخر؟

....

- قارن بين ارتداد المدفع عند انطلاق قذيفة منه, واندفاع الطائرة للأمام من حيث القوى المؤثرة عليهما.

....

الدرس الحادي عشر

عنوان الدرس: قوة الدفع.

الأهداف الإجرائية: يتوقع من الطالب بعد دراسته لهذا الدرس, أن يكون قادرا عل أن:

- يعرف قوة الدفع.
- يفسر انطلاق الصاروخ للأمام بالرغم من اندفاع الغازات منه للخلف.

المفاهيم التي يتضمنها الدرس: القوة, الفعل ورد الفعل, قوة الدفع .

المواد والأدوات المستخدمة: مروحة, عربة ذات عجلات (زلاجة), بالون, مصاصة عصير, خيط طويل, لاصق شفاف.

المشكلة: **كيف تندفع الطائرة للأمام بالرغم من اندفاع الغازات من محركاتها للخلف ؟**

الجزء الأول:

ثبت المروحة فوق الزلاجة, و شغل المروحة.

يلاحظ: في أي اتجاه تتحرك الزلاجة؟

يفترض: لماذا تحركت الزلاجة؟

يستنتج: ماذا عملت المروحة حتى تتحرك الزلاجة؟

الجزء الثاني:

انفخ البالون, والصق المصاصة على البالون بوساطة اللاصق.

أدخل طرف الخيط السفلي في المصاصة.

ثبت طرف الخيط العلوي في سقف الغرفة وشد الطرف السفلي حتى يصبح الخيط مشدودا بشكل رأسي, لاحظ الشكل (35).

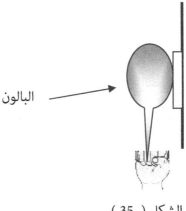

البالون

الشكل (35)

ابعد يدك عن فوهة البالون.

يلاحظ: ما اتجاه حركة البالون.

يحلل: ما وجه الشبه بين حركة البالون وحركة الصاروخ.

يستنتج: وضح حركة البالون باستخدام القانون الثالث لنيوتن في الحركة.

ملحوظة للمعلم:

ناقش الطلاب في استنتاجاتهم, وتوصل معهم إلى أن:

محركات الصاروخ تعمل كما هو الحال في الطائرة النفاثة على نفث الغازات الناتجة عن احتراق الوقود المستخدم بقوة (والذي يختلف عن وقود الطائرات النفاثة)، مم يولد قوة باتجاه معاكس تعمل على اندفاع الصاروخ، لاحظ الشكل (36).

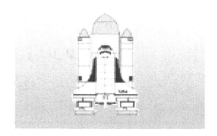

الشكل (36)

● يوجه الطلاب لحل أسئلة النشاط (11).

ورقة عمل

النشاط الحادي عشر: قوة الدفع

<u>الجزء الأول:</u>

- ثبت المروحة فوق الزلاجة, و شغل المروحة.

- في أي اتجاه تتحرك الزلاجة؟

....

- لماذا تحركت الزلاجة؟

....

- ماذا عملت المروحة حتى تتحرك الزلاجة؟

....

<u>الجزء الثاني:</u>

انفخ البالون, والصق المصاصة على البالون بوساطة اللاصق.

أدخل طرف الخيط السفلي في المصاصة.

ثبت طرف الخيط العلوي في سقف الغرفة وشد الطرف السفلي حتى يصبح الخيط مشدودا بشكل رأسي, لاحظ الشكل (37).

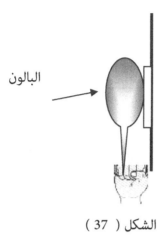

البالون

الشكل (37)

- ابعد يدك عن فوهة البالون.

- ما اتجاه حركة البالون.

....

- ما وجه الشبه بين حركة البالون وحركة الصاروخ.

....

- وضح حركة البالون باستخدام القانون الثالث لنيوتن في الحركة.

....

<u>الاستنتاج:</u>

قوة الدفع:...

التقويم:

1- كيف تفسر حركة الصاروخ بناء على القانون الثالث لنيوتن؟

....

....

....

....

....

2- ما القوى المؤثرة على الصاروخ عند اندفاعه في الفضاء؟

....

....

....

....

....

....

الفصل العاشر

التعلّم المستند إلى مشكلة

Problem Based Learning

الفصل العاشر

التعلّم المستند إلى مشكلة

Problem Based Learning

مقدمة :

على مدى السنوات العديدة الماضية ، نشأت مدرسة الفكر التي يطلق عليها علم النفس المعرفي ، هدف هذا النموذج هو تطوير مهارات الطلبة الأكاديمية والتفكيرية من المستوى البسيط الساذج أو الفطري إلى مستوى الشخص الأكثر خبرة . من الواضح أن الأمر يحتاج إلى نضج ووقت لكي يتم هذا الانتقال . إحدى الطرق لتحقيق ذلك هو تعليم الطلبة : " كيفية التفكير في التفكير " ، وكيفية عمل خطط لتعلّم الموضوعات الجديدة بطريقة أكثر كفاءة (أبو رياش ، 2005) .

هدف ثان رئيس لتطبيق علم النفس المعرفي هو توفير خبرات وممارسات مناسبة والتي من خلالها يبني الطلبة التعلّم والتعليم بأنفسهم . وهذا يحتم على الطلبة أن يصلوا إلى المعرفة ، وأن يعرفوا كيف ينظمونها ، وأن تكون لديهم الدافعية الذاتية لتعلّمها .

وتمخضت البحوث النفسية المعاصرة المتعلقة بتعلّم الطلبة، عن ثلاث نتائج رئيسة على درجة كبيرة من الأهمية ، تشير أولاها إلى أن على الطلبة أن يتعلّموا بطريقة استراتيجية . وذلك من خلال اندماجهم النشط في توليد استراتيجيات لبناء روابط بين معارفهم الجديدة وتلك الموجودة لديهم سابقاً ، وتشير النتيجة الثانية إلى أهمية امتلاك الطلبة مهارات ما وراء معرفية واستخدامها في ضبط عمليات تفكيرهم . أمّا النتيجة الثالثة فقد ركزت على أهمية إيمان الطلبة بمشاركتهم النشطة في تحمل مسؤولية تعلّمهم .

ويلاحظ أن النتيجتين الأولى والثانية ترتبطان بمجال استراتيجيات التعلّم التي تتصف بجانبين أساسيين، يتضمن الأول الخطط والأنشطة المعرفية التي يمكن أن يستخدمها الطلبة في اكتساب أنواع مختلفة من المعرفة والأداء، ومن ثم الاحتفاظ بها واسترجاعها ،ويطلق على هذا النوع عادة اسم الاستراتيجية المعرفية Cognitive Strategy .

أما الجانب الآخر فيشمل استراتيجيات التعلّم التي تتعامل مع التعلّم القائم على تعلّم كيفية التعلّم ، ويطلق عليها اسم الاستراتيجيات ما وراء المعرفية ، وهذه تتضمن أنشطة مثل الوعي والتخطيط والمراقبة والتحكم والمراجعة والتقويم . ويتميز الأفراد الذين يمتلكون الاستراتيجيات ما وراء المعرفية بقدرتهم على ضبط عمليات التفكير وأنشطة التعلّم . وتعتبر استراتيجيات التعلّم أكثر إسهامات علم النفس المعرفي أهمية في مجال تصميم التدريس .

فلسفة البنائيين ، التي نشأت على مدى النصف الأخير من القرن العشرين ، هي مجموعة ومنظومة فرعية من المنظور المعرفي . مع بدء التربويين وآخرين البحث عن نموذج تدريسي ـ مركز أكثر على الطلبة ، فقد اتجهوا للانجذاب نحو ما يمكن أن يسمى معسكر البنائيين ـ الاجتماعي   (Anderson et al.1994) .

افتراضات المدرسة البنائية – الاجتماعية

انطلق منظرو المدرسة البنائية الاجتماعية من مجموعة من الافتراضات من بينها :

- **الخبرة السابقة   Prior experience** : إن تأسيس نموذج البنائية هو الفكرة القائلة بأن المتعلمين يحضرون معهم معرفة ومعتقدات سابقة ، فالتعلّم ينبني على ما بناه المتعلّمون في سياقات أخرى .

- **البناء الشخصي ـ للمعنى   Personal construction of meaning** : علامة بارزة أخرى مميزة للبنائية هو أنه يجب على المتعلمين أن يبنوا ما تعلّموه . على سبيل المثال ، مجرد إعطاء الطلبة تمارين عن المفردات في العلوم والدراسات الاجتماعية ربما لا ينتج عنه تمثلهم للمفاهيم . يستدعي نموذج البنائية من المتعلمين أن يكونوا نشطين ، إذ يقول البنائيون إن الأطفال يمكن أن يفهموا جداول الضرب فوراً إذا رأوها على شكل مصفوفات .

- **التعلّم السياقي والمشارك   Shared Learning &Contextual** : نموذج البنائيين يتطلب خبرات محسوسة بدلاً من تقديمات مجردة . إضافة إلى ذلك ، فإن المتعلمين يعمقون معارفهم من خلال الخبرات المشاركة . التعلّم التعاوني والمناقشات هي استراتيجيات رئيسة .

- **تغيير الأدوار لكل من المعلمين والمتعلمين &Changing Roles for teachers Learners** : في النموذج البنائي ، يتعلّم كل من المعلمين والمتعلمين من بعضهم البعض . يبحث المعلمون عن إشارات من المتعلمين بحيث يمكنهم تسهيل الفهم ، فالمعلم مرشد وموجه وداعم لبناءات المتعلمين أنفسهم من المعرفة .

- **التعلّم النشط Active Learning** : ذلك أن التعلّم الفعّال يشتمل على فهم الأبنية المعرفية القائمة حالياً لدى الطلبة وتزويدهم بأنشطة تعلّم مناسبة لمساعدتهم.

جذور التعلّم المستند إلى مشكلات وأساسه النظري والتجريبي

تعود جذور التعلّم المستند إلى مشكلات Problem- Based Learning (PBL) إلى الحركة التقدمية ولا سيما إلى اعتقاد جون ديوي بأنه يتعين على المعلمين أن يعلّموا من خلال مخاطبة غريزة البحث والتكوين الطبيعية لدى الطلاب . فقد كتب ديوي بأن التوجه أو المنحى الأول لمعالجة أي موضوع في المدرسة ، إذا ما أريد إثارة التفكير وليس حفظ الكلمات والجمل ، يجب أن يكون غير مدرسي بقدر الإمكان . وبالنسبة لديوي فإن خبرات الطلاب خارج المدرسة تزودنا بتلميحات مساعدة حول كيفية تعديل الدروس بناءً على ما يثير اهتمامهم ويشدهم ، وفي هذا المجال يقول (Delisel,1997):

" تعود الأساليب التي تنجح دائماً في التعليم الرسمي إلى نوع الموقف الذي يسبب تفكيراً أو تأملاً في الحياة العادية خارج المدرسة . وهي أساليب تعطي الطلاب شيئاً ليعملوه ، لا شيئاً ليعرفوه . والعمل بطبيعته يتطلب تفكيراً أو ملاحظة مقصودة للعلاقات . وعندئذ ينتج التعلّم بشكل طبيعي " .

والمربون الذين يستخدمون PBL يدركون بأن الكبار في خارج المدرسة ، يبنون معرفتهم ومهاراتهم من خلال حلّهم لمشكلة حقيقية أو إجاباتهم لسؤال مهم - من خلال التمارين النظرية . وفي الحقيقة ، فإن PBL كان قد وضع أصلاً للأشخاص الراشدين بهدف تدريب الأطباء على كيفية معالجة المشكلات الطبية وحلّها (Delisel , 1997).

تقليدياً ، كانت كليات الطب تعلّم طلابها من خلال جعلهم يحفظون قدراً كبيراً من المعلومات ومن ثم تطبيق هذه المعلومات في مواقف سريرية أو إكلينيكية . غير أن هذا المنحى المباشر لم يعد الأطباء تماماً للعالم الحقيقي ، حيث إن بعض المرضى قد لا يستطيعون أن يحدّدوا أعراضهم أو أنهم قد يظهرون أعراضاً متعددة . ورغم أن الطلاب كانوا يحفظون معلومات طبية أساسية للاختبارات في مساقاتهم ، إلا أنهم لم يكونوا يعرفون كيف يطبقونها على مواقف حقيقية وبالتالي فإنهم كانوا ينسونها بسرعة .

عندما أدرك هاوارد باروز Howard Barrows وهو أستاذ في كلية الطب في جامعة مكماستر MacMaster University في كندا , Canada بأن مبدأ ديوي Dewey صحيح في تعليم الطب ، فإنه أراد أن يطوّر طرقاً لتعليم طلاب الطب تعزز قدراتهم على التفكير في مواقف حياتية عادية خارج أسوار الكلية.وبالنسبة لباروز Barrows ، فإن الهدف الرئيس من تعليم الطب هو : " تخريج أطباء يستطيعون أن يتعاملوا مع المشاكل الصحية للأشخاص الذين يطلبون خدماتهم بطريقة بارعة وإنسانية ، وبعد ذلك ، فإنه يتعيّن على الأطباء أن يمتلكوا المعرفة والقدرة على استخدامها .

ولقد صمم باروز Barrows مجموعة من المشاكل تتجاوز ما كان يتم عادة في أسلوب دراسة الحالة . فهو لم يعط الطلاب جميع المعلومات ولكنه طلب منهم أن يبحثوا في موقف ما، وأن يضعوا أسئلة مناسبة ، وأن يضعوا خطتهم الخاصة لحل المشكلة ، وهذا عزز عملية الاستنتاج القائم على الفحص العيادي لدى الطلاب إضافة إلى فهمهم للأدوات الموجودة تحت تصرفهم . وقد وجد بأن التعلّم المستند إلى مشكلة طوّر أيضاً قدرات الطلاب على التوسع في معرفتهم وتحسينها ذلك لمواكبة ما يستجد من تطورات في مجال الطب وليتعلّموا كيف يعالجون الأمراض الجديدة التي تواجههم . لقد أصبح الطلاب الذين تعلّموا من خلال استخدام PBL " متعلمين ذاتيي التوجيه " لديهم الرغبة في المعرفة والتعلّم والقدرة على صياغة حاجاتهم كمتعلمين والقدرة على استخدام أفضل الموارد المتوافرة لتلبية هذه الحاجات" . وقد عرّف باروز وتامبلين (Barrows &Tamblen) التعلّم المستند إلى مشكلات على أنه" التعلّم الذي ينتج عن العمل على فهم أو حل المشكلة " ولخصا العملية على النحو التالي:

1- يواجه الطالب المشكلة أولاً في السياق التعلّمي قبل حدوث أي إعداد أو دراسة .

2- تقدم المشكلة للطالب بنفس الطريقة التي تحدث فيها في الواقع .

3- يعمل الطالب على المشكلة بطريقة تسمح بتحدي وتقييم قدرته على التفكير وتطبيق المعرفة على نحو يتناسب مع مستوى تعلّمه .

4- تحدّد نواحي التعلّم اللازمة لعملية حل المشكلة وتستخدم كدليل أو موجّه للدراسة الفردية .

5- يعاد تطبيق المهارات والمعرفة المكتسبة عن طريق هذه الدراسة على المشكلة بغية تقييم فاعلية التعلّم وتعزيزه .

6- يتم تلخيص ودمج التعلّم الذي نتج عن العمل على المشكلة ومن الدراسة الفردية مع مهارات ومعرفة الطالب الحالية (Delisel , 1997) .

ويعرّف PBL بأنه استراتيجية تعليمية تركز على الطالب كمحور للتعلّم النشط حيث يختار المعلمون مشكلات أصيلة ، ويتميز باستخدام مشكلات العالم الحقيقية ، ويتطلب : المعرفة الناقدة Critical Knowledge ، والبراعة في حل المشكلات Problem Solving Proficiency، واستراتيجيات التعلّم الموجه ذاتياً Self-directed learning strategies ، ومهارات الفريق المشارك Team participation skills، حيث أن المشكلة تقود عملية التعلّم، مما يساعد في استكشاف وتعلّم المفاهيم والمبادئ الأساسية ، ودور المعلم الرئيس مساندة الطلاب في أسئلتهم (pgd.hawaii.edu) .

إن التعليم المباشر يعتمد على دعم نظري من علم النفس السلوكي ونظرية التعلّم الاجتماعي ، أما PBL فيعتمد على علم النفس المعرفي كأساس نظري له ، والتركيز لا يكون في معظمه على ما يعمله الطلاب (سلوكهم) وإنما على تفكيرهم (تكويناتهم المعرفية) أثناء قيامهم بالمهام ، وعلى الرغم من أن دور المدرس في التعلّم المستند إلى مشكلة يتضمن ويتطلب بدرجة أكبر أن يعمل كمرشد وميسر بحيث يتعلّم الطلاب أن يفكّروا في المشكلات معتمدين على أنفسهم وأن يحلوها. ودفع الطلاب لبفكّروا ويحلوا المشكلات وليصبحوا

متعلمين مستقلين استقلالاً ذاتياً ليست أهداف جديدة للتعليم ، وتدريس استراتيجيات مثل التعلّم بالاكتشاف ، والتدريب على البحث والاستقصاء والتدريس الاستقرائي inductive teaching له تاريخ طويل ومشهور ، فالطريقة السقراطية تعود بنا إلى الإغريق الأوائل ، وتؤكد على أهمية الاستدلال الاستقرائي والحوار في عملية التدريس والتعلّم . ويصف جون ديوي 1933 أهمية ما أطلق عليه التفكير التأملي Reflective thinking والعمليات التي ينبغي أن يستخدمها المدرسون ليساعدوا الطلاب على اكتساب وتنمية مهارات التفكير المنتج وعملياته ، كما أكد جيروم برونر 1962 على أهمية التعلم بالاكتشاف وكيف ينبغي أن يساعد المدرسون المتعلمين ليصبحوا بنائين Constructionists لمعرفتهم .

يجد PBL جذوره الفكرية في فكر جون ديوي ، ففي كتابه الديمقراطية والتربية 1916وصف ديوي تصوراً للتربية تعكس فيه المدارس المجتمع الكبير ، حيث تكون حجرات الدراسة مختبرات حل مشكلات الحياة الواقعية ، وقد ذهب ديوي وتلامذته من أمثال كلباتريك Kilpatrick إلى أن التعلّم في المدرسة ينبغي أن يكون هادفاً أكثر منه مجرداً ، وأن التعلّم الهادف يمكن تحقيقه على أفضل نحو، بتقسيم الطلاب إلى مجموعات صغيرة تتابع العمل في مشروعات تثير اهتمامهم ومن اختيارهم. إن تصور التعلّم الهادف والمتمركز حول مشكلة يثير الرغبة الفطرية عند الطلاب لكي يفحصوا ويستقصوا مواقف ذات مغزى تربط التعلّم المعاصر المستند إلى مشكلات مع فلسفة ديوي التربوية (عبد الحميد ،1999) .

كما أسهم جان بياجية وليف فايجوتسكي في تنمية مفهوم البنائية والذي يعتمد عليه قدر كبير من التعلّم المستند إلى مشكلات . لقد أنفق جان بياجيه (1886-1980) عالم النفس السويسري أكثر من خمسين عاماً يدرس كيف يفكّر الأطفال والعمليات المرتبطة بالنمو العقلي ، وأكد في تفسيره وشرحه لنمو العمليات المعرفية عند الأطفال الصغار أن الأطفال بطبيعتهم وفطرتهم محبين للاستطلاع ، ويكافحون دوماً لفهم العالم من حولهم . وحب الاستطلاع هذا ، وفقاً لبياجيه ، يثير دوافع الأطفال لكي يبنوا على نحو نشط تمثيلاتهم وتصوراتهم في عقولهم عن البيئة التي يخبرونها ، ومع تقدمهم في النمو Representations والعمر يكتسبون قدراً أكبر من اللغة ومن القدرة على التذكر ، وتصبح

تمثيلاتهم وتصوراتهم العقلية للعالم أكثر تجريداً ووضوحاً وتفصيلاً في جميع مراحل النمو.

إن المنظور المعرفي البنائي الذي يقوم عليه PBL ، يذهب إلى أن المتعلمين في أيّة سن يندمجون اندماجاً نشطاً في عملية اكتساب المعلومات وفي بناء معرفتهم . حيث تتطور هذه المعرفة على نحو مستمر وتتغير مع مواجهة المتعلمين بخبرات جديدة تجبرهم على بناء المعرفة السابقة و تعديلها (عبد الحميد ، 1999) .

ويعتقد فايجوتسكي (1896-1934) وهو عالم نفس روسي أن العقل ينمو مع مواجهة الأفراد لخبرات جديدة ومحيرة ومع كفاحهم لحل التعارضات التي تفرضها هذه الخبرات ،وفي محاولة لتحقيق الفهم ، يربط الأفراد المعرفة الجديدة بالمعرفة السابقة ، ويبنون أو يشكّلون معنىً جديداً ، وتختلف معتقدات فايجوتسكي عن معتقدات بياجيه في بعض النواحي الهامة ، فبينما ركز بياجيه على مراحل النمو العقلي التي يمر بها جميع الأفراد بغض النظر عن السياق الاجتماعي أو الثقافي ، أعطى فايجوتسكي أهمية أكبر للجانب الاجتماعي من التعلّم ، واعتقد أن التفاعل الاجتماعي مع الآخرين يستحث تكوين وبناء الأفكار الجديدة ويحسّن نمو المتعلّم العقلي (عبد الحميد ، 1999) .

والروابط الفكرية بين التعلّم بالاكتشاف والتعلّم المستند إلى مشكلات واضحة ، ففي كلا النموذجين، يؤكد المدرسون على اندماج المتعلّم النشط ، وعلى التوجه الاستقرائي أكثر من الاستنباطي ، وعلى اكتشاف التلميذ لمعرفته وبنائه لها ، وبدلاً من تزويد المتعلّمين بالأفكار والنظريات عن العالم ، وهو ما يفعله المدرسون حين يستخدمون التعليم المباشر ، فإن المدرسين الذين يستخدمون التعلّم بالاكتشاف والتعلّم المستند إلى حل مشكلة يطرحون أسئلة على المتعلّمين ويتيحون لهم التوصل إلى أفكارهم هم ونظرياتهم .

غير أن التعلّم بالاكتشاف يختلف عن PBL من عدة طرق هامة ، لقد نشأت دروس التعلّم بالاكتشاف في معظم أجزائها من الأسئلة القائمة على المادة الدراسية ، وأن استقصاء الطالب وبحثه يتقدم في ظل توجيه المدرس في إطار حجرة الدراسة هذا من ناحية ، أما PBL فيبدأ من ناحية أخرى بمشكلات واقعية في الحياة لها معنى للمتعلمين وهم يدققون في

اختيارها ويتقدمون بالبحث والاستقصاء داخل المدرسة أو خارجها حسب ما يقتضيه حل المشكلة ، وبما أنها مشكلات حياة حقيقية ، فإن حلّها يتطلب بحثاً متعدد التخصصات (عبد الحميد ، 1999) .

الوضع الحالي للتعلّم المستند إلى مشكلات :

منذ أن استخدم باروز Barrows التعلّم المستند إلى مشكلات في جامعة مكماستر MacMaster في أواسط الستينات من القرن العشرين ، أحدث ثورة صغيرة في الوسط الطبي (Albnese & Mitchell,1993)إذ يستخدم PBL حالياً في أكثر من (60) كلية طب على مستوى العالم ، كما يستخدم في كليات طب الأسنان والصيدلة والعيون والتمريض . كما ويستخدم في المدارس الثانوية والمتوسطة والابتدائية في المدن والضواحي والريف في الولايات المتحدة الأمريكية . ويتم تدريب المعلمين على استخدام هذه الاستراتيجية في معهد التعلّم المستند إلى مشكلات في Spring Field,Illinois، وفي مركز التعلّم المستند إلى مشكلات في أكاديمية الينوي Illinois للعلوم والرياضيات في شيكاغو Chicago وفي مركز دراسة التعلّم المستند إلى مشكلات في Ventures in Education in New York city.

يقدّم PBL للمعلمين من رياض الأطفال إلى الثاني الثانوي طريقة منظمة لمساعدة طلابهم على بناء مهارات التفكير وحل المشكلات ، بينما يتعلّم الطلاب معلومات الموضوع المهمة . كما أن هذه الطريقة تتيح للطلاب مزيداً من الحرية ، و توفر خطوات عملية يمكن للمعلّمين أن يستخدموها لتوجيه الطلاب وقيادتهم. والأهم من ذلك كله أن PBL ينقل الدور النشط في غرفة الصف إلى الطلاب من خلال المشاكل التي ترتبط بحياتهم والإجراءات التي تتطلب منهم أن يجدوا المعلومات اللازمة ، وأن يفكّروا في موقف ما ، وأن يحلوا المشكلة ، وأن يعدوا عرضاً نهائياً (Dellsile,1997.pp5-6) .

خصائص التعليم المستند إلى مشكلات :

يتميز التعلّم المستند إلى مشكلات PBL بالخصائص التالية :

1-وجود سؤال أو مشكلة توجه التعلّم Question or Problem–Driving:

حيث ينظم PBL حول أسئلة ومشكلات هامة اجتماعياً وذات مغزى شخصي- للطلاب ، وهذا النوع من التعلّم يتناول مواقف حياتية حقيقية أصيلة لا تناسبها الإجابات البسيطة ، والتي يتوفر لها حلول متنافسة أو بدائل .

2- التخصصات البينية Interdisciplinary :

على الرغم من أن التعلّم المستند إلى مشكلة قد يتمركز في مادة دراسية معينة (علوم، رياضيات ، مواد اجتماعية) ، إلا أن المشكلة الفعلية قيد البحث يتم اختيارها لأن حلها يتطلب من الطلاب الاندماج في كثير من المواد والموضوعات الدراسية ، فمشكلة التلوث تتغلغل في عدد من المواد الدراسية الأكاديمية والتطبيقية : البيولوجيا ، والاقتصاد ، والاجتماع ، والسياحة ...الخ .

3-بحث أصيل حقيقي Authentic Investigation :

إن PBL يتطلب من الطلاب القيام ببحوث أصيلة للبحث عن حلول واقعية لمشكلات واقعية ، وينبغي أن يحللوا المشكلة ويحددوها ، ويضعوا فروضاً، ويقوموا بتنبؤات ويجمعوا معلومات ويحللوها ويقوموا بتجارب ويستنبطوا ويتوصلوا إلى نتائج (Barrows,1996). فقد أظهر بحث أجراه لبشتيز وبار -ألن- Libshitz & Bar-Ilan,1996)) أن القدرة على تمييز المشكلات مرتبط مباشرةً بالنجاح أو الفشل في وضع الحلول . كما أن التعود على سياق المشكلة يساعد بدرجة كبيرة في القدرة على حل المشكلة (Cooper& Loe , 2000).

4-إنتاج منتجات وعمل معارض Production of artifacts and Exhibits

يتطلب PBL أن يصنع الطلاب أشياء وأن ينتجوا نواتج ويعرضوها كشرح الحلول التي توصلوا إليها ، وقد يكون الناتج حواراً أو جدالاً ، ويمكن أن يكون تقريراً ، أو شريط فيديو ، أو برنامج كمبيوتر .

5-التعاون Collaboration

إن PBL يتسم بأن يعمل الطلاب بشكل تعاوني ، وفي معظم الوقت يتم ذلك في أزواج أو في جماعات صغيرة ، ويوفر العمل معاً دافعية تضمن الاندماج في المهام المركبة، ويحسّن فرص المشاركة في البحث والاستقصاء والحوار لتنمية التفكير والمهارات الاجتماعية . ويؤكد دافيز وهاردن (Davis & Harden,1999) على أنه يمكن الاستفادة من PBL عندما يتم من خلال التعلم في مجموعات صغيرة Learning in Small Groups ، وهذا بدوره يساعد على تنمية مهارات الاتصال ، والتعلّم الذاتي ، والعمل في فريق واحد، والمهارات ما وراء المعرفية . كما أن التعلّم في مجموعات صغيرة يضع الطلبة في صلب خبرات التعلّم من خلال توفير إطار من التساؤل، والبحث عن مصادر المعلومات ، والتحليل، والتركيب ، وبناء الفرضيات والتقييم .

6-التعلّم يرتكز على الطالب :

في PBL يتحمل الطلبة مسؤولية تعلّمهم ، يحددون ماذا يريدون أن يعرفوا ، ومن أين يمكنهم الحصول على المعلومات لحل المشكلة ، عليهم البحث والدراسة بأنفسهم . وهذا يتطلب أن تكون المشكلة تجذب الانتباه ، وفيها تحدٍ لحفز الطلبة على إيجاد الحلول للمحافظة على التعلّم الذاتي ، حيث يضع الطلبة أجندة التعلّم الخاصة بهم ، ويبحثون عن الأشياء غير المعروفة لديهم والمطلوبة لحل المشكلة (Keng-Neo & others,2004)

مراحل/خطوات التعلّم المستند إلى مشكلات

يتألف PBL عادة من خمس مراحل أساسية تبدأ بتوجيه المعلم للطلاب نحو الموقف المشكل، وتنتهي بعرض عمل الطلاب وإنتاجهم وتحليله ، وحين تكون المشكلة متواضعة في مجالها، يمكن تغطية أو معالجة المراحل الخمس للنموذج في عدد قليل من الحصص، غير أن المشكلات الأكثر تعقيداً قد تستغرق سنة كاملة لحلها ، وتالياً الخطوات الخمس لعملية التعلّم المستند إلى مشكلة (جابر عبد الحميد ، 1999) .

الخطوة (1) : توجيه الطلاب نحو المشكلة : يراجع المدرس أهداف الدرس ويصف الآليات المتطلبة . ويثير دافعية الطلاب ليندمجوا في نشاط حل مشكلة اختاروها اختياراً ذاتياً .

الخطوة (2): تنظيم الطلاب للدرس: يساعد المدرس الطلاب على تعريف وتحديد مهام الدرس التي تتصل بالمشكلة .

الخطوة (3): المساعدة على البحث المستقل والبحث الجماعي : يشجع المدرس الطلاب على جمع المعلومات المناسبة ، وإجراء التجارب والسعي لبلوغ التفسيرات والتوصل إلى الحلول .

الخطوة (4): التوصل إلى نتائج ونواتج وعرضها : يساعد المدرس الطلاب في تخطيط هذه النواتج وإعدادها .

الخطوة (5) : تحليل عملية حل المشكلة وتقويمها : يساعد المدرس الطلاب على تأمل بحوثهم واستقصاءاتهم والعمليات التي استخدموها .

ويذكر ستيفن وآخرين (Stepien et al ,1993) : ثلاث مراحل لـ PBL التي يقوم بها الطلبة هي :

المرحلة الأولى: مواجهة وتحديد المشكلة Encountering and Defining the Problem:
يواجه الطلبة بسيناريو واقعي ، قد يسأل الطلبة عن الفن المعماري القديم وكيف تم بناء الآثار العظيمة ، وقد يسألون أسئلة أساسية مثل : ماذا أعرف عن هذه المشكلة ؟ ماذا يجب أن أعرف حتى أصف هذه المشكلة بشكل جيد ؟ ماهي المصادر التي أستطيع استخدامها لتحديد حل مقترح أو فرضية ما ؟ وعندئذ يجب تحديد المشكلة بحيث تتحول إلى معلومة جديدة تم فهمها .

المرحلة الثانية : الوصول إلى المعلومات وتقييمها Accessing, Evaluating and Utilizing information :

عندما يحدد الطلبة المشكلة قد يصلون إلى معلومات من مصادر بشرية أو إلكترونية ، إذ أن أحد مكونات المشكلة هو تقييم المصدر ، ما مدى تداوله ؟ ما مدى دقته؟ هل هناك سبب يميل نحو الشك في المصدر ؟ وعند توفير المعلومات يقوم الطلبة بتقييم المصدر الذي استخدموه .

المرحلة الثالثة :البناء والأداء Synthesis and Performance :

يبني الطلبة في هذه المرحلة حلاً للمشكلة ، وقد يبنون برمجية حاسوب أو كتابة بحث أو تقرير يرتكز على مشكلة أساسية . وفي جميع الأحوال على الطلبة إعادة تنظيم المعلومات بطرق جديدة .

وقد وجد سافري ودفي (Savery & Duffy) أن التعلّم المستند إلى مشكلات استراتيجية تعلم تركز على نشاط المتعلّم وعلى توفير بيئة تعلّم يستطيع الطالب من خلالها بناء تعلّمه الخاص به من خلال   (Savery & Duffy,1995) :

- دعم المتعلّم في تطوير شعوره بأن المشكلة التي يواجهها هي مشكلته الخاصة .

- تصميم مشكلة حقيقية ترتبط بواقع حياة الطالب .

- تصميم المشكلات وبيئات التعلّم على نحو يعكس البيئة الحقيقية التي سوف يتعايش الطالب معها بعد انتهاء عملية التعلّم .

- منح المتعلّم الشعور بأنه هو صاحب عملية حل المشكلة .

- تصميم بيئة تدعم وتتحدى تفكير المتعلّم .

- تشجيع المتعلّم على مقارنة أفكاره ووجهات نظره بأفكار ووجهات نظر الآخرين .

- توفير فرص للتفكير في التعلّم الذي حصل عليه المتعلّم وفي الطريقة التي حصل بها على هذا التعلّم .

ويشير مايرز إلى آلية تنفيذ العمل وفق استراتيجية PBL من خلال قيام الطلاب بتعريف المشكلة وفي بناء حلول ممكنة لها . ويستطيع الطلاب الوصول إلى حلول منطقية للمشكلات التي تواجههم إذا اتبعوا نموذج العمل التالي :

1- يقرأ الطالب مقدمة المشكلة ويحلّلها ويتأكد أنه فهمها جيداً من خلال مناقشتها مع بقية أفراد مجموعته .

2- يضع الطالب قائمة بالفرضيات التي يعرفها عن المشكلة ، ثم يناقش فرضياته وأفكاره مع فرضيات وأفكار أفراد مجموعته .

3- يضع الطالب قائمة بجميع الحقائق التي يعرفها عن المشكلة ، وتشكّل هذه القائمة معرفته السابقة عن المشكلة .

4- يضع الطالب قائمة بالقضايا التي لا يعرفها عن المشكلة ، ويقوم بإعداد مجموعة من الأسئلة التي يجب أن يجد هو وأفراد مجموعته إجابة لها للتوصل إلى حل للمشكلة .

5- يضع الطالب قائمة بالأعمال التي يجب عليه أن يقوم بها هو وأفراد مجموعته ، أي يضع خطة للقيام بعملية الاستقصاء.

6- يطوّر الطالب عبارة لصياغة المشكلة تتكوّن من جملة واحدة أو جملتين تعبّر عن فكرة واضحة تحدد : ماذا يحاول أفراد المجموعة القيام به ، وماذا يحاولون أن يجدوا ، وماذا يحاولون أن يحلوا ؟

7- يقوم الطالب وأفراد مجموعته بجمع المعلومات وتنظيمها وتحليلها وتفسيرها .

8-يقوم الطالب بعرض النتائج التي توصل إليها هو وأفراد مجموعته ، ثم يقوم بإعداد تقرير أو عرض يوضح فيه التوصيات والتنبؤات والاستنتاجات أو أي حلول أخرى تتعلق بالمشكلة .

وطرح كامس (Kams) استراتيجية للتعلّم المستند إلى مشكلات وعلاقتها بالبحث العلمي ، وتتكوّن الاستراتيجية من ست خطوات رئيسة تتشابه مع عمليات الاستقصاء العلمي، وتتضمن : (http: www.ogd.hawaii.edu)

1- تحديد سيناريو للمشكلة .

2- اقتراح أفكار لاستكشاف المشكلة .

3- البحث عن مفاتيح أساسية لمساندة الاستكشافات المخططة .

4- جمع المعلومات .

5- تحليل المعلومات .

6- الإعلان عن الحلول .

دور المعلم في التعلّم المستند إلى مشكلات

The Teacher,s Role in Problem-Based Learning

إذا أردنا من PBL أن ينمي مهارات الطالب التي ينتج عنها زيادة في الفهم والحفظ ، فإنه يتعيّن على المعلّم أن يلعب دوراً مختلفاً عن دوره في الدروس التقليدية , ورغم أن المعلمين الذين يستخدمون التعلّم المستند إلى مشكلة ، ما يزالون هم الذين يقررون مضمون المعرفة والمهارات والاتجاهات التي يتعيّن على المشكلة أن تساعد الطلاب في تنميتها، إلا أنهم لم يعودوا هم مركز الانتباه أثناء تعلّم الطلاب .

صحيح أن المعلمين يوجهون الطلاب خلال عملية الإجابة عن أسئلة التعلّم المستند إلى مشكلة ، إلا أنهم لا يقدمون لهم أية أجوبة . فهم يلعبون دورهم الرئيس خلف الستار حيث يصممّون المشكلة، ويوجهون الطلاب خفية أثناء العمل عليها ، ويقيّمون أداءهم . ويعتبر هذا الدور الذي يتم خلف الستار في غاية الأهمية في تمهيد الطريق للطلاب لأخذ الدور" النشط" في المشروع . لذلك فإن نجاح الطلاب في حل المشكلة بدون توجيه مستمر دليل أو مؤشر على نجاح المعلّم في استخدام التعلّم المستند إلى مشكلات(Delisel,1997) .

ويلعب المعلّمون دوراً مختلفاً في كل مرحلة من مراحل PBL ، ففي المرحلة الأولى يعد المعلّم المشكلة ويوائمها مع المنهج . وفي المرحلة الثانية يوجه الطلاب أثناء العمل إلى حل المشكلة. وفي المرحلة الأخيرة ، وبعد حل الطلاب للمشكلة يقوّم المعلّم أداءهم . ومن الأدوار التي يمكن للمعلم القيام بها في التعلّم المستند إلى مشكلات ما يلي :

1- تصميم المنهاج Curriculum Designer

يبدأ دور المعلّم كمصمم للمشاكل حتى قبل أن يجيء الطلاب لبدء عام دراسي جديد . وهنا يتعيّن على المعلّم أن يقرر ما إذا كان أسلوب التعلّم المستند إلى مشكلة سيكون

هـو الأسـلوب التعليمـي الـرئيس الـذي سيسـتخدم طـوال دراسـة المـادة أو المسـاق أم أنـه سيستخدم في أوقات محددة فقط .

وعندما تكون المشكلات الواردة في الـتعلّم المسـتند إلى مشكلة ذات صلة بتجارب الطلاب واهتماماتهم ، فإن الطلاب سيعملون عليهـا بنشـاط أكثر وسـيجتهدون أكـثر لحلهـا . ويمكن توليـد أو وضـع المشكلات بطريقتين : الأولى هـي أن يقـوم المعلّم أو مجموعـة مـن المعلّمين بإعدادها قبل بدء العام الدراسي ، ومثل هـذه المشكلات تعالج محتوى ومهارات محدّدة . والطريقة الثانية هي عندما تبرز المشكلات أثناء العمـل - حيث يشـير الطلاب إلى ناحية تهمهم ، ويغتنم المعلّم الفرصة ليعلّمهم من خلال شيء يرتبط بحياتهم.

2-   موجه أو ميسر Guide

عندما يعمل الطلاب على حل المشكلة في المرحلة الثانية للتعلّم المستند إلى مشكلة يأخذ المعلّم دور الموجّه أو الميسر . حيث يهيئ الجو ويساعد الطلاب على الارتباط بالمشكلة ويدّعم بنية العمل أو هيكله ويتفقد المشكلة مع الطلاب . ويعيد تفقدها وييسـر الحصـول على ناتج أو أداء ما ويشجع على التقييم الذاتي .

وهناك الكثير مـن العمل يحدث خلـف السـتار . إذ يتعيّن علـى المعلّم أن يتفقـد المصادر المتوافرة للبحث وينبّه موظفي المدرسة بخصوص ما إذا كان الطلاب سيتصلون بهـم أو لا .

3- مقوم Evaluator

يلعب المعلّم طـوال اسـتراتيجية PBL دور المقـوم . فهـو كمقـوم يراقب فاعليـة المشكلة وجودة عمل الطلاب ، ونجاحه الخاص في إعداد المشكلة وتسهيلها .

أ)   فاعلية المشكلة Effectiveness of the problem

يجب على المعلّم أن يحدّد مدى نجاح المشكلة في تنمية مهارات الطلاب ومعرفتهم . فالمشكلة السهلة جداً أو الصعبة جداً لن تزيد من نمو الطلاب . وإذا حدث مثل هذا الأمر ، فإن المعلّم قد يكون قادراً على تعديل المشكلة إمّا بتقديم مزيد مـن المعلومـات للطلاب أو بتغيير

متطلبات العرض أو المشكلة . وفي نهاية الوحدة ، قد يرغب المعلّم في إعادة كتابة المشكلة للعام القادم بينما تكون التجربة ما زالت ماثلة في الذاكرة .

ب) أداء الطالب Student Performance

يجب تقويم أداء الطلاب لا لمجرد العلامة بل أيضاً لمساعدتهم على التحسّن . وأثناء مراقبته للطلاب ، على المعلم أن يبحث عن الطلاب الذين يواجهون صعوبة في أداء المهمة وأن يقدّم لهم مساعدة خاصة واقتراحات . وإذا كان هناك عدد كبير من الطلاب لديهم مشكلات في أداء جزء من المهمة ، فقد يجد المعلّم أنه من الضروري أن يراجع المشكلة أو الإجراءات الصفية .

ج) أداء المعلّم Teacher Performance

يجب على المعلمين أن يتفقدوا نجاحهم ليروا ما إذا كانوا يقدّمون للطلاب المستوى المناسب من الدعم والتوجيه . وعند تذكرهم بأن جزءاً من هدف الدرس هو إعطاء الطلاب إحساساً أكبر بالاستقلالية ، فإن علي المعلم أن يتراجع عن إخبار الطلاب بالمعلومات أو بما عليهم أن يفعلوه . وفي نهاية الوحدة أو الدرس ، قد يرغب المعلّمون في كتابة قائمة مقترحات حول كيف يكون يستطيعون أن يكونوا أكثر فاعلية في أعمال أخرى تستخدم التعلّم المستند إلى مشكلة .

تطوير مشكلة Developing a Problem :

يشير ديلسيل (Delisel , 1997) إلى أن التعلّم المستند إلى مشكلات يحرر المعلّم من محدودية الكتاب المقرر والمواد التعليمية المدرسية ، فبالنسبة للمعلم الذي يستخدم التعلّم المستند إلى مشكلة ، فإن أي حدث أو مناسبة ، سواء أجرَىَ خارج المدرسة أم داخلها يمكن أن يولّد مشكلة ترتبط بحياة الطلاب . وليس هناك حد للأهداف المتنوعة الكامنة وراء المشكلات الواردة في التعلّم المستند إلى مشكلة ، إذ يمكن للمعلّمين أن يعدوا مشكلات لمعالجة تعلّم الطلاب للمنهج ، أو لتحسين المجتمع ، أو لحل مشكلات بينشخصية في غرفة الصف . ويمكن للمشكلة أن تهدف إلى تغيير مدرسة غير مقبولة أو إلى تغيير وضع ما في حي مجاور ، أو تهدف إلى الاحتفال بإنجاز ما للحي. كذلك يمكن تصميم مشكلات لجزء ما

من مساق معيّن . وقد تكون خاصة بمادة ذات موضوع واحد أو بمـادة ذات موضوعات متداخلة . ويمكن تصميمها من قبل معلم واحد أو بشكل تعاوني بين المعلمـين لتعليمهـا مـن قبل الفريق . والمشكلة يجب أن تكون متوافقة مـع مرحلة النمـو الخاصة بـالطلاب ، وذات صلة بخبراتهم ، وتستند إلى المنهج. ويجـب أن تتوافق المشاكل مع مجموعـة متنوعـة مـن الأساليب والاستراتيجيات التعليمية والتعلّمية .كما يجب أن تزيد من اكتساب المعرفة وتنمية المهارات . إضافة إلى ذلك ، يجب أن تكون المشكلة غير مكتملة التركيب لكي يكتشف الطلبـة أثناء قيامهم ببحث إضافي صعوبة المشكلة ويعرفوا أنها قد تشتمل على عـدة حلـول. وبغـض النظر عن الهدف الذي من أجله تم اختيار المشكلة أو تصميمها ، فإن المعلم عمومـاً يتبـع مـا يلي :

● اختيـار المضـمون والمهـارات Selecting Content and Skills والقـدرات الخاصـة بالصفوف من رياض الأطفال إلى الثاني عشر ، وذلك ليعرف ماهو مطلوب من ذلك الموضوع والصف .

وكي يختار المعلّم أهداف المضمون ، يعود إلى المناهج المدرسية ، فمـثلاً ، يعـود معلّـم المـواد الاجتماعية إلى إطار المنهج لمعرفة المهارات والقدرات .

● تحديد المصادر المتوافرة Determining Availability of Resources ، إذ يتعيّن عـلى المعلّم أن يتأكد من أن الطلاب سيكونون قادرين على إيجاد المعلومات اللازمة لحل المشكلة .

● كتابة بيان بالمشكلة Writing a Problem Statement: عنـدما يحـدد المعلّـم أهـداف المضمون والمهارات وجمع المصادر اللازمـة ، يكتـب بيانـاً بالمشكلة . ويجـب أن يكـون بيـان المشكلة :

-   متلائماً مع المرحلة العمرية be developmentally appropriate.

-   ذا صلة بتجربة الطالب وخبراته be grounded in student experience .

-   مستنداً إلى المنهج be curriculum based .

- متوافقاً مع مجموعة متنوعة من الأساليب والاستراتيجيات التعليمية والتعلّمية Variety of teaching and learning strategies and style .

- غير مكتمل أو ضعيف التركيب be ill-structured.

- اختيار نشاط حافز Choosing a Motivation Activity.

- وضع سؤال مركزي Developing a Focus Question.

- تحديد استراتيجية للتقييم Determining an Evaluation Strategy.

● المشكلة ذات صلة بتجارب الطلاب وخبراتهم Grounded in student Experience : كما يقول ديوي ، فإنه لكي تبني جوانب مضيئة أو مشرقة في المشاكل ذات الصعوبة الكافية لتحدي تفكير الطلبة ، يجب أن تكون هذه المشكلات متصلة بتجارب الطلاب وخبراتهم . قد تأتي هذه الخبرات بطريقة غير مباشرة من التلفاز أو المذياع أو الأفلام ، أو قد تكون نتاج الخبرات المدرسية ، وكلما كانت المشكلة أكثر صلة بحياة الطلبة اليومية وبشيء يهتمون به ، زاد اجتهادهم في العمل عليها .

● المشكلة تستند إلى المنهج Curriculum Based : يجب أن تكون المشكلات وسائل يحصل الطلبة من خلالها على معرفة من مجموعة من المواد والمعارف ، كذلك ، يجب أن تزيد المشكلات من اكتساب المهارات المناسبة والمضمون المعرفي الموجود في الأطر المنهجية . والمشكلات الجيدة هي تلك التي تجمع بشكل مبدع بين حياة الطلاب وما يرونه ويفعلونه كل يوم وبين موضوعات المنهج . وقد تتضمن المشكلات مادة لا تدرّس عادة ، إذا كانت هذه المادة تساعد الطلاب على بناء مهارات مهمة أو تقودهم إلى معلومات مهمة أيضاً .

● تنطوي المشكلة على مجموعة متنوعة من الأساليب والاستراتيجيات التعليمية والتعلّمية Variety of Teaching and Learning Strategies and Styles: لدى المعلّمين والطلبة طرق مختلفة للتعليم والتعلّم ، ولذا ، يجب ألا تكون المشكلة صارمة جداً بحيث لا يكون لها سوى حل واحد صحيح أو طريقة واحدة فقط للحل أو طريقة واحدة فقط لتعليم الطلبة . بل يجب إعداد المشكلات بحيث تسمح بنجاح المعلّمين ذوي الأساليب التعليمية المختلفة ، وكذلك الطلبة ذوي الأساليب التعلّمية

المختلفة ، وأيضاً ، يجب أن تنطوي المشكلة على مجموعة من الأنشطة التي تسمح للطلبة ذوي المستويات المختلفة بالإسهام في الحل .

● **المشكلة غير مكتملة أو ضعيفة التركيب ILL- Structured** : بخلاف تمرين التفكير الـذي يحتوي على جميع المعلومات الضرورية أو المشروع التقليـدي الـذي يتطلب مـن الطلبـة أن يستخدموا معلومات يعرفونها أصلاً ، فغن المشكلات الـواردة في الـتعلّم المسـتند إلى مشكلة يجب أن تصمم بحيث يقوم الطلبة بالعمل على بحث لجمع المعلومات اللازمة للتوصـل إلى حلول محتملة ، كما يجب أن تطلب المشكلات مـن الطلبـة أن يفكّروا في المعلومات التي يعرفونها أصلاً وأن يجدوا معلومات إضافية ثم يفسّروا المعلومات السابقة في ضوء البيانات الجديدة التي يكتشفونها ، إضافة إلى ذلك ، يجب أن تقود المشكلة الطلبة لاكتشاف أن هناك عدة حلول ممكنة .

● **اختيـار نشـاط حـافز Choosing a Motivation Activity** : عندما يكون المعلّم قـد اختار أو أعد المشكلة ، فإن عليه أن يفكّر في طرق ليبيّن علاقتها بحياة الطلبة ، وعلى العموم، فإن المعلّم يعمل عن قصد على أن تكون المشكلة ذات صلة بالطلاب كأحد المحكات لاختبار المشكلة أو تصميمها ، وأيضاً يجب أن يفكّر المعلّم في طرق لتقديم الموضوع وجعل الصلات أو الروابط واضحة .

● **وضع سؤال مركزي Focus a Question Developing** : عندما يكون المعلّم قـد كتـب المشكلة ، فإن عليه أن يضع سؤالاً يسـاعد الطلبة في التركيـز على مهمتهم بعد أن يصبحوا مهتمين بالمشكلة .

● **تحديد استراتيجية للتقييم Determining an Evaluation Strategy** : اسـتراتيجيات التقييم المسـتخدمة مـع الـتعلّم الـذي يسـتند إلى مشكلة متنوعة علـى نحـو مماثل لتلـك الاستراتيجيات المستخدمة في أي صـف . فتعلّم المضمون يمكن تقييمـه باستخدام اختبار قبلي/بعدي ، أو يمكن تقييمه باستخدام شكل المناظرة حيث يكون لـدى المعلّم قائمـة تفقد بالأشياء التي ستقيّم على مقياس مكون من خمس نقاط ، وبالنسبة لكل مشكلة ، فإن

على المعلّم أن يدمج ناتجاً أو أداء يستخدم لتقييم تعلّم المضمون والمهارات وعملية حل المشكلة نفسها .

ويظهر الشكل رقم (1-6) قائمة تفقد لإعداد مشكلة غير مكتملة وفقاً لاستراتيجية التعلّم المستند إلى مشكلة .

قائمة تفقد لإعداد مشكلة Problem Checklist for Developing a		
هل	نعم	لا
- اخترت المضمون المناسب ؟		
- حددت المصادر المتوفرة ؟		
- كتبت مشكلة ؟ • مناسبة من ناحية مرحلة العمر ؟ • وذات صلة بتجربة الطالب ؟ • مستندة إلى المنهج ؟		
• تسمح باستخدام مجموعة متنوعة من الأساليب والاستراتيجيات التعليمية والتعلّمية ؟		
• غير مكتملة أو ضعيفة التركيب ؟		
- اخترت نشاطاً حافزاً ؟		
- وضعت سؤالاً توجيهياً ؟		
- حددت استراتيجيات التقييم ؟		

قائمة تفقد لإعداد مشكلة وفقاً لاستراتيجية التعلّم المستند إلى مشكلة

الشكل رقم (1-6)

مهمات التعلّم في استراتيجية التعلم المستند إلى مشكلات

تترجم استراتيجية PBL أفكار البنائيين المحدثين الأصوليين في مجال تـدريس العلـوم والرياضيات . وتتكـون هـذه الاسـتراتيجية مـن ثلاثـة عناصـر عبـارة عـن المهـمات Tasks، والمجموعات التعاونية Cooperative Groups ، والمشاركة Sharing .

والتدريس بهذه الاستراتيجية يبدأ بمهمة تتضمن موقفاً مشكلاً يجعل المتعلمـين يستشعرون وجود مشكلة ما ، ثم يلي ذلك بحث المتعلمين عن حلول لهذه المشكلة من خلال مجموعات صغيرة كل على حدة ، يختتم التعلّم بمشاركة المجموعات بعضها البعض في مناقشـة مكونـات هذه الاستراتيجية كما صممها ويتلي و جرسون Wheatley & Grayson على النحو التـالي: (Wheatley,1989)

أولاً : مهـمات التعلّم Learning Tasks

تمثل مهام التعلّم المحور الأساس للتعلّم المستند إلى مشكلة ، ونجاح هذا النـوع مـن التعلّم رهين بالاختيار الدقيق لهذه المهام من قبل المعلمين، الأمر الذي يتطلب أن يتـوافر في هذه المهام مجموعة من الشروط الأساسية وهي :

1.   أن تتضمن المهمة موقفاً مشكلاً .

2.   أن تكون مناسبة من حيث المستوى لكل متعلّم من البداية بحيث لا تكون مفرطـة في التعقيد المعرفي .

3.   أن تشجع المتعلمين على طرح أسئلة من النـوع المسـمى مـاذا لـو ......What if مثـل السؤال : ماذا لو انعدمت ظاهرة بخار الماء من الكرة الأرضية ؟

4.   أن تؤدي إلى نتيجة معينة .

5.   أن تشتمل على عنصر الاستثارة العقلية .

6.   أن يمثل البحث فيها متعة عقلية للمتعلّم .

7. أن تشجع المتعلمين على المناقشة والحوار ، بمعنى أن تسمح بتعدد الاجتهادات والآراء حولها

8. أن تكون ممتدة Extendable ، أي تفتح المجال للمتعلمين الذين بحثوا فيها بأن يواصلوا البحث ولا يتوقفون عنه لمجرد أنهم قد توصلوا لحلول حولها ، فقد يطرحون أسئلة جديدة ويواصلون البحث عن إجابة لها .

ثانياً : المجموعات التعاونية

تتبنى هذه الاستراتيجية مبدأ التعلّم التعاوني Cooperative Learning، حيث يقسم المتعلمين لعدة مجموعات تضم كل مجموعة اثنين من المتعلمين أو أكثر ، يعمل أفراد كل مجموعة على التخطيط لحل المشكلة وتنفيذ هذا الحل ، وذلك من خلال مبدأ المفاوضة الاجتماعية ، وقد يتطلب الأمر توزيع الأدوار فيما بينهم .

وطبقاً لهذه الاستراتيجية فالمعلم ليس منعزلاً عن المشاركة الجماعية، بل أنه عضو في كل مجموعة من خلال مروره على كل منها ، غير انه لا يمارس هنا دور موزع معرفة ، ولا دور الحكم الذي يقول هذه فكرة خاطئة وتلك صحيحة ، وإنما قد يوجه بعض المجموعات أحياناً إلى إعادة التفكير والتأمل فيما وصلوا إليه ياكل وآخرون (Yackel,et al,1990) .

ثالثاً : المشاركة

يمثل هذا المكون المرحلة الأخيرة من مراحل التدريس بهذه الاستراتيجية ، حيث يعرض تلاميذ كل مجموعة حلولهم على الفصل ، والأساليب التي استخدموها وصولاً لتلك الحلول . ونظراً لاحتمالية حدوث اختلاف بين المجموعات حول تلك الحلول والأساليب ، فإنه تدور المناقشات وصولاً لنوع من الاتفاق فيما بينهم إن كان ذلك ممكناً . إذ أن تلك المناقشات إنما تعمل على تعميق فهمهم لكل من الحلول والأساليب المستخدمة في الوصول لحل تلك المشكلات . وتكون بالنسبة لهم كمنتدى فكري . ينمون تفسيرات استدلالاتهم العقلية Explanation of their reasoning (Yackel , et al ., 1990) .

التعلّم المستند إلى مشكلة والتعلّم التعاوني Cooperative Learning &PBL

التعاون Cooperation هو أن يعمل الطلاب معاً لإنجاز أهداف مشتركة ، فمن خلال الأعمال التعاونية يحقق الطلاب نتاجات مفيدة لهم ومفيدة أيضاً لكل عضو من أعضاء مجموعاتهم التعلّمية . والتعلّم التعاوني هو الاستخدام التعليمي للمجموعات الصغيرة بحيث يعمل الطلاب مع بعضهم بعضاً لزيادة تعلّمهم وتعلّم بعضهم بعضاً إلى أقصى حد ممكن . وفكرته سهلة : حيث يقسم الطلاب إلى مجموعات مكوّنة من (2-5) أعضاء بعد أن يتلقوا تعليمات بذلك من المعلّم . بعد ذلك يأخذون بالاشتغال على العمل حتى يفهم وينجز جميع أعضاء المجموعة العمل بنجاح .

والسؤال : هل ينجح التعلّم التعاوني مع التعلّم المستند إلى مشكلات ؟ يمكن استخدام التعلّم التعاوني مع التعلم والتعليم المستند إلى مشكلات Problem Based Learning and Instruction ، حيث يمكن وضع الطلبة للعمل مع بعضهم بعضاً لحل المشكلات ، ومناقشة الأفكار ، ومقارنتها مع المجموعات الأخرى . فالطلبة في التعلّم التعاوني يقيمون فيما بينهم مهارات العمل التعاوني من خلال انخراطهم في إيجاد حل للمشكلة ، خاصة وأن العمل التعاوني يعد ناجحاً إذا استطاع المعلّمون أن يبنوا بوضوح عناصر العمل التعاوني الخمسة الأساسية ، وهذه العناصر هي :

أولاً : الاعتماد المتبادل الإيجابي Positive interdependence وهو أهم عنصر في هذه العناصر ، بحيث يعطى الطلاب مهمة واضحة وهدفاً زمرياً لكي يعملوا عليه . وهذا العنصر يعتبر من العناصر الهامة في التعلم المستند إلى مشكلات .

ثانياً : المسؤولية الفردية والمسؤولية الزمرية Individual and group accountability:
هناك مستويان من مستويات المسؤولية التي يجب أن تبنى في المجموعات التعلّمية التعاونية . فالمجموعة يجب أن تكون مسؤولة عن تحقيق أهدافها ، وكل عضو من أعضاء المجموعة يجب أن بكون مسؤولاً عن الإسهام بنصيبه في العمل . كما أن التعلّم المستند إلى مشكلات يتطلب مسؤولية من الفرد ومسؤولية من المجموعة .

ثالثاً : التفاعل المعزز وجهاً لوجه Promotive interaction :يحتاج الطلاب إلى القيام بعمل حقيقي معاً ، يعملون من خلاله على زيادة نجاح بعضهم بعضاً وذلك بالاشتراك في استخدام المصادر وتقديم المساعدة والدعم والتشجيع والثناء على الجهود التي يبذلها كل واحد منهم كي يتعلّم .

رابعاً : تعليم الطلاب المهارات الزمرية والمهارات البينشخصية المطلوبة Interpersonal and small group skills : يتعيّن على الطلاب في مجموعات التعلّم التعاوني أن يتعلّموا لمادة الأكاديمية (مهام) ، وأن يتعلّموا المهارات البينشخصية والزمرية اللازمة لعملهم كأعضاء في مجموعة عمل زمري .

خامساً : معالجة عمل المجموعة Group processing : يكون هناك معالجة لعمل المجموعة عندما يناقش أعضاء المجموعة مدى نجاحهم في تحقيق أهدافهم ومدى محافظتهم على علاقات عمل فاعلة بينهم .

تنفيذ الدروس القائمة على مشكلة :

إن مفهوم التعلّم القائم على مشكلة مفهوم واضح ومباشر ، ولا يصعب فهم الأفكار الأساسية المرتبطة به ، غير أن التنفيذ الفعّال للنموذج أكثر صعوبة على أية حال ، إنه يتطلب قدراً ملحوظاً من الممارسة ، ويقتضي اتخاذ قرارات محددة خلال مراحل التخطيط والتفاعل، ومرحلة ما بعد التعليم . وتشبه بعض مبادئ التدريس التي تراعى فيه ما نجده في التعليم المباشر وفي التعلّم التعاوني ، ولكن ثمة مبادئ فريدة وخاصة بالتعليم القائم على مشكلة . وسوف نؤكد أو نركز على الملامح الفريدة للنموذج فيما يأتي :

☒ **التخطيط :**

إنه مستوى أساسي جداً ، لأن التعليم القائم على مشكلة يتسم بان يعمل الطلبة في أزواج أو في مجموعات صغيرة ، ليبحثوا أو يدرسوا مشكلات حياتية حقيقية سيئة التعريف والتحديد ، وبما أن هذا النمط من التعليم تفاعلي بدرجة عالية ، فإن البعض يعتقد أن التخطيط المفصل ليس ضرورياً ، ويحتمل أنه قد لا يكون ممكناً ، وهذا ليس صحيحاً، فالتخطيط للتعليم القائم على حل المشكلات شأنه شأن الطرق التفاعلية الأحرى والمتمركزة

حول المتعلّم – فتخطيط المدرس هو الذي ييسر الحركة السلسة في المراحل المختلفة للدروس القائمة على مشكلة وتحقيق الأهداف التعليمية المرغوبة .

☒ تحديد الأهداف :

إن تحديد أهداف الدرس القائم على مشكلة أحد ثلاثة اعتبارات هامة في التخطيط ، ذلك أن التعليم القائم على مشكلة قد صمم ليساعد الطلبة على تحقيق أهداف مثل تنمية المهارات العقلية والبحثية ، وفهم أدوار الراشد ، ومساعدة الطلبة على أن يصبحوا متعلّمين مستقلين استقلالاً ذاتياً ، وبعض دروس التعلّم القائم على مشكلة قد تستهدف تحقيق هـذه الأهداف في آن واحد . والأكثر احتمالاً – على أية حال – أن يؤكد المدرسون هدفاً أو هدفين في دروس معينة ، ومثال ذلك ، أن المدرس قد يصمم درساً عن مشكلة القضايا البيئية ، فبدلاً من أن يجعل الطلبة يحكون ادوار الراشدين أو يسعون للبحث عن حلول للمشكلات البيئية ، قد يطلب المدرس من الطلبة بـدلاً مـن ذلـك أن يـستخدموا الكمبيـوتر ليقومـوا بالاتصال بقاعدة بيانات للحصول على بحوث ودراسات وبيانات عن الموضوع لكي ينمـوا هـذا النمط من المهارة البحثية ، وبغض النظر عن ما إذا كان الدرس مركزاً على هدف وحيد أو لـه عـدة أهداف ، فمن الأهمية بمكان أن تقرر وتحدد الأهداف مسبقاً ، بحيث يمكن نقلها وتوصيلها بوضوح للمتعلّم .

☒ تصميم أو إعداد مواقف مشكلة مناسبة :

إن التعليم القائم على مشكلة يستند إلى مسلّمة هـي أن المواقـف المشكلة السيئة التحديد والتعريف ، سوف تثير حب الاستطلاع لدى الطلبة وتدفعهم إلى الاندماج في البحـث والاستقصاء ، وتصميم المواقف المشكلة المناسبة أو تخطيط السبل لتيسير عمليـة التخطيط مهمة تخطيطية حاسمة وهامة بالنسبة للمدرسين ، ويعتقد بعض المطورين للتعليم القائم على مشكلة أنه ينبغي أن يكون للطلبة يد طولى في تحديد وتعريف المشكلة التي تـدرس ، لأن هذه العملية سوف تنمي إحساسهم بأن المشكلة مشكلتهم ، أي تنمية الإحساس بالملكية ، ويتجه آخرون إلى القول بدفع الطلبة نحو المساعدة في إعادة صقل وتحديد مشكلات سبق اختيارها تنبثـق مـن المـنهج التعليمـي ، ويتـوافر لـدى المـدرس عنهـا مـواد تعليميـة كافيـة وتجهيزات .

والموقف المشكل الجيد ينبغي أن يستوفي على الأقل خمسة محكات :

أولاً : ينبغي أن حقيقياً وأصيلاً ، وهذا معناه أنه ينبغي أن تكون المشكلة مستندة إلى خبرات الطلبة في العالم الواقعي أكثر منها مستندة إلى مبادئ في مواد أكاديمية دراسية معينة ، كيـف نواجه "التلوث" .

ثانياً : ينبغي أن تكون المشكلة سيئة التعريف وتطرح إحساساً بالحيرة والغموض والمشكلات السيئة التحديد تقاوم الإجابات البسيطة وتتطلب حلـولاً بديلـة ، ولكـل منهـا نـواحي قويـة ونواحي ضعيفة ، وهذا بطبيعة الحال يثير الحوار والجدال والنقاش .

ثالثاً : ينبغي أن تكون المشكلة ذات معنى للطلبة ومناسبة لمستوى نموهم العقلي .

رابعاً : ينبغي أن تكون من الاتساع بحيث تتيح للمدرسـين أن يحققـوا الأهـداف التعليميـة ، ومع ذلك محدودة بحيث تتيح تقديم دروس في الزمان والمكان والإمكانيات المتاحة .

خامساً : المشكلة الجيدة ينبغي أن تفيد من الجهد الجماعي وألا تكون عائقاً لهذا الجهد .

ومعظم المواقف المحيرة إما أنها تبحث وتتناول علاقات السبب بالنتيجة داخل موضوع معيّن أو تطرح أسئلة من قبيل : لماذا ، وماذا لو أن ، وعدد الأسئلة المحيرة في أي مجال لا نهاية لهـا، وحين تمضي لاختيار موقف لدرس عليك أن تلتفت إلى النقاط الآتية :

* فكّر في موقف يتضمن ويتطلب مشكلة معينة أو موضوعاً كان محيراً لك ، ينبغي أن يطرح الموقف سؤالاً أو مشكلة تتطلب تفسيراً وشرحاً ، من خلال تحليلات السبب والنتيجة أو توفير فرص للتلاميذ ليفرضوا فروضاً وليتأملوا .

* قرر ما إذا كان موقف معـين مشـوقاً ومثيراً للاهتمام علـى نحـو طبيعـي لهـذه المجموعـة الخاصة من الطلبة الذين تعمل معهم ، وحدد هل هو مناسب لمرحلتهم من النمو العقلي .

* انظر ، هـل تستطيع أن تعـرض الموقـف المشكل بطريقـة تجعلـه قابلاً للفهـم مـن قبـل مجموعتك من الطلبة ، ويبرز جانباً محيراً من المشكلة .

● هل العمل في المشكلة متاح وميسر ؟ وهل يستطيع الطلبة أن يقوموا بأبحاث مثمرة في إطار الوقت والموارد والمصادر المتاحة لهم .

الجذور والأجنحة Roots and Wings :

تستخدم أحياناً المواقف المشكلة المحاكية بدلاً من مشكلات الحياة الحقيقية ، وفي هذا البرنامج Roots & Wings توصل المطورون إلى طريقة تكاملية تستند إلى حل المشكلة لتعليم العلوم في المدرسة الابتدائية ، ولتعلّم الدراسات الاجتماعية ، والقراءة والكتابة والرياضيات ، وفيما يلي مثالان لأنواع المشكلات التي يدرسها الطلبة في هذا البرنامج :

* مختبر العالم World Lab :

يقوم الطلبة كل يوم ولمدة تسعين دقيقة بأدوار الشخصيات التاريخية المختلفة أو الجماعات المهنية المعاصرة ، وقد يطلب منهم أن يحلوا مشكلة التلوث في خليج معين ، أو يعملوا كمستشارين لفراعنة مصر القديمة ، أو للتوصل إلى حلول للضرائب غير العادلة كما حدث في المستعمرات الأمريكية قبيل إعلان الاستقلال والحرب الثورية .

* الرياضيات :

لقد انتقلت الرياضيات بالنسبة لتلاميذ المرحلة الابتدائية من كونها تجريداً إلى أن تركز على حل مشكلة ، ولقد طلب من الطلبة أن يحلوا مسائل رياضيات في واقع الحياة مثل : كيف تقيس عمق بحيرة ؟ أو كيف تقدّر الزمن الذي تستغرقه سفينة لتعبر خليجاً معيناً ، ولقد زود الطلبة بأوراق عمل تتعلق بأنشطة في الرياضيات ، ويتسم المنهج التعليمي أيضاً بالاستخدام المكثّف للآلات الحاسبة والكمبيوتر وغيرها من أدوات الرياضيات .

حملات التعلّم النشطة Learning Expending :

لقد جربت ، وما تزال ، عدة نظم مدرسية عبر الولايات المتحدة مشروعاً تعليمياً على أساس المشكلة يطلق عليه "Learning Expending" ، وهذا المشروع أحد عدة مشروعات لقيت تربة خصبة ورواجاً ، لقد صمم في الأصل على يد المربين في Outward Bound ، ويستخدم الآن في خمس مدن هي : (بوسطن ، ودنفر ، ونيويورك ، وديوك في

ولاية أيوا ،وبورتلاند في ولاية ماين) ويطلب من الطلبة المندمجين في هذا المشروع التعلّمي أن يفحصوا المشكلات المثيرة ، وأن يجدوا حلولاً عن طريق بحوث هادفة وعن طريق العمل الميداني ، ويمكن إتمام بعض مشروعات هذا البرنامج في مدة تتراوح ما بين ثلاثة وأربعة أسابيع ، بينما يستغرق بعض آخر عدة شهور ، ويعرض على الطلبة مشكلات ضعيفة التحديد والتعريف وموضوعات مفتوحة النهاية تعبر الخطوط الفاصلة بين الموضوعات والمواد الدراسية التقليدية ، ومن أمثلة هذه الموضوعات الأكثر عمومية تطرح أسئلة محددة ، ومن أمثلة الأسئلة التي رواها المدرسون ما يأتي :

- كيف نعرف أن مجتمعاً محلياً ينمو ويزدهر ؟

- ما العوامل المعقدة التي تؤثر في حياة البحيرة ؟

- ما الذي يعرض الأنواع المختلفة للمخاطر ؟ وكيف تتأثر الأنواع الحسية المعرضة للخطر بالتفاعل المعقد بين الناس والبيئة ؟

وكما هو الحال في المناهج التعليمية القائمة على حل المشكلات يكافح هذا النوع من التعلّم النشط ليستثير ميول الطلبة بمعالجة مواقف مشكلة أصيلة ، وليساعد الطلبة على أن يندمجوا في أبحاث ذات وجهة ميدانية ، ولمساعدتهم على أن يصلوا إلى حلول لها بأنفسهم .

مشروع روج للتبيؤ Rogue Eco-System Project

لقد كان المدرسون المهتمون بالمشكلات البيئية من بين قيادات التعليم القائم على المشكلة ، ويتضح هذا من الطريقة التي استخدمها " هانز سميث Hans Smith" وهو مدرس بيولوجيا (علم الأحياء) بإحدى المدارس الثانوية بولاية أريجون .

لقد صمم مقرراً دراسياً يلتقي فيه الطلبة لمدة ساعتين كل يوم ويحصلون على درجات نجاح في علم الأحياء وفي نظام الحكم والصحة . ويتمركز المساق أو المقرر الدراسي حول – مستجمعات الأمطار Watersheds ودورة حياة سمك السالمون بالمحيط الهادي (Smith,1995) ، وكجزء من الوحدة الدراسية عن مستجمعات الأمطار يعمل الطلبة في مشروع معين يتطلب منهم أن يضعوا خطة لعمل معسكر أرضي Campground

مستخدمين معرفتهم العلمية عن مستجمعات الأمطار ، وينبغي أن تضم خطتهم دراسة بينية لبناء المعسكر الأرضي ، وتضم تفاعلاً مع المؤسسات الحكومية التي توافق على إقامة المعسكرات في ولاية أوريجون ، ولقد بين سمث أن هذه المشروعات المبدئية كثيراً ما حثت على مزيد من الدرس والاستقصاء ، بل ومزيد من الدراسات الأصيلة مثل :

- دراسة نهر محلي ، وذلك بالقيام بدراسة مسحية للقنوات وفحص الماء ، وعمل خرائط للبيئات النباتية والحيوانية ، وتحديد نسب الانحدار والعمق .
- تصميم وبناء مزرعة تفريخ يديرها الطلبة ، حيث تربى 2000كوهو سالمون تطلق كل عام .

إن استخدام سمث للتعلّم القائم على مشكلة يتطلب من الطلبة أن يعالجوا مشكلات كبيرة جداً ومعقدة وتدمجهم لفترة طويلة من الزمن في الدرس والبحث " وسمث" نفسه مثال للمدرس المبدع الذي على استعداد لإتاحة الفرص للطلبة ليقوموا بأدوار الكبار خارج المدرسة ، مثل فحص الماء ، وتشييد المباني ، وتربية السمك .

بيئة التعلّم ومهام الإدارة في التعلّم المستند إلى مشكلة :

من الأهمية بمكان أن يتوافر لدى المدرسين مجموعة واضحة من القواعد يستطيعون على أساسها المضي في الدروس بسلاسة ودون تعطيل ، وأن يواجه سوء السلوك على نحو مباشر وبحسم وبسرعة . وهناك اعتبارا إدارية فريدة على المدرسين مراعاتها في التعليم القائم على المشكلات ، نوردها فيما يأتي :

1- معالجة مواقف متعددة المهام :

يتم القيام بمهام تعليمية متعددة في الصفوف التي تستخدم التعليم القائم على حل المشكلات ، ويتم ذلك على نحو متأني ، فبعض جماعات الطلبة قد تعمل في موضوعات فرعية منوعة في الصف ، بينما يعمل آخرون في المكتبة ، ومجموعات أخرى تعمل في المجتمع المحلي ، والطلبة الأصغر سناً قد يستخدمون مراكز اهتمام Interest Center حيث يعملون في أزواج أو مجموعات صغيرة في دراسة حل مشكلات ترتبط بالعلوم ، والرياضيات ،

والفنون اللغوية ، والدراسات الاجتماعية ، قبل أن يلتقوا معاً ليناقشوا عملهم في الصف كله، ولكي تجعل الصف ذا المهام المتعددة يعمل عمله ينبغي أن يدرس الطلبة لكي يعملوا مستقلين الواحد عن الآخر ومجتمعين . ونمي المدرسون الأكفاء أنظمة إشارية Cueing System لتنبيه الطلبة ولمساعدتهم على الانتقال من نمط من مهام التعلّم إلى آخر ، والقواعد الواضحة ضرورية لاختيار الطلبة ولتدلهم على متى يتوقع منهم الكلام الواحد مع الآخر، ومتى يتوقع منهم الإصغاء ، وينبغي أن توضح اللوحات البيانية والخطوط الزمنية Charts and time linesعلى السبورة المهام والحدود الزمنية النهائية المرتبطة بالمشروعات المختلفة ، وينبغي أن يرسخ المدرسون الروتينيات وأن يعلموا الطلبة كيف يبدأون في أنشطة المشروع كل يوم أو كل فترة وكيف ينتهون، وأن يراقبوا التقدم الذي يحققه كل طالب أو كل مجموعة من الطلبة أثناء المواقف المتعددة المهام ، وهي مهارة تتطلب درجة عالية من الإحاطة ness–With -It إذا استخدمنا مصطلح كونين Kounin .

-2 **التوافق مع معدلات الإتمام المختلفة :**

من أكبر المشكلات الإدارية تعقيداً التي تواجه المدرسين الذين يستخدمون التعلّم القائم على خل المشكلات هي ماذا نعمل مع الأفراد أو المجموعات التي تنهي أعمالها مبكراً ، أو تتأخر عن الأخرى ؟ وهناك حاجة إلى قواعد وإجراءات وأنشطة للطلبة الذين يتمون أعمالهم في وقت مبكر ولديهم وقت ، وهذه تضم توافر أنشطة مثيرة للاهتمام جداً مثل مواد قراءة خاصة ، أو ألعاب تربوية يستطيع الطلبة إتمامها معتمدين على أنفسهم ، وبالنسبة للطلبة الأكبر ، إجراءات للانتقال إلى مختبرات خاصة للعمل في مشروعات أخرى ، والمدرسون الفعّالون يرسخون التوقع بان الذين يتمون أعمالهم في وقت مبكر يساعدون الآخرين .

والذين يتمون أعمالهم متأخرين يوجدون مجموعة مختلفة من المشكلات في بعض الحالات يتيح المدرسون للطلبة المتأخرين وقتاً أطول ، وبطبيعة الحال ، هذا التصرف يؤدي إلى توافر وقت أطول للذين أتموا العمل في وقت مبكر ، وقد يقرر المدرسون بالتناوب أن يخصص للمتأخرين في العمل وقت إضافي بعد انتهاء اليوم الدراسي أو في نهاية الأسبوع ، لإنجاز أعمالهم ، غير أن هذا التصرف كثيراً ما يكون مشكلاً ، فإذا كان الطلبة يعملون في

فرق ، قد يصعب عليهم أن يجتمعوا معاً خارج المدرسة ... وفضلاً عن ذلك ، فإن الطلبة المتأخرين كثيراً ما لا يجيدون العمل بمفردهم ، ويحتاجون إلى مساعدة المدرس لإكمال المهام والعمال الهامة والتعيينات .

3- **مراقبة عمل الطالب وإدارته :**

يختلف التعليم القائم على المشكلة عن بعض أنماط التعليم الأخرى التي يقوم فيها الطلبة بنفس التعيين أو الواجب في نفس التاريخ ، لأن النمط الأول يسفر عن تعيينات متعددة ومنتجات متنوعة ، وكثيراً ما تكون تواريخ إتمامها متباينة ، وبناءً على ذلك ، فإن مراقبة وإدارة عمل الطالب هامة حين نستخدم هذا النموذج التدريسي ، وهناك ثلاثة مهام إدارية حيوية إذا أريد أن يحافظ على قابلية الطلب للمساءلة عن مسؤولياته Accountability، وإذا أراد المدرسون الحفاظ على الحماس في عملية التعليم الكلية وهي :

* ينبغي أن يتحدد بوضوح متطلبات العمل بالنسبة لجميع الطلبة .

* ينبغي مراقبة عمل الطالب وان توفر التغذية الراجعة أثناء العمل .

* ينبغي الحفاظ على السجلات .

وكثير من المدرسين يقومون بهذه المهام الثلاثة عن طريق استخدام استمارات مشروع الطالب Student Project Forms ، وهي استمارة يحتفظ بها بالنسبة لكل فرد . إنها سجل مكتوب لمشروع الطالب (الشكل 6-2) ، ولعمل الفرد في المجموعة الصغيرة والتي وافقت على إكماله ، ووافقت على الحدود الزمنية لإتمامه ، وعلى التلخيص المستمر لمدى التقدّم فيه.

اسم الطالب ....
اسم فريق الدرس أو البحث ....
اسم المشروع ومجاله ....
....
تعيينات معينة وتواريخ إتمامها
المشروع (1) ....
تغذية راجعة على (1) :..
المشروع (2): ....
تغذية راجعة على (2): ....
المشروع (3) ....
تغذية راجعة على (3) :..
المشروع (4):..
تغذية راجعة على (4) :..
المنتج النهائي أو المعروض : ....

الشكل (6-2)

استمارة مشروع الطالب

4- إدارة المواد والتجهيزات :

تتطلب جميع مواقف التدريس استخدام مواد وأجهزة ومعدات ، وكثيراً ما تكون إدارة هذه المواد متعبة ومثيرة للمصاعب بالنسبة للمدرسين ، والموقف القائم على المشكلة ، على أية حال يلقى بمتطلبات ومقتضيات أكبر على هذا الجانب من إدارة الصف عن نماذج التدريس الأخرى ، لأنه يتطلب استخدام مواد خصبة منوعة ، وأدوات للبحث ، وينبغي

للمدرسين الفعالين أن يضعوا إجراءات لتنظيم وخزن وتوزيع المـواد والتجهيـزات ، وكثيـر مـن المدرسـين يتيحـون للطلبـة مسـاعدتهم في هـذه العمليـة ، ويمكن أن نتوقـع مـن الطلبـة أن يحافظوا على ترتيب التجهيزات والـوارد في حجرة العلـوم ، وأن يوزعـوا الكتب وان يجمعـوا الأوراق مـن الصفوف الأخـرى . إن السيطرة على هـذا الجانـب الإداري هـام ، لأنه بـدون إجراءات وروتينيات واضحة يمكن أن يغرق المدرسون في تفاصيل الدرس القائم على المشكلة .

5-   **تنظيم الحركة والسلوك خارج حجرة الدراسة :**

حين يشجع المدرسون الطلبة على إجراء بحوث خارج الصف في أمـاكن كالمكتبـة أو مختبر الكمبيوتر ، لا بـدّ أن يتأكـد أن الطلبـة يفهمـون قواعـد وإجـراءات الحركـة والتنقـل في أرجاء المدرسة واستخدام هـذه الإمكانيـات ، وإذا كـان المطلـوب أن يعبر الطـلاب ردهـات، ينبغي أن يتأكد المدرس أن يقوم الطلبـة بهـذا علـى نحـو سـليم ، وإذا تـم تنظيم الحركـة في الردهات أو الأروقة ، ينبغي أن يفهم الطلبة القواعد المتعلقة بهذا التحرك ، وبالمثل ينبغي أن يضع المدرسون قواعد تحكم سلوك الطلبة حين يقومون بأبحاثهم في المجتمع المحلـي ، ومثال ذلك ، ينبغي أن يدرّس الطلبة قواعد وآداب إجراء المقابلة الشخصية والحاجة للحصول علـى موافقة قبل النظر واستخدام سجلات معينة أو التقاط أنواع من الصور .

تقييم التعلّم المستند إلى مشكلات Evaluating Problem- Based Learning:

يأخذ التقييم في التعلّم المستند إلى مشكلات شكل اختبـار أو بحث يظهـر مـا كـان الطلاب قد تعلّموه . ومع ذلك فإن عمليـة التقييم للتعلّم المسـتند إلى مشكلات هـي أكـثر شمولاً في طرقها وإجراءاتها وأهدافها . إذ إن التقييم يجري طوال العملية حيث يلاحظ المعلم قدرات الطلبة أثناء كل خطوة من خطوات حل المشكلة .

ورغم أن الناتج النهائي أو الأداء يعتبر جزءاً مكمّلاً من التعلّم المستند إلى مشكلات. إلاّ أن باروز Barrows يلاحظ ما يلي : يجب أن يكون مفهومـاً لـدى الطلبـة في البدايـة بـأن هذا " الناتج النهائي" هو أداة أو وسيلة لتقييم تعلّمهم من المشكلة ، وكذلك تقييم مهارات الاتصال والأداء لديهم (Barrows,1994) .

تقييم الطالب Evaluation Student

يبدأ تقييم أداء الطلبة منذ أول يوم تقدم فيه المشكلة ، ويستمر إلى أن يتم الانتهاء من مراجعة الناتج النهائي . حيث يمكن أن يتم تقييم الطلبة من خلال تقييم التحسينات في قدراتهم ومهاراتهم على :

- تنظيم المادة وتركيبها Organize and Synthesise Material.

- استخدام أدوات بحث مناسبة Use Appropriate Research Data.

- التحدث أمام مجموعة Speak before a group.

- إعداد ورقة أو عرض منطقي Create a reasoned paper or presentation .

تقييم المعلم Teacher Evaluation

يتعين على المعلم أن يحلل مهاراته الخاصة في توجيه الطلبة بدلاً من تعليمهم بشكل مباشر، كما يمكنه أن يجري تقييماً ذاتياً لأدائه في استراتيجية التعلّم المستند إلى مشكلات ، من حيث :

- تهيئة الجو المناسب Sitting the Climate:

هل أوجد البيئة المناسبة ؟ هل قدم نفسه كنموذج لطلابه ؟ هل ساهم في توفير المصادر المناسبة ؟

- الارتباط بالمشكلة Connecting with the problem:

هل جعل المشكلات مثيرة لاهتمام الطلبة ؟ هل ارتبط الطلبة بالمشكلات من خلال الخبرة الشخصية: وسائل الإعلام ، النقاش ، أو القراءات؟

- إعداد الهيكل (البنية) Setting up the structure:

هل تأكد من أن الطلبة فهموا المشكلة والعملية ؟ هل انسحب من العملية بشكل تدريجي ؟ هل سمح للطلبة بتوجيه العملية في نهاية الأمر ؟ هل ضمن بأن التفكير سيكون ذا مستوى أعلى؟

- **تفقد المشكلة Visiting the problem:**

هل جعل الطلبة يستخدمون مصادرهم الخاصة ؟ هل طرح أسئلة سابرة كافية؟ هل شجع الاستقلالية ؟ هل سهّل استخدام مهارات التفكير العليا ؟

- **تقديم ناتج أو أداء Producting a Product or Performance:**

هل تأكد من أن جميع الطلبة قدّموا إسهاماتهم ؟

- **تقييم الأداء أو المشكلة Evaluating Performance and the problem:**

هل هيأ جواً تسوده الثقة ويشعر فيه الطلبة بالارتياح في تقييم أنفسهم وبعضهم بعضاً بشكل مقبول وصادق ؟

تقييم المشكلة Prpblem Evaluation

أثناء تقييم المعلم لأداء الطلبة وأدائه الخاص ، يتعين عليه أن يطرح على نفسه أسئلة لإعادة فحص فاعلية المشكلة نفسها ، ومن الأسئلة التي يمكن أن يطرحها :

-هل حققت المشكلة الأهداف المتوقعة ؟

-هل ساعدت المشكلة على بناء مهارات التفكير لدى الطلبة ؟

-هل ربطت المشكلة العالم الخارجي بالعالم الداخلي ؟

-هل تنبثق المشكلة من اهتمامات الطلبة وتثير اهتمامهم ؟

-هل تتناسب المشكلة مع مستوى الطلبة ؟

وهناك تقنيات لتقييم التعلّم المبني على المشكلات، من بينها (العبداللات ، 2003) :

1- الامتحانات العملية Practical Examination

تستخدم للتأكد من قدرة الطلبة على تطبيق المهارات التي تعلّموها خلال الفصل الدراسي.

2- خرائط المفهوم Concept Maps

> يذهب الطلبة في التعلّم المبني على المشكلات إلى أكثر من مجرد تجميع الحقائق ، فالامتحانات التحريرية قد لا تكون إجراءً كافياً لقياس النمو المعرفي للطلبة ، وفي التعلم المبني على المشكلات يطلب من الطلبة توليد خرائط مفاهيمية تصور معرفتهم من خلال إيجاد روابط وصلات مميزة بين المفاهيم المتماثلة ، وهذا ربما يقدّم خياراً لقياس النمو المعرفي للطلبة .

3- تقييم الرفاق Peer Assessment :

تقييم الرفاق خيار فعّال لقياس نمو الطلبة ، فالحياة خارج الصف تتطلب عادة العمل مع الآخرين ، إن تزويد الطلبة بإرشادات تقييم غالباً ما يساعد في توجيه عملية تقييم الرفاق ، هذه العملية تؤكد الطبيعة التعاونية في التعليم المبني على المشكلات .

4- التقييم الذاتي Self Assessment :

العنصر المهم في التعلّم المبني على المشكلات أنه يساعد الطلبة على تحديد الفجوات في معرفتهم الأساسية للوصول إلى التعلّم ذي المعنى . إن التقييم الذاتي يسمح للطلبة بالتفكير بعناية أكثر حول ما يعرفون ، وما لا يعرفون ، وما يحتاجون لمعرفته لإنجاز المهام الرئيسة .

5- تقييم المسهل/ المدرب Facilitators/Tutor Assessment:

التغذية الراجعة من قبل المدرب/المسهل ينبغي أن تساعد الطلبة على اكتشاف أفكار مختلفة من المهم أن لا يسيطر المدرب على المجموعة ، وأن يسهل التعلّم والاستكشاف، قد يتضمن تقييم المدرب تفاعل الأفراد ضمن مجموعاتهم ونموهم المعرفي .

6-   العروض الشفهية Oral Presentations :

يعطي العرض الشفهي في التعلّم المستند إلى مشكلات الطلبة فرصة لممارسة مهارات
التواصل مع الزملاء ، كما أن عرض النتائج أو الملصقات أمام المجموعات في الصف أمام
جمهور حقيقي يمكن أن يساعد في تقوية هذه المهارات .

7-   التقاريرReports :

الاتصالات الكتابية مهارة أخرى مهمة للطلبة ، وكتابة التقارير تسمح للطلبة
بممارسة هذا الشكل من الاتصال .

8-   الامتحانات الكتابية Written Examination :

يقوّم الطلبة في الامتحانات التقليدية بالإجابة عن الأسئلة المتعلقة بمحتوى كتاب
معيّن ، أما في التعلّم المبني على المشكلات فإن الأسئلة يجب أن تصمم بحيث تضمن انتقال
المهارات إلى المشكلات المشابهة أو مجالات الموضوع .

9-   بورتفوليو الطالب Student Portfolio

إن الإجراءات التي ترتبط ارتباطاً وثيقاً بتقويم الأداء والتقويم الأصيل هي تلك التي
ترتبط بتقويم بورتفوليو (حقيبة وثائق أعمال الطالب) ، ولقد استخدم البورتفوليو لفترة
طويلة من الزمن في ميدان الفنون البصرية ، وهو مألوف للعاملين في هذا المجال . ومن
الممارسات الشائعة للرسامين ومصممي الفنون التخطيطية كالتصوير والزخرفة والكتابة
والطباعة ، ورسامي الكاريكاتير أن يختاروا قطعاً من عملهم ليبرهنوا على قدراتهم
وإمكانياتهم لرؤساء العمل والعملاء المحتملين ، وكثيراً ما يحوز الممثلون والموسيقيون
ومصممو الأزياء بورتفوليو يضم شرائط فيديو ، وشرائط تسجيلات صوتية بأدائهم .

وبعض المدارس في البلاد المتقدمة تتيح للطلبة أن يكوّنوا بورتفوليو لتقويم
إنجازاتهم ولتقديم بيان عنها ، ويضم البورتفوليو في هذه المدارس عينة من النواتج،
والنصوص المكتوبة كاليوميات ، تعكس وتوضح ما عمله الطالب وما يستطيع عمله في جميع

مجالات المواد الدراسية ، وهذه الحقائب التي تضم عينات من الـغ نتـاج يمكـن أن يشـارك الطلبة فيها الآباء وهي موجهة بأسئلة مثل :

* كيف تغيرت كتابتي منذ العام الماضي ؟

* ما الذي أعرفه عن الأعداد الآن ، لم أكن أعرفه في سبتمبر ؟

* ما النواحي التي يتفرد بها البورتفوليو الخاص بي ؟

ويستخدم البورتفوليو من قبل كثير من المدرسـين لـيس كـأداة تقـويم فحسـب ، بـل وكـأداة لتساعد الطلبة على أن يتأملوا تعلّمهم ، وبالإضافة إلى ذلك ، فإن بعض المدرسين يجمعون بين البورتفوليو وتقويمات الطلبة وأحكام المعلمين كما يتضح في الشكل (3-6) .

القراءة	تقرأ"سارة"بيسر وسلاسة وتعبر تعبيراً جيداً ، وتفهم جيداً ، ويدل العمل التحريري أن بناء الجملة متماسك ، والمحتوى جيد والإجابات مختصرة عادة ولكن دقيقة مع إضافة التفاصيل في المسودات التالية وتشارك في النقاشات .

الدراسات الاجتماعية

لقد اختتمت دراستنا للبيانات بمسرحيات شعبية ووليمة يابانية . واستمرت سارة في العمل بنشاط وحماس أثناء وحدة إفريقيا واستمتعت بالدراسات الاجتماعية واتسمت جميع المشرعات والتقارير بضمير .

الرياضيات	تعمل "سارة" بجد وتتقدم بثبات في المواد ، وأداؤها جيد في الكسور والقسمة والضرب ، وكان عقد " الصفقات " مصدر متعة عظيم لها ، تعالج المهام التي تتحدى تفكيرها بحماس .

الدراسات الاجتماعية

لقد قامت سارة بعمل جيد ولديها مهارات قوية ، وأفكار مبتكرة ، وعالجت المواد المتنوعة والأساليب بسهولة ، وتحترمها زميلاتها وهي ممتنة لمن يدرسها .

التقدير الشخصي من قبل الطالب	أنا جيدة المستوى في التهجئة ، لقد تعلّمت قدراً كبيراً من الكلمات ، ولمنني لا أتذكرها دائماً . العلوم متعة ، أفضل العلو بالتواصل عن العلوم من الكتيبات ، اتقد تقدماً طيباً في الرياضيات ، وأتعلّم الكثير في القراءة ، وكنت أود ألا يكون لدي أسئلة كثيرة ، أنا أحب القراءة ، الدراسات الاجتماعية مادتي المفضلة .

النمو الشخصي

لدى سارة روح دعابة ، وعادات عمل جيدة ، وولع بالفكاهة ، وهي عطوفة وترعى زميلاتها ، وتعمل عملاً جيداً مع أي جماعة ، وتستمتع بالكلام عن الموضوعات والأحداث التي تثير اهتمامها .

العلوم	لقد كانت "سارة" وما زالت متحمسة لوحدة أنشطة الطاقة ، ولديها أفكار مشوقة مبتكرة لتجارب واستقصاءات ، وهي عضو مساعد لأي جماعة ، ومعروفة بأنها الآنسة " ميكروسكوب" ولقد استمتعت وما زالت بالاشتراك في نادي العلوم بالمراسلة .

الموسيقى

إنها تؤدي أداءً حسناً في الموسيقى ، ولديها إحساس جيد بطبقة الصوت وتظهر مهارات إيقاعية قوية ، وهي متحمسة للموسيقي ، وتسهم في الصف إسهاماً إيجابياً .

الفنون اللغوية	تستخدم سارة علامات الترقيم استخداماً جيداً ، وكتابة الحروف جيدة ، وتستمتع بالكتابة الإبداعية ، وبدأت تكتسب وتطور بعض القصص المشوقة وتكتب بخط جميل وحروف متصلة ، وتطبق أحياناً مهاراتها في الهجاء أثناء كتاباتها اليومية .

سارة
الاسم
الصف
صورة توضع هنا
الصف
السنة 2007
المعلمة :

التربية الرياضية

سارة طالبة تظهر مهارات حركية جيدة في جميع المجالات ، مع قدرة خاصة في الألعاب الرياضية ، لقد صوتت زميلاتها لها لتصبح رئيسة فريق الكرة الطائرة في ألعاب الرياضة بعد الدراسة .

شكل (3-6) شكل خبرات التعلّم

10- قوائم المراجعة ومقاييس التقدير المتدرجة :

إن التوصل إلى أساليب قياس ثابتة إحدى المشكلات التي تواجه المدرسين الذين يريدون استخدام إجراءات تقويم أصيلة ، لقد تحوّل البعض إلى مجالات مثل التربية الرياضية والألعاب والفنون الأدائية ، حيث طورت أنساقاً لقياس المهام الأدائية المعقدة ، وقوائم المراجعة المرجعية المحك ، ومقاييس التقدير المتدرجة أداتان كثيراً ما تستخدمان في هذه المجالات ، ومثال ذلك ، أن الأفراد الذين يحكمون على الغطس أو التزلج على الجليد في المسابقات يستخدمون مقاييس تقدير متدرجة تقارن أداء الأفراد على معايير متفق عليها ، وتستخدم مقاييس التقدير المتدرجة أيضاً لتقويم الأداء الموسيقي.

ويقدّم روبرت روثمان Robert Rothman (1995) مثالاً لقياس تقدير متدرج استخدمه المدرسون بمدرسة في كولورادو لتقويم عمل الطالب ، لقد طور المدرسون في هذه المدرسة سلسلة من الوحدات التي تتطلب من الطلبة أن يجيبوا عن أسئلة تتصل بالعالم مثل " كيف يتشابه الشمبانزي والإنسان ؟ كيف تصنع مضارب البيسبول الخشبية ؟ كيف تتعلّم الببغاوات الكلام ؟ وبعد أن يتم الطلبة بحوثهم يكتبون تقريراً (منتجاً) عن الموضوع مستخدمين الكمبيوتر ، ثم يعدون تمثيلاً (تصويراً) بصرياً (يعرض) عن موضوعهم ، ثم يقدّمون عروضاً شفوية للطلبة ومدير المدرسة وللأب أو أحد ممثلي المجتمع المحلي ، ويحكم على العرض الشفوي وفقاً لمقياس تقدير متدرج الشكل (4-6) .

1- يصف الطالب بوضوح الأسئلة ويقدّم أسباباً تدل على أهميتها . 2- شاهد قوي على الإعداد والتنظيم . 3- تقديم الرسالة بشكل مشوق يثير الاهتمام . 4- تركيب الجملة سليم . 5- يستخدم وسيلة بصرية معينة للمساعدة في العرض . 6- تتم الإجابة عن الأسئلة التي يطرحها جمهور المستمعين بوضوح وبمعلومات محددة .	-يعبر الطالب عن الأسئلة ولكنه لا يصفها أو يقدّم أسباباً على أهميتها . -يتوافر قدر من الشواهد على الإعداد والتنظيم . - تقديم الرسالة بقدر من التشويق - ترتيب الجملة سليم إلى حد ما - يشار إلى المعين البصري منفصلاً - يجاب عن الأسئلة التي يطرحها الجمهور إلى حد ما	- لا يطرح الطالب الأسئلة . - لا يوجد دليل على الإعداد والتنظيم . - تقديم الرسالة على نحو ممل. - تركيب الجملة به أخطاء كثيرة. - لم يذكر معيناً بصرياً . - لا تتم الإجابة عن أسئلة الجمهور .

الشكل (6-4) عينة من مقاييس تقدير متدرجة للعروض الشفوية

ويظهر الشكل رقم (6-5) صحيفة تقييم ذاتي للطالب وفق استراتيجية التعلّم المستند إلى مشكلات والشكل رقم (   ) سلم تقدير لتقييم المدرب ذاتيا في استراتيجية التعلّم المستند إلى مشكلات .

الطالب..........................التاريخ ....

النشاط	بدرجة ممتاز	بدرجة جيد	بدرجة مقبول
أسهمت بأفكار/حقائق .			
قدّمت بعض الموضوعات التعلّمية .			
استخدمت مجموعة متنوعة من المصادر عند إجرائي للبحث			
أسهمت بمعلومات جديدة .			
ساعدت مجموعتي في أداء عملها .			

الشكل رقم (6-5)

صحيفة تقييم ذاتي للطالب :

المشكلة..................المدرس......................التاريخ..................

التقييم	ممتاز	جيد	مقبول
تهيئة الجو: ساعدت التعليمات والشروح المتدربين على الشعور بالارتياح بدورهم كمتعلمين يستخدمون التعلّم المستند إلى مشكلة			
الارتباط بالمشكلة :قاد النشاط الأولي إلى مساهمة شخصية في حل المشكلة .			
تفقد المشكلة :سار إعداد الجدول بشكل جيد ، ولكنه واجه بعض الصعوبة في مساعدة المتعلّمين في توليد موضوعات تعلّمية .			
إعادة تفقد المشكلة : واجه المتدربون بعض الصعوبة في تقييم المصادر وفي إعادة فحص الأفكار في ضوء المعلومات المتجمعة .			
تقديم ناتج أو أداء :أحتاج إلى الانسحاب أكثر لإعطاء المتدربين إحساساً أكبر بالاستقلالية . أحتاج كذلك لجعل نفسي- حاضراً ولكنني أشجع المتدربين على أن يجرّبوا أفكارهم أولاً .			
تقييم الأداء أو المشكلة : ما زال المتدربون بحاجة لبعض العمل على كيفية تنفيذ التقييم الذاتي إضافة إلى تقييم الأقران. وربما أدع المتدربين يمارسون تقييمات بدون ذكر الاسم .			

سلم تقدير لتقييم المدرب ذاتياً في استراتيجية التعلّم المستند إلى مشكلات

الشكل رقم (6-6)

الدراسات التي تناولت التعلم المستند إلى مشكلات.

أجرى أبو رياش (2005) دراسة بعنوان أثر برنامج تدريبي مبني على استراتيجية التعلّم المستند إلى مشكلة في تنمية المهارات ما وراء المعرفية لدى طلبة المرحلة الأساسية ، وتكونت عينة الدراسة من مجموعتين تجريبية وضابطة من طلبة الصف التاسع الأساسي في الأردن ، وأظهرت نتائج الدراسة وجود فروق دالة إحصائياً لصالح المجموعة التجريبية التي تلقت تدريباً على المهارات ما وراء المعرفية باستخدام استراتيجية التعلّم المستند إلى مشكلة ، في حين لم تظهر فروقاً ذات دلالة إحصائية وفقاً للجندر .

قام فوستر (Foster,1982) بدراسة هدفت للمقارنة بين استراتيجية التعلّم المستند إلى مشكلات والتعلّم الذاتي وأثر كل منهما في تنمية الإبداع لدى عينة مكونة من (111) طالباً من طلبة الصفين الخامس والسادس لدراسة أثر المجموعات الصغيرة التي تستخدم استراتيجية التعلّم المستند إلى مشكلات في تنمية الإبداع لدى الطلبة . تكونت أداة الدراسة من مقياس للتفكير الإبداعي ، وقسمت المجموعة التجريبية إلى مجموعات تعاونية صغيرة كل مجموعة مكونة من 4-5 طلاب . وأظهرت نتائج الدراسة أن التعلّم المستند إلى مشكلات في مجموعات صغيرة قد ساعد على تنمية التفكير الإبداعي لدى الطلبة مقارنة بطريقة التعلّم الذاتي .

وأجرى ليوكس (Lieux,1996) دراسة بعنوان " مقارنة بين التعلّم بالمحاضرة والتعلّم القائم على المشكلات "، هدفت إلى تعليم مساق الإنتاج الكمي للأطعمة والخدمات المطلوبة باستخدام التعلّم بالمحاضرة واستراتيجية التعلّم القائم على المشكلات وأثرهما في تحصيل الطلبة للمفاهيم العلمية. وتكونت عينة الدراسة من (20) طالباً في المجموعة التجريبية و(20) طالباً في المجموعة الضابطة تم اختيارهم عشوائياً . وتم استخدام اختبار نهائي من نوع الأسئلة المفتوحة تتكوّن من ثمانية أسئلة مفتوحة النهاية ، وطلب من المتعلم أن يختار خمسة منها للإجابة عنها .

وأظهرت نتائج الدراسة تحسناً في فهم الطلبة للمفاهيم العلمية للذين درسوا باستراتيجية التعلّم المستند إلى مشكلة مقارنة مع تحصيل الطلبة الذين درسوا باستخدام

طريقة المحاضرة ، و أظهر الطلبة رغبة أكثر في حضور الدروس القائمة على المشكلات مقارنة بالدروس القائمة على المحاضرات العادية . كما زاد التفاعل بين المعلم والمتعلمين من خلال استراتيجية حل المشكلات ، وتطوير مهارات التفكير العلمي لديهم مقارنة مع التفكير العلمي للطلبة الذين درسوا باستخدام طريقة المحاضرة ، كما ساعدت استراتيجية التعلم المستند إلى مشكلة على تطوير مهارات الاتصال بنسبة 89% ، والشعور بالمسؤولية بنسبة 91% مقارنة مع أداء الطلبة الذين درسوا باستخدام طريقة المحاضرة.

وفي دراسة قام بها إشيلس ، هوفر (Achilles,Hoover,1996) موضوعها : مدى فعالية أسلوب التعلّم المستند إلى مشكلة كأداة للتحسن الدراسي بالمدارس الأمريكية المتوسطة والعليا . استخدمت الدراسة أسلوب التعلم المستند إلى مشكلة الذي يقدم للطالب فرصاً مختلفة لتطبيق المعرفة المناسبة لمشكلة معرّفة جيداً ، ويسمح لهم بتطبيق مهارات الحل الأكاديمي للمشكلة على مشكلاتهم الحياتية الواقعية . وقد استخدم هذا الأسلوب كأداة للتحسن المدرسي في ثلاث مدارس بجنوب كارولينا واحدة منهم مدرسة عليا والأخريين متوسطتان . وقد قرر معلمو المدارس الثلاث حاجة الطلاب لمهارات اجتماعية كافية حتى يتصف العمل الجماعي بالكفاءة والفعالية . وتوصلت الدراسة إلى أن التعلّم المستند إلى مشكلة ليس استراتيجية مدرسية تماماً ، إلاّ أنه يسمح بالمرونة ، ويشجع على الاتصال والاحترام المتبادل ، ويكشف عن الطلاب الموهوبين . وقد وجد المعلّمون أن الوقت المطلوب لتنفيذ برنامج التعلّم المستند إلى مشكلة يكون كبيراً مما يجعل هؤلاء المعلّمين يشعرون بالارتباك عند تنفيذ البرنامج الدراسي . كما أظهر الطلاب عدم ثقة بينهم وعدم تعاون مع أعضاء الجماعة .

وفي دراسة قام بها كورد يرو و كامبل (Cordiero , Campbell ,1996) بعنوان "مدى التحسن الذي قد يطرأ على انتقال التعلّم من خلال التعلّم المستند إلى مشكلات وذلك في الإدارة التعليمية وأوضحت الدراسة الجهود التي قام بها الباحثون التربويون لإثبات فعالية التعلّم المستند إلى مشكلات في برامج الإعداد للإدارة ، وأشارت الباحثتان إلى نوعين من التعلّم المستند إلى مشكلات هما : المدخل التقليدي ، ومدخل أصحاب الأصالة . وقد قدّم

قسم الإدارة التعليمية بجامعة كونتيكوت Connecticut المفاهيم الخاصة بهذا النوع من التعلّم بين عامي 1995،1996 من خلال صورتين :

- مشـروع تقليـد المشـكلة ، ويعنـي التكامـل الخـاص بتكنولوجيـا التعليـم في المنطقـة التعليمية.

- مشروع أصالة المشكلة ، ويتضمن برنامج مدرسي جذاب وجديد وذلك في ضوء كـل مـن: التخطيط و أنشطة البرنامج و تتابع أنشطة المشروع و التقويم و ذروة النشاط لكل برنامج على حده .

وأثبتت الدراسة كفاءة استراتيجية التعلّم المسـتند إلى مشـكلات ، إذ يتضمن الحل الجماعي للمشكلة ، ويتعامل مع مشكلات مرتفعـة التعقيـد ، ويسـاعد الطلاب عـلى جعل التعلّم مكان للعمل ، وهذا بدوره يعمل على تنمية التفكير المعرفي بأنماطه المختلفة ، الـذي يساعد على تسريع التعلّم ، ويمكن الطلبة من فهم المادة المتعلّمة .

وأجرى براون (Brown,1998) دراسة هدفت إلى بيان أثر اسـتخدام أسـلوب حـل المشكلة في تعليم التربية المهنية وتعلّمها ، وأشـارت نتـائج الدراسـة إلى فاعليـة أسـلوب حـل المشكلة في ربط التعليم الصفي بمواقف أو مشكلات حياتيـة واقعيـة ، وإلى دورها في تعليم الطلبة تحمـل المسـؤولية ، ولتحسـين أسـلوب حل المشكلة عـلى المعلمـين القيـام بتحسـين مهاراتهم الشخصية، وعلاقات الجماعة ، وتبني اسـتراتيجيات تدريسـية ، ومصـادر ونشـاطات للارتقاء بتطوير المهارات الأساسية للطلبة ومهارات التفكير والكفاية الشخصية .

وأجـرى فـري (Frey,2000) دراسـة هـدفت إلى فحـص العوامـل الضرورية لنجاح توظيف حل المشكلة في تدريس الموضوعات الاجتماعية لطلبة المرحلة الابتدائيـة في المـدارس الريفية الكاثوليكية . وبينت نتائج الدراسة أن أسلوب حل المشكلة سـاهم في تشـجيع الطلبـة على التعبير عن أنفسهم وأفكارهم وأدائهم للمهمات التعليمية بنجاح بالإضافة إلى اكتسـابهم مهارة توجيه الأسئلة ، وتحسين قدرتهم على ممارسة مهارات التفكير الناقد .

أما دراسة العرفج (Al-Arfaj,2000) التي أجريت على عينة مكونة من (106) طـلاب من الطلبة السعوديين ، وزعوا على ثلاث مجموعات درسوا مادة العلوم لمعرفة أثر اسـتخدام ثلاث استراتيجيات لتدريس العلوم في كل من اتجاهات الطلبة نحو طريقة

التدريس المستخدمة وكذلك تحصيلهم العلمي . واستخدمت ثلاث استراتيجيات تدريس هي: التعلم المستند إلى مشكلات ، والطريقة التقليدية ، والتدريس بطريقة العروض العملية .

وأظهرت نتائج الدراسة وجود فروق دالة إحصائياً بين المجموعات الثلاث تتعلق بتنمية اتجاهات الطلبة تبعاً لاستراتيجية التدريس لصالح المجموعة التي درست موضوع الطاقة باستراتيجية التعلم المستند إلى مشكلات . كما أظهرت النتائج وجود ارتباط إيجابي بين اتجاهات الطلبة نحو استراتيجية التعلم المستند إلى مشكلات وتحصيلهم العلمي .

وقامت وايت فيلد وآخرون. (Whitfield et al, 2001) بدراسة الفروق بين الطلاب الذين يدرسون باستراتيجية التعلّم المستند إلى مشكلات والطلاب الذين يدرسون بأسلوب المحاضرات المقاس تبعاً لمستويات الأداء الكتابي في السنة الدراسية الثالثة في كلية طب جامعة ليفربول . وكان الهدف من الدراسة تحديد ما إذا كان التدريس باستراتيجية PBL يؤدي إلى تحصيل أفضل في المعرفة والمهارات الإكلينيكية في بداية السنة الثالثة . وقد جمعت البيانات على مدى ست سنوات من الكتابات الإكلينيكية المكتملة خلال الأشهر الأربع الأولى من السنة الثالثة لطلاب درسوا باستراتيجية PBL ، والطلاب الذين درسوا بأسلوب التعليم التقليدي لمدة سنة أو سنتين . وأشارت النتائج أن تأثير PBL على معدلات التحصيل المعرفية والمهارات الإكلينيكية كان قليلاً .

وأجرت بايرد (Bayard) دراسة لاستجابات طلاب كلية التغذية باستخدام استراتيجية PBL ، تكونت عينة الدراسة من (32) طالباً من مستوى البكالوريوس يدرسون نظام الحمية الغذائية ، و(52) متدرباً من خمسة مواقع تدريبية، استخدمت الباحثة المنهج الوصفي ومنهج دراسة الحالة الذي يتضمن تصميماً تجريبياً ، ودرست إحدى المجموعات بأسلوب المحاضرة ، والأخرى بأسلوب التعلّم المستند إلى مشكلة . وأظهرت النتائج أن PBL استراتيجية تعليمية تتمحور حول الطالب ، ويعزز مهارات التفكير الناقد وحل المشكلات والتعلّم الذاتي واكتساب المعرفة والاحتفاظ ، كما أظهرت أن الطلاب الذين درسوا باستخدام استراتيجية PBL أكثر ميلاً لاستخدام المقالات والكتب الدراسية بمهارة مقارنة مع الطلاب الذين درسوا بأسلوب المحاضرة (العبداللات ،2003) .

قامت العبداللات (2003) بدراسة تجريبية لأثر برنامج تدريبي مبني على التعلّم بالمشكلات في تنمية التفكير الناقد لدى طلبة الصف العاشر الأساسي ، وتكونت عينة الدراسة من (112) طالباً وطالبة ، تم اختيارهم عشوائياً ، قسّموا إلى مجموعتين : تجريبية وضابطة ، وأظهرت النتائج وجود فروق ذات دلالة إحصائية بين متوسطات أداء المجموعة التجريبية والضابطة على اختبار كاليفورنيا لمهارات التفكير الناقد (2000) وأبعاده الفرعية، ولصالح المجموعة التجريبية ، ولم تظهر النتائج وجود فروق ذات دلالة إحصائية تعزى لمتغيري الجنس والمجموعة والتفاعل بينهما .

وفي دراسة تجريبية قام بها ماكلين ، هنسن وهيلز (Mclea ,Henson,Hiles,2003) بهدف الحصول على تقييم شامل لأداء طلبة السنة الأولى في كلية طب جامعة نيلسون مانديلا في جنوب أفريقيا . استخدم الباحثون PBL في تنفيذ المنهاج ، وطلب من الطلاب التفكير في تجاربهم من خلال نتاجات يعبرون عنها بالرسم والمعارض ، وتجاوزت النتائج التوقعات بكثير، حيث ازداد فهم الطلاب للمناهج والتجارب التي تعلّموها .

وفي دراسة تجريبية قام بها كاتنكا وآخرون (Katinka ,et al,2003) هدفت إلى تحديد الفروق بين الطلاب الذين يدرسون وفقاً لـ PBL وغيرهم من الطلاب في تحصيل المستويات الحقيقية من المعرفة في التشريح . وتكونت عينة الدراسة من طلبة السنة الرابعة في كلية الطب من ثماني مدارس في ايرلندا .

وجد من نتائج الدراسة أنه لا توجد فروق ذات دلالة إحصائية بين الطلاب الذين درسوا باستراتيجية PBL والطلاب الذين درسوا بالطرق التعليمية التقليدية في مستوى المعرفة التشريحية .

وفي دراسة أندريا جليكسن (Andrea Gilikson,2003) بعنوان : تقنيات المعلم الخبير والمعلم المبتدئ في تسهيل PBL ، هدفت إلى وصف الطرق المستخدمة من قبل المعلمين الخبراء في PBL والمعلمين الذين لا يوجد لديهم تلك الخبرة . وأجريت الدراسة على طلبة كلية الطب في جامعة ليفربول ، حيث تم مراقبة مجموعتين من الطلبة الذين يدرسون وفقاً لـPBL ، إحدى المجموعتين لديها معلم ذو خبرة متواضعة ، والأخرى لديها معلم ذو

خبرة بـ PBL . وتم تركيز الملاحظة على طبيعة المحادثة بين المعلّم والطلبة . وأظهرت النتائج أن كلا المعلمين استخدما أساليب متشابهة في رفع مستوى الفهم والاستيعاب عند الطلبة ، وتسهيل عمل المجموعة وتوجيه الطلبة ، لكن تميز المعلم الذي لديه خبرة في PBL باستخدام أسلوب الأسئلة، وكان أداء طلبته أفضل من المعلم الآخر .

وأجرى بسام إبراهيم (2004) دراسة هدفت إلى معرفة أثر استخدام التعلّم القائم على المشكلات في تدريس الفيزياء في تنمية القدرة على التفكير الإبداعي والاتجاهات العلمية وفهم المفاهيم العلمية لدى طلبة الصف التاسع الأساسي . وتكونت عينة الدراسة من (143) طالباً من طلاب الصف التاسع الأساسي في مدرستين للذكور من مدارس منطقة جنوب عمّان التعليمية التابعة لوكالة الغوث الدولية ، والموزعين على أربع شعب . وتم اختيار شعبة واحدة عشوائياً من كل مدرسة لتكون المجموعة التجريبية والشعبة الأخرى لتكون المجموعة الضابطة . واستخدم اختبار التفكير الإبداعي الذي اشتمل على (16) فقرة تحتوي سبعة مفاهيم فيزيائية ، واختبار الاتجاهات العلمية الذي يضم (47) فقرة .

وأظهرت نتائج الدراسة وجود فروق ذات دلالة إحصائية في القدرة على التفكير الإبداعي بين متوسط درجات طلاب الصف التاسع الأساسي الذين يدرسون مادة الفيزياء باستخدام التعلّم القائم على المشكلات ومتوسط درجات زملائهم الذين يدرسون نفس المادة بالطريقة التقليدية لصالح مجموعة التعلّم القائم على المشكلات (المجموعة التجريبية) ، كما أظهرت وجود فروق ذات دلالة إحصائية في الاتجاهات العلمية بين متوسط درجات طلاب الصف التاسع الأساسي الذين يدرسون مادة الفيزياء باستخدام التعلّم القائم على المشكلات ومتوسط درجات زملائهم الذين يدرسون نفس المادة بالطريقة التقليدية لصالح مجموعة التعلّم القائم على المشكلات (المجموعة التجريبية) .

الفصل الحادي عشر

استراتيجية ما وراء المعرفة

Metacognitive Strategy

حينما يفكر العقل فإنه يتحدث مع نفسه

أفلاطون

مفهوم ما وراء المعرفة

يعد تعريف ما وراء المعرفة Metacognition أكثر مفاهيم علـم النـفس المعـرفي غموضاً وضبابية ، فقد أثار هذا المفهوم العديـد مـن التسـاؤلات حولـه ، مـن حيـث الأسـاس النظري الذي يقوم عليه ، وأبعاده ، والتناول الإجرائي له ، بمعنى قابليتـه للقيـاس ، واستقلاله النسبي عن المفاهيم الأخرى التي تتداخل معه .

وهناك عدد من الأسس التي يقوم عليهـا مفهوم مـا وراء المعرفـة (Flavell,1971)، وهذه الأسس تقوم على المحددات الأساسية للمفهوم وهي :

* التفكير حول الأفكار الذاتية : وهذا التفكير يمكن أن يتمايز في :

- ما يعرفه الفرد (معرفة ما وراء المعرفة) .

- ما يمكن للفرد عمله (مهارات ما وراء المعرفة) .

- الحالة المعرفية أو الانفعالية أو الواقعية المعاشة التي يكون عليها الفرد .فتفكيـر مـا وراء المعرفة لا ينشأ أو ينطلق من الواقع الخارجي المعاش للفرد أو تفاعله الموقفي مع المحـددات البيئية الموقفية المعاشة فحسب ، وإنما يكون مصدر هذا التفكير – تفكير مـا مـراء المعرفـة – هو التمثيلات العقلية المعرفية الداخلية للواقع المدرك . **والتي يمكـن أن تشـمل** : مـا يعرفـه الفرد عن هذه التمثيلات الداخلية ، وكيف تعمل ، وكيف يشعر بها وحولها .

هناك عدد كبير من التعريفـات التـي وردت فـي الأدب التربـوي المعـاصر لمفهـوم مـا وراء المعرفة ، يتضمن بعض هذه التعريفات معاني مشـتركة ، بينمـا يهـتم بعضـها الآخر بجوانـب مختلفة. ويشير مفهوم ما وراء المعرفة إلى التقييم المعرفي ومراقبة الأفراد لأنشطتهم المعرفية، أي التفكير في كفاية تفكيرهم ، حيث يراقبون تفكيرهم ، ويقيّمون كفايتهم في حل

المشكلات ، ويصوبون تقييماتهم بطريقة توصل إلى الحل ، ويختارون الاستراتيجيات لتحقيق تلك الحلول ، ويستخدمون التفكير المنظم Regulative thinking (Bandura,1997).

وتطور مفهوم ما وراء المعرفة إلى التقييم على يد فلافل Flavell وعرّفه بأنه معرفة الفرد بعملياته المعرفية ونواتجها وما يتصل بتلك المعرفة ، ومن وجهة نظره فإن ما وراء المعرفة يعني أساساً المعرفة في المعرفة . ويرى السيكولوجيون أن مفهوم ما وراء المعرفة يعني الوعي بعمليات التفكير التي تحصل أثناء التفكير (Orlich et al.,1994).

وقدم فلافل (Flavell ,1985) تعريفاً أكثر اكتمالاً حين كتب قائلاً : إن ما بعد المعرفة أو ما وراءها أي الميتامعرفية هي :

"قدرة الفرد على التفكير في عمليات التفكير الخاصة به ، فهو المعرفة بالعمليات المعرفية . ويشير المفهوم بذلك إلى معرفة الفرد المتمركزة حول عملياته المعرفية وإنتاجياته المعرفية ، أو أي شيء يرتبط بهما ، ولذلك فهو يكشف عن نفسه من خلال المراقبة النشطة لهذه العمليات ، والتنظيم المتتابع لها ، وإحداث التناغم فيما بينها ؛ بحيث تؤثر هذه العمليات في الخصائص المتصلة بالمعلومات أو البيانات المخزنة ، بما يفيد في تحقيق الأهداف (Pesut,1990) .

وتتم عملية مراقبة العمليات المعرفية كنتيجة لتفاعل أربعة جوانب للسلوك المعرفي، وهي:

1- الوعي بمجموعة المعارف المتصلة بما وراء المعرفة Metacognitive Knowledge (أي الوعي بما أعرفه) . وقصد فلافل بذلك ، ما نخزنه من معلومات ومدركات عن ذواتنا وعن العالم المحيط بنا ، تلك المعارف التي نستخدمها كأدوات معرفية ، عند تعاملنا مع المهام، والأهداف ، والأفعال ، والخبرات ،وقسم فلافل معرفة ما وراء المعرفة إلى ثلاث فئات من المتغيرات ، هي: (الزيات ، 1998)

أ- متغيرات متصلة بالفرد Person Variables ، وتشير هذه المتغيرات إلى معرفة الفرد بمستوى تعلّمه وخبراته وقدراته ومعلوماته ، عندما يتفاعل مع المواقف المختلفة، وذلك بوصفه معالجاً للمعرفة ، (مثل اعتقاده بأنه يتعلّم أفضل من خلال الاستماع عن تعلّمه من خلال القراءة) .

ب- متغيرات متعلقة بالمهمة Task variables المطلوب إنجازهـا ومتطلبـاتهـا ، وتعني أن الفرد يتعلّم من خلال الخبرة ، وبأن الأنواع المختلفة مـن المهـام تتطلب أنماطـاً مختلفـة مـن المعالجة ، أي ما لدى الفرد من معلومات متاحة عن المهمة أثناء الممارسة المعرفية من حيـث كونها : منظمة أم مشوشة ، مألوفة أم غير مألوفة ، شيقة أم مملـة ...، فمثـلاً تـذكر قصيدة من الشعر تحتاج إلى تجهيز ومعالجة أصعب من تذكر أسماء الأصدقاء الذين يشاركون الفـرد في حفل للنجاح .

ج-متغيرات متعلقة بالاستراتيجية Strategy Variables التي تسـاعد عـلى التقـدم لتحقيـق الأهداف، وتتمثل هذه المتغيرات في نوعين مـن الاسـتراتيجيات هـما الاسـتراتيجيات المعرفيـة Cognitive Strategies ، واسـتراتيجيات مـا وراء معرفيـة (Metacognitive Strategies Livingston,1997) .

2-الوعي بالخبرات المتصلة بما وراء المعرفة Metacognitive experience ، ويقصـد بهـا، أي خبرات وجدانية أو معرفية تصاحب ممارستنا للنشاطات العقلية . (والمثال عـلى ذلـك إدراك الفرد أنه يشعر بالضيق نتيجة عجزه عن فهم شيء ما قاله شخص آخر) .

3- الوعي بالأهداف أو المهام التي أريد إنجازها ، وتشـير الأهـداف أو المهـام إلى الموضوعـات التي يدور حولها التفكير (أو النشاط المعرفي) .

4- الوعي بالأفعال أو الاستراتيجيات Actions or strategies ، وتشير إلى الأساليب السلوكية التي توظف لتحقيق الأهداف .

إن المهارات ما وراء المعرفية أنواع كما يقول " فلافل"Flavell,1976 منها مـا يتعلـق بـوعي الادراك (Meta-cognition) لتعني الـوعي بالعمليـات الادراكيـة التـي يقـوم بهـا الإنسان والتحكم بها وضبطها ، ومنها مـا يتعلـق بـوعي الـذاكرة (Meta-Memory) لتعنـي الوعي باستراتيجيات التذكر والأشياء التي يتـذكرها الفرد والـتحكم بها وضبطها ، ومنهـا مـا يتعلق بوعي الاستيعاب (Meta-Comprehension) لتعني الوعي بالطرق التـي تـؤدي إلى الاستيعاب ومعرفة ما إذا كان المتعلم فاهمـاً لما يقرأ أم لا والتحكم بها وضبطها ، ومنهـا مـا يتعلق بوعي الانتباه (Meta-Attention) لتعني الوعي لما ينتبه له الفرد ومدى انتباهه

والتحكم به وضبطه ، ومنها ما يتعلق بوعي التفكير (Meta-Thinking) لتعني الوعي بعمليات التفكير المستخدمة والأشياء التي يفكر بها الإنسان والتحكم بها وضبطها (دروزه، 2004) .

ويشير مفهوم ما وراء المعرفة إلىأنه التفكير في التفكير وعنه، حيث يذكر كل من بلاكنج وسبينس (Spence & Blakey, 1994) نقلاً عن (ديركز) (Dirkes,1985) أن العملية ما وراء المعرفية عبارة عن عملية التفكير في التفكير، ومعرفة ما نعرف وما لا نعرف، مثلها مثل الوظيفة التنفيذية، فوظيفة المفكر هي إدارة عملية التفكير، إذ يستخدم المفكر مهارات واستراتيجيات ما وراء معرفية مثل :

- ربط المعلومة الجديدة بالمعرفة السابقة لها .
- اختيار استراتيجيات التفكير بتأن وروية .
- التخطيط والمتابعة والتقييم للعمليات الادراكية .
- معرفة متى يتم التطبيق وبشكل دائم لمختلف أنواع الاستراتيجيات في حل المشكلات ، وتفسير الأسباب التي دعتهم إلى اتخاذهم لقرار معين .
- تطبيق أساليب المتابعة الذاتية والتي تشتمل على المراجعة والتدقيق المستمر ، ووضع الأهداف وإعادة التقييم .

ويشير جارنر (Garner,1987: 16) إلى أن ما وراء المعرفة هي في الأساس معرفة عن المعرفة ، فإذا كانت المعرفة تتضمن الإدراك والفهم والتذكر فإن ما وراء المعرفة تتضمن التفكير في إدراك الفرد وفهمه وتذكره ، ومن ثم يمكن التعبير عنها بأنها ما وراء الإدراك Meta-Perception وما وراء الفهم Meta Comprehension ، على أن تبقى ما وراء المعرفة في المرتبة العليا .

وينظر سوانسون وتراهان (Swanson & Trahan,1996) إلى ما وراء المعرفة على أنها تعبير يشير إلى وعي الفرد وقدرته على مراقبة وتعديل أعماله المعرفية الخاصة بعملية التعلّم.

ويرى كانيل (Kaniel,1998)أن ما وراء المعرفة تعود إلى عمليات التفكير المعقدة التي يستخدمها المعلّم أثناء نشاطاته المعرفية ، في حين ، يرى ليفينجيستون Livingston, 1997)بأنها تعود إلى التفكير عالي الرتبة والذي يتضمن مراقبة نشطة لعمليات المعرفة ، وتتمثل بالتخطيط للمهمة، ومراقبة الاستيعاب ، وتقويم التقدم (العتوم،2004، ص 205).

ويعرفها هنسي (Hennessey,1999) أنها معرفة الفرد الخاصة بعملياته الذهنية ونتاجاته المعرفية أو أي شيء آخر يتعلق بها .

كما ويعرفها بيث (Beeth,1998) بأنها الوعي والمراقبة والسيطرة على التعلّم حيث يتضمن الوعي والإدراك لهدف النشاط والتقدم الشخصي خلال النشاط ، والتحكم بطبيعة القرارات والأفعال التي يقوم بها المتعلم خلال النشاط .

كما أن المهارات ما وراء المعرفية تعني أن يصبح الفرد أكثر إدراكاً لأفعاله ولتأثيرها على الآخرين وعلى البيئة ، وتشكيل أسئلة داخلية أثناء البحث عن المعلومات والمعنى ، وتطوير خرائط عقلية أو خطط عمل ، وإجراء بروفات عقلية قبل بدء الأداء، ومراقبة الخطط لدى استخدامها (واعين للحاجة لإجراء تصحيحات في منتصف الأداء ، إذا تبين أن الخطة لا تلبي التوقعات الإيجابية المنتظرة) ، والتأمل في الخطة التي تم إكمال تنفيذها لأغراض التقييم الذاتي وتحرير صورة عقلية من أجل تحسين الأداء (Costa& Kallick, 2000) .

ويعرف جروان (1999) ما وراء المعرفة بأنها مهارات عقلية معقدة تعد من أهم مكونات السلوك الذكي في معالجة المعلومات ، وتنمو مع التقدم في العمر والخبرة ، وتقوم بمهمة السيطرة على جميع نشاطات التفكير العاملة الموجهة لحل المشكلة ، واستخدام المهارات المعرفية للفرد بفاعلية في مواجهة متطلبات مهمة التفكير .

وترتبط مهارات ما وراء المعرفة بما يلي :

- ثبات التعلّم ، ويتم عندما يفهم المتعلّم كل ما يتعلّمه وما يقرؤه .
- الوعي بالاستراتيجيات التي تستخدم لمواجهة المهام التعليمية المختلفة .

- القدرة على اختيار الاستراتيجيات المناسبة لتكملة المهام التعليمية.

إن المهارات ما وراء المعرفية عبارة عن عمليات عقلية متتابعة تستخدم لضبط النشاطات المعرفية ، فيعتقد أن مهارات ما وراء لمعرفة يمكن تعليمها بشكل غير مباشر للطلبة ، وهذا يساعد على حل المشكلات بشكل صحيح (قطامي وقطامي ، 2001) ، وبناءً على ذلك تشير ما وراء المعرفة إلى وعي الطلبة وضبطهم لعملياتهم المعرفية ، حيث يظهر الطلبة المقتدرون المهارات ما وراء المعرفية التالية :

- تمييز وإدراك متى يكون لديهم تعلّم قائم على حل المشكلات .

- تحديد المعوقات التي تعيق تفكيرهم وتشوشه .

- معرفة متى يتم التطبيق وبشكل دائم لمختلف أنواع الاستراتيجيات في حل المشكلات، وتفسير الأسباب التي دعتهم إلى اتخاذهم لقرار معين .

- تطبيق أساليب المتابعة الذاتية والتي تشتمل على المراجعة والتدقيق المستمر ، ووضع الأهداف وإعادة التقييم .

ويشير كوستا (Costa,1984) إلى أن المهارات ما وراء المعرفية تولد مزيداً من التفكير. فعندما يصف الأطفال العمليات العقلية التي يستخدمونها والبيانات التي يفتقرون إليها ، والخطط التي يشكّلونها فإنهم يفكرون حول تفكيرهم أو التفكير فوق المعرفي. وعندما يستخدم المعلّمون لغة واعية فإنهم ينقلون العمليات الفكرية التي يجربها الطلاب من السر- إلى العلن .

ويشير ويمبي(Whimbey,1985) إلى هذا الأمر بأنه " حل المشكلات بصوت مرتفع ". على سبيل المثال :

عندما يقول الطلاب :	استعمل لغة واعية بقولك
"الجواب هو خمسة كيلو غرامات ونصف "	"صف الخطوات التي قمت بها لتصل إلى ذلك الجواب الصحيح" .
"أعرف كيف أحل هذه المشكلة ."	"ماذا تستطيع أن تفعل لتبدأ المهمة"
"أنا أقارن ."	"ماذا يدور في رأسك عندما تقارن؟"
"أنا مستعد للبدء ."	"صف خطة عملك ."
تعجبني الكبيرة أكثر من غيرها ."	"ما هي المعايير التي تستعملها لتصنع اختيارك ."
"لقد أكملتُ العمل."	"كيف تعرف أن جوابك صحيح؟"

عندما يدعو المعلّمون الطلاب لأن يصفوا ما يدور في رؤوسهم أثناء عملية التفكير، يصبحوا أكثر إدراكاً لعملياتهم الفكرية . وعلى استماعهم إلى طلاب آخرين وهم يصفون عملياتهم ما وراء المعرفية تتكون لديهم مرونة في التفكر وقدرة على تقدير تفكرهم ، وأن هناك طرقاً عديدة لحل نفس المشكلة .

ما وراء المعرفة والمعرفة التقريرية والمعرفة الإجرائية

أثار غموض مفهوم ما وراء المعرفة وتداخله مع غيره من المفاهيم المعرفية الأخرى، وصعوبة استقلاله النسبي وقياسه ، محاولات العديد من الباحثين للوصول إلى تعريف أكثر تحديداً وتمايزاً له ، ومن هؤلاء الباحثين (Kluwe,1982,Sterenberg,1986) . فيرى الأول أن مفهوم ما وراء المعرفة ينطوي على تفسيرين أو دلالتين أو نوعين من الأنشطة يرتبطان به ، هما :

* معرفة القائم بالتفكير بطبيعة ومستوى وحدود تفكيره من ناحية ، ومعرفته بطبيعة ومستوى وحدود تفكير الآخرين من ناحية أخرى .

* قدرة القائم بالتفكير على استثارة وتنظيم مفردات تفكيره الذاتي لاشتقاق الخبرات والمعارف والمهارات والاستراتيجيات التي تقوده لتحقيق الهداف أو إنجاز المهام المطلوبة .

ويرى (Kluwe) أن النشاط الأول يعزى إلى المعرفة التقريرية التـي يـتم الاحتفـاظ بهـا في الذاكرة بعيدة المدى ، كما يعزى النشاط الثاني إلى المعرفة الإجرائية التـي يـتم الاحتفـاظ بهـا وتخزينها كعمليات لنظام التجهيز والمعالجة .

والاحتفاظ بالمعلومات والبيانات والمعارف في الذاكرة بعيدة المدى ، والاحتفاظ بآليـات عمـل النظام يمكـن أن يوجـد عنـد كـلا النمطيـن : مـا وراء المعرفـة ، والمسـتويات المعرفيـة -Meta . cognitive & Cognitive skills

وتختلف بنية معرفة ما وراء المعرفة ، عن المعرفة بمستوياتها ، والتي تشـير إلى معرفـة الفـرد بالمجال المعرفي الخاص به ، كمعرفته بالرياضيات والعلوم والتـاريخ واللغة وغـير ذلـك مـما يدرسه المتعلم ، حيث تتحدد هذه المسـتويات بالمسـتوى الـدراسي أو الأكـاديمي للفـرد . أمـا معرفة ما وراء المعرفة فهي ضرب من المعرفة تم توليفها واشتقاقها وتوليدها ، وإعادة بنائهـا لتكون تفكير الفرد في مستوياته العليا ، وقد تكون مشتقة من مخلات هـذه العلـوم وغيرهـا مجتمعة .

ويستخدم (Kluwe) مصطلح العمليات الإجرائية أو التنفيذية للدلالة على المعرفة الإجرائية ، وهذه العمليات تستثير وتنظم عمليـات التفكـير ، وعـلى ذلـك يتفـق (Kluwe) مـع مفهـوم فلافيل لاستراتيجيات ما وراء المعرفة ، وبراون (Brown,1978) عن مهـارات مـا وراء المعرفـة Meta-cognitive strategies Meta-cognitive skills . وهذه العمليـات الإجرائيـة تستثير تفكير الفرد وتوجهه للمساعدة في :

* تحديد المهمة التي يتعين عـلى الفـرد القيـام بهـا الآن ، واسـتثارة المصادر المعرفيـة للعمـل حولها ، وتوفير المعلومات المتعلقة بها .

* مراجعة التقدم الحالي أثناء العمل على المهمة وتحديد الخطوات اللازمة لاتمامهـا ، وتعـديل أو تطوير آليات العمل بما يحقق ما هو مستهدف .

* تقويم مدى هذا التقدم ، وتكييف أو تركيز الجهد العقلي المعرفي لتفعيل التقدم .

* التنبؤ بنواتج هذا التقدم ، وتحديد ايقاع التدفقات المعرفية المطلوبة لإنجازه .

* استثارة الوعي بالـذات وقـدرات الفرد ومعلوماته ، حيـث يـؤدي هـذا الـوعي إلى تقريـر استمرارية العمل على المهمة أو حدوث نوع من الكف عن الاستمرار فيها ، في ضوء العلاقات بين ناتج الداء والهدف المرجو تحقيقه .

ويرى بعض الباحثين (Paris & Winograd,1990) أن مفهوم مـا وراء المعرفة يتـداخل إلى حد ما مع مفهوم الكفاءة الذاتية Self-efficacy من حيث وعي الفرد بقدراتـه ومعلوماتـه ، ويعتقد "باريز ووينوجراد" أن معظم الباحثين يرون أن تعريف ما وراء المعرفة ينطوي عـلى خاصيتين أساسيتين هما : تقـدير إمكانـات الـذات المعرفيـة ، وإدارة الـذات لهـذه الإمكانـات المعرفية "Self appraisals and self-management of cognition" .

مكونات ما وراء المعرفة

يتفق معظم التربويين على أن ما وراء المعرفة تتكوّن من مكونين أساسيين هما :

أولاً : المعرفة عن المعرفة Knowledge About Knowledge وهـذه بـدورها تتكـوّن مـن المعلومات (الفهم) ، أي أن المتعلّم يجب أن يفهم عمليات التفكير وخاصـة العمليـات التـي يستخدمها هو نفسه في التعلّم ، وكذلك يجب أن تكون لدى المتعلّم المعلومـات الكافيـة عـن استراتيجيات التعلّم المختلفة (Arends,1998,p.425) ، يختار انسبها بالنسبة له ليستخدمها في المواقف التعليمية التي يمر فيها (almualem . net/istratigi4).

ثانياً : التنظيم الـذاتي لميكانيزمـات التفكير ، مثل السـيطرة عـلى المعرفـة " السـيطرة عـلى المعلومات " (Patric Fiero ,1993) . وفي هذا الإطار بشـير هـي وورث Heyworth إلى مـا يلي :

1- يرجع تكوّن المهارات ما وراء المعرفية إلى المعرفة ، الإدراك ، السيطرة .

- تعزى فكرة ما وراء المعرفة إلى معرفة طبيعـة الـتعلّم وعملياتـه المختلفـة وكـذلك خصائص التعلّم الفردي ، ومعرفة استراتيجيات التعلّم الفعالة وكيف ومتى تستخدم .

- تضــم فكـرة الإدراك (الـوعي) بمـا وراء المعرفـة " الإدراك بالهـدف مـن النشــاط التعليمي ، والوعي بمدى تقدم المتعلّم خلال نشاطه .

- تعزى فكرة السيطرة على ما وراء المعرفة إلى طبيعة قرارات المتعلّم وأفعاله خـلال النشاط الذي يقوم به .

2- تعتبر " المعرفة- الإدراك- السيطرة " مهارات مـا وراء معرفيـة ، وهـي جميعهـا مـن نواتج التعلّم، وتعتبر نواتج أساسية ينبغي أن نحصل عليها مـن اسـتخدام الطرق الفعّالـة في التدريس .

3- غالباً ما يكون التعلّم الذي يؤمن بمفهوم ما وراء المعرفة ويعمل عـلى تنميتـه لـدى المتعلم هو تعلّماً لا شعورياً (غير محسوس) ، والمتعلّم يجد صعوبة في تحديـد رؤيتـه عـن مفهوم ما وراء المعرفة بوضوح .

4- يمكـن أن يوجـد بعـض التـداخل بـين المعرفـة بماهيـة مـا وراء المعرفـة، والإدراك (الوعي) بما وراء المعرفة ، وكيفية اكتسابها وإكسابها ، والسيطرة على المواقـف التعليميـة الخاصة بما وراء المعرفة .

5-مـن العوامـل المسـاعدة في تعلّم مهـارات مـا وراء المعرفـة تـدريب المـتعلّم عـلى إدراك العلاقات الخفية في موضوع ما والروابط التي تربط الموضوع معاً ، ثم إظهارها أثناء الموقـف التعليمي ، وتدريبه على كيفية الاستفادة بمثل هذه المواقف .

6- إذا تم استخدام اختبارات تهدف إلى قياس مـدى تـذكر المتعلّم للمعلومـات ، فإن هـذه الاختبارات تقتل عند المتعلّم الدافعية للتعلّم حسب مفهـوم مـا وراء المعرفة ، حيـث يفكر المتعلّم بان الوقت والجهد الـذي تعلّم فيـه كيفيـة التفكـير وكيفيـة السـيطرة عـلى الموقـف التعليمي قد ذهب أدراج الرياح (Bou.Jaoude & Barakat 2000) .

أنواع المهارات ما وراء المعرفية

إن مجموعة المهارات ما وراء المعرفية تتخذ شكلاً عنقودياً مرتبطاً بعضها ببعض ، ومرتبة بطريقة منظمة ، وتترتب هذه المهارات تحت ثلاث مهارات أساسية هي كالآتي:

1- **مهارات التنظيم الذاتي**

وهي التي يستخدمها المتعلّم عندما يكون على علم بأنه يستطيع التحكم في أفعاله واتجاهاته واهتماماته تجاه الموضوعات الأكاديمية، وتتكوّن هذه المهارة من المهارات الفرعية التالية:

أ) الالتزام بأداء مهمة علمية معينة :

وتأتي نتيجة قرار المتعلّم باختيار هذه المهمة ، حتى وإن كانت غير ممتعة بالنسبة له، وذلك لأن قراره يجيء نتيجة لوعيه بالموقف التعليمي .

ب) الاتجاه الإيجابي نحو المهمة العلمية :

وهو عبارة عن إيمان المتعلّم بأنه قادر على أداء المهمة بنجاح ، فالمتعلّم عاقد العزم على أداء المهمة بنجاح معتمداً على مجهوده ، وعلى موهبته الطبيعية ، أو حتى على مساعدة الآخرين ، فهو في هذه الحالة مصمم على نجاح المهمة التي يقوم بها لإيمانه بقدرته على أدائها بنجاح .

ج) السيطرة على الانتباه لمتطلبات المهمة العلمية :

وتأتي نتيجة إدراك المتعلّم بأنه يجب عليه السيطرة على مستوى ومركز انتباهه لجميع متطلبات المهمة العلمية والربط بين المتطلبات لأدائها بدقة .

2- **مهارات توظيف المعرفة لأداء المهمة العلمية :**

وهي المعرفة الأساسية التي على المتعلّم استخدامها لأداء المهمة العلمية ، وهي المعرفة التي تكون في متناول يد المتعلّم . وتتكوّن هذه المهارة من المهارات الفرعية التالية:
(Feldhusen1995, PP .255-268) .

أ) المعرفة التقريرية/ التصريحية **Declarative Knowledge :**

وتتضح عندما يعرف المتعلّم " ما الاحتياجات التي تتطلبها المهمة ؟ " ، وعندما يعرف المتعلّم المعلومات الحقيقية ، أو عندما يعرف المتعلّم أن هناك شيئاً محدداً عليه القيام به، وتسمى أحياناً بالمعرفة الوثائقية ، أو المعرفة الافتراضية Prepositional Knowledgeوتتخذ شبكة المعلومات لهذا النوع من المعرفة عدة أشكال منها : المعلومات المترابطة وفق المعنى Semantic Knowledge ، والمعلومات المترابطة وفق المراحل (الزمان).

ب) المعرفة الإجرائية/ العملية **Procedural Knowledge**

وهي عبارة عن معرفة تتعلق بالطريقة ، أو الأسلوب ، أو العملية التي تبرمج بها المعلومات المخزنة في سكيما المعلومات ،وتنسق بحيث تخرج في قالب آخر مغاير عما دخلت عليه . فالتنظيم ، والتسلسل، والزمن متطلبات أساسية لهذا النوع من المعرفة. وتتضح عندما يكون المتعلّم قادراً على أداء المهمة العلمية ، أو عندما يكون قادراً على تطبيق استراتيجية معينة لاستكمال أداء المهمة العلمية.

ج) المعرفة الشرطية **Conditional knowledge**

وهي معرفة مقرونة بعلاقة السبب والنتيجة .أو بمعنى آخر ، هي نوع من المعرفة ، يتطلب من الفرد أن يعرف متى يوظف طريقة إدراكية معينة ، ولماذا .تتضح عندما يدرك المتعلّم السبب وراء استخدام إجراءات معينة ، وعندما يدرك المتعلّم السبب وراء تحديد ظروف وشروط معينة لأداء المهمة، أو السبب وراء تفضيل إجراءات معينة عن إجراءات أخرى ، أو استراتيجية معينة عن استراتيجية أخرى.

3- مهارات الضبط الإجرائي

يستخدم المتعلّم هذه المهارات عندما يقوم بعملية التقويم ، أو بالتخطيط ،أو باختبار مدى تقدمه لاستكمال المهمة العلمية التي يقوم بها. وتتكوّن هذه المهارات من مهارات فرعية هي :

أ) مهارة التقويم : تستخدم هذه المهارة عندما يريد المتعلّم :

- تقويم حالة المعرفة التي حصل عليها قبل المهمة وأثنائها ، وذلك حتى يستكمل أداء المهمة العلمية بنجاح .
- تحديد المصادر المناسبة ، أو المصادر التي ما زال يحتاج إليها لاستكمال أداء المهمة
- تحديد الأهداف الرئيسة والفرعية للمهمة العلمية .

ب) مهارة التخطيط : تستخدم هذه المهارة :

- قبل وأثناء أداء المهمة .
- عندما يريد المتعلّم اختيار الإجراءات والاستراتيجيات اللازمة لأداء المهمة بتأني.

ج) مهارة عمليات التنظيم :

يستخدم المتعلّم هذه المهارة أثناء قيامه بأداء المهمة العلمية ، وذلك لتوضيح مدى تقدمه تجاه استكمال المهمة العلمية بنجاح .

المهارات الرئيسة الثلاث السابق تحديدها وما يشملانه من مهارات فرعية ، لا يقوم بها المتعلّم بنفس الترتيب بالضبط ، ولكن عند قيام المتعلّم بمهمة علمية ، فإنه عادةً ما يستخدمها معاً لأداء المهمة ، وليس بصورة منفصلة (أي ليست كل مهارة بمفردها أو بمعزل عن المهارات الأخرى) .

وبين " هيلر ورفاقه " (Haller,et al.1988) عناصر المهارات ما وراء المعرفية بشكل عام، وقالوا بأن هذه العناصر تتضمن العمليات الذهنية التالية لدى القيام بأي مهمة مهما كان نوعها :

1-الوعي Awareness

وتعرف بأنها وعي الفرد لما يوظفه من عمليات عقلية في أثناء معالجته للمهمة الملقاة على عاتقه . وهذه العملية تتطلب القيام بالأعمال التالية :

- معرفة الفرد لهدف المهمة التي سينخرط بها .

- وعي الفرد لما تتطلبه المهمة من أعمال ومسؤوليات .

- وعي الفرد للعلاقة التي تربط بين هذه الأعمال بعضها مع بعض .

- وعي الفرد لما يوظفه من عمليات عقلية لمعالجتها .

- وعي الفرد لما يوجد في ذاكرته من معرفة وخبرات سابقة تتعلق بالمهمة التـي هـي رهـن المعالجة .

- وعي الفرد لمستوى أدائه في المهمة المتعلّمة ومدى نجاحه في عملها .

2-المراقبة Monitoring

وتعرّف بأنها قدرة الفرد على مراقبة نفسه خلال معالجته للمهمة واختبار مستوى أدائـه، وفحصه لما تعلّمه لها بغية التعرّف على ضعفه وقصوره ونقاط قوته ونجاحه .

3-التنظيم Regulating

وتعرّف بأنها العملية التي تتعلق بإصدار الأحكام وسن القـوانين وذلك لـتلافي مـا يعانيـه الفرد من نقص وقصور في معالجة المهمة إن وجد ، والعمل على معالجتـه وسد الـنقص عـن طريق اقتراح طرق تقويمية .

أما "باير" (Bayer,1987) فيوجز المهارات ما وراء المعرفية بما يلي :

1-   التخطيط Planning

وهي عملية من العمليات ما وراء المعرفية ، وهي تشبه عمليـة اليقظـة والـوعي عنـد " هيلر" ، وتعرف بأنها رسم صورة مسبقة أو التخطيط للمهمة التي سينخرط بها الفرد المـتعلّم ، وهذه تتضمن الأعمال التالية :

- تحديد الهدف العام للمهمة التي هي رهن المعالجة .

- تحديد الاستراتيجيات (النشاطات التعلّمية) التي سيتحقق هدف المهمة من خلالها.

390

- ترتيب هذه الاستراتيجيات بتسلسل منطقي وفق أولوية الاستخدام .

- التنبؤ بالصعوبات التي ستعترض تحقيق الهدف .

- تحديد طرق للتغلب على هذه الصعوبات .

2- المراقبة Monitoring

وهي عملية تشبه عملية التحكم والضبط لدى " هيلر" وتعني مراقبة الفرد لسير اندماجه في المهمة المراد تعلّمها ، وهي تتضمن الأعمال التالية :

- التفكير في الهدف العام للمهمة .

- التفكير في كيفية تحقيق أهداف المهمة وفق سلم الأولويات .

- معرفة أي الأهداف الجزئية التي تحققت وأي منها لم يتحقق بعد .

- تحديد متى سينتقل الفرد من الخطوة الأولى إلى الخطوة الثانية فالثالثة فالرابعة إلى أن يتحقق الهدف .

- اختيار الاستراتيجية المناسبة للعمل .

- تحديد الصعوبات التي تعترض سير العمل .

- معرفة كيفية التغلب على هذه الصعوبات .

3- التقييم Assessing

وتقابل عملية التنظيم لدى"هيلر" وتعنى حكم الفرد على مستوى إنجازه ومدى تقدمه ونجاحه في العمل . وهي تتضمن الأعمال التالية :

- تقييم مدى تحقيق الهدف .

- الحكم على مدى صحة وصدق النتائج المحصلة .

- تقييم مدى مناسبة الأدوات والوسائل والنشاطات التي استخدمت في تحقيق الهدف.

- تقييم مدى النجاح في التغلب على الصعوبات في تحقيق الهدف .

- الحكم على مدى فعالية الخطة التي رسمت لمعالجة المهمة وإلى أي مدى كانت ناجحة .

وافترض "لي" (Li,1992) من ناحية أخرى ، أن المهارات ما وراء المعرفية تتكون من خمس عمليات ذهنية هي على النحو التالي :

1- الوعي Awareness : وتتعلق بوعي الفرد لإدراكاته ، وتفكيره ، وقدراته ، ومستوى انتباهه .

2- التخطيط Planning : وتتعلق بتحديد الأهداف ، واختيار الاستراتيجيات (النشاطات) المناسبة لتحقيقها ، وترتيب هذه الاستراتيجيات بتسلسل معين وفق أولوية الاستخدام ، والتنبؤ بالصعوبات التي قد تعترض تحقيق الهدف ، وتحديد الطرق والوسائل التي بوساطتها سيتغلب على هذه الصعوبات .

3- المراقبة Monitoring : وتتعلق بالتفكير في أهداف المهمة ، والتفكير في كيفية تحقيقها بترتيب معين ، واختيار الاستراتيجية المناسبة للعمل ، وتحديد الصعوبات التي تعترض سير العمل أو تعمل على إعاقته ، ومعرفة كيفية التغلب على هذه الصعوبات أو المعوقات.

4- المراجعة Reviewing : وتتضمن مقارنة الهدف المنشود بما تحقق منه في الواقع ، ومقارنة الاستراتيجيات التي صمم لاستخدامها بالتي استخدمت فعلاً ، ومقارنة الصعوبات المتنبأ بها بالصعوبات التي يواجهها الفرد فعلاً ، ومقارنة النتائج التي حققها الفرد بالتي توقعها مسبقاً .

5- الملاءمة Adapting : وتتعلق بتصحيح الاستراتيجيات الضعيفة التي استخدمت ، وتبني استراتيجيات أو خطة أكثر مناسبة في المستقبل لتحقيق الهدف عن طريق التجريب والممارسة.

ويقسّم أندرسون (Anderson,2002) المهارات ما وراء المعرفية إلى خمسة عناصر رئيسة هي :

1-   الإعداد والتخطيط للتعلّم .

2-   اختيار واستخدام استراتيجيات التعلّم.

3-   مراقبة استخدام الاستراتيجية.

4-   تنظيم الاستراتيجيات المختلفة .

5- تقييم استخدام الاستراتيجية والتعلّم .

وقد صنف ستيرنبرج المهارات ما وراء المعرفية في ثلاث فئات رئيسة هي : التخطيط والمراقبة والتقييم . وتضم كل فئة من هذه الفئات عدداً من المهارات الفرعية يمكن تلخيصها في :

1-   التخطيط

- تحديد هدف أو الإحساس بوجود مشكلة وتحديد طبيعتها .

- اختيار استراتيجية التنفيذ ومهاراته .

- ترتيب تسلسل العمليات أو الخطوات .

- تحديد العقبات والأخطاء المحتملة .

- تحديد أساليب مواجهة الصعوبات والأخطاء .

- التنبؤ بالنتائج المرغوبة أو المتوقعة .

2-   المراقبة والتحكم

- الإبقاء على الهدف في بؤرة الاهتمام .

- الحفاظ على تسلسل العمليات أو الخطوات .

- معرفة متى يتحقق هدف فرعي .

- معرفة متى يجب الانتقال إلى العملية التالية .

- اختيار العملية الملائمة التي تتبع في السياق .

- اكتشاف العقبات والأخطاء .

- معرفة كيفية التغلب على العقبات والتخلص من لأخطاء .

3-التقييم

- تقييم مدى تحقق الهدف .

- الحكم على دقة النتائج وكفايتها .

- تقييم مدى ملاءمة الأساليب التي استخدمت .

- تقييم كيفية تناول العقبات والأخطاء .

- تقييم فاعلية الخطة وتنفيذها .

وتتحدث جاما (Gama,2001) عن ثمان مهارات ما وراء معرفية هي :

1-الوعي بمستوى فهم الفرد للمشكلة .

2-وعي الفرد بمواطن القوة والضعف ووعيه بقدرته على حل المشكلات .

3-وعي الفرد بخبراته السابقة .

4-تنظيم المعرفة السابقة لاستخدامها في مواقف مشابهة .

5-تنظيم الاستراتيجيات .

6-تنظيم الأعمال والقرارات لتتوافق مع الخطط الجديدة لحل المشكلة .

7-تقويم الخطط المستخدمة تجاه الحل .

8-تقويم فاعلية الاستراتيجية المختارة .

ويعرف الباحث المهارات ما وراء المعرفية بأنها قدرة الفرد على معرفة ما يعرف وما لا يعرف ، وقدرته على تخطيط استراتيجية من أجل إنتاج المعلومات اللازمة ، وعلى أن يكون

واعياً لخطواته واستراتيجياته أثناء عملية التعامل مع المشكلات ، وأن يتأمل في مدى إنتاجيته وتقييمه ، مع العمل على إمكانية تطوير خطة عمل والمحافظة عليها لفترة من الزمن ، ثم التأمل فيها وتقييمها عند اكتمالها .

ولأغراض الدراسة فإن الباحث سيدرب الطلبة على المهارات ما وراء المعرفية التالية :

-الوعي Awareness .

-الاستراتيجية المعرفية Cognitive Strategy .

-التخطيط Planing .

المراقبة والتحكم Monitoring & Controlling .

المراجعة والتقييم Reviewing & Evaluation .

استراتيجيات تنمية المهارات ما وراء المعرفية :

إن الاستراتيجيات المعرفية Cognitive Strategies هي التي يستخدمها الطلبة في تعلّم وفهم وتذكر المادة الدراسية ، وهي مهمة بالنسبة للفرد ومن أمثلتها ، التسميع الذهني Rehearsal والتفصيل Elaboration والتنظيم Organizationوالترميز Encoding والاسترجاع Retrieval، وهي استراتيجيات مصممة للوصول بالفرد إلى هدف معرفي عام أو هدف معرفي خاص ، أما استراتيجيات ما وراء المعرفة Metacognitive Strategies فهي تمكن المتعلّم من التحكم في بيئته المعرفية ، كما تمكن من تنسيق عملية التعلّم ، وتتكون أساساً من التخطيط ، المراقبة، والتنظيم ، وهذه تساعد المتعلّم على التحكم وتنفيذ عمليات التعلّم(pintrich & Garcia,1991) .

تقوم استراتيجيات بناء ودعم وتنمية مهارات ما وراء المعرفة على ما يلي :

*** تهيئة البيئة التعليمية لاستثارة وامتساب مهارات ما وراء المعرفة : يمكن للمعلم تعزيز بيئة الفصل التعليمية لتحقيق هذا الهدف من خلال (الزيات ، 2004) :**

1- حعل المناخ النفسي الاجتماعي الأكاديمي مبني على الثقة الكتبادلة بين المعلم والطلبة .

2- تقدير كل طالب باعتباره قيمة في حد ذاته أياً كان مستواه وتفكيره .

3- إشاعة روح الفريق والتعلم والعلاقات التعاونية .

* نمذجة أنشطة ما وراء التعلم : يجب على المعلمين نمذجة أنشطة ومهارات المعرفة وما وراء المعرفة لطلابهم ، وتدريب بعض الطلبة المتفوقين على محاكاة هـذه النماذج وتقـديم نماذج ذاتية فعالة وقوية لديهم ، ويمكن أن يتم ذلك من خلال (الزيات ، 2004) :

- قيام المعلمين بالتعبير اللفظي المسموع عن تفكيرهم الخاص .

- تشجيع الطلبة على التعبير المسموع عن تفكيرهم .

- تشجيع الطلبة على استثارة وطرح الأسئلة حول هذه النماذج من التفكير .

- دعم القيام بحلقات مؤتمرية للطلبة لمناقشة وتطوير نماذج التفكير .

- توجيه الطلبة لشحذ وصقل واكتساب المهارات مـا وراء المعرفية ونمـذجتها ومحاكاة الطلبة الآخرين لها .

* تيسير التفاعل الأكاديمي للطلبة : تشير الدراسات التي قامت على مقارنة التوصل إلى حلول للأسئلة والمشكلات الأكاديمية المطروحة فردياً ، بها جماعياً ، إلى أن 9% فقط من أفراد العينة توصلوا إلى الحلول فردياً ، مقابل 75% من أفراد العينة مكنهم السياق أو الإطار الجماعي من التوصـل إلى الحلـول (Schraw & Moshman,1995) . ويمكـن تيسـير التفاعـل الكـاديمي الجماعي من خلال ما يلي (الزيات ، 2004) :

- تشجيع الطلبة على طرح أفكارهم على أقرانهم .

- دعم وتنمية العصف الذهني للطلبة حول القضية أو المشكلة المطروحة .

- دعم اكتساب روح العمل كفريق .

- دعم اكتساب مهارات التفكير والضبط الذاتي للنشاط العقلي كجزء مـن مهـارات مـا وراء المعرفة .

- تطبيق آلية – لحظة للتفكير – كتدريب على التفكير قبل الاستجابة .

* **دعم وتشجيع التفكير التاملي(Reflection Thinking):** يجب أن تكون استراتيجيات دعم وتعزيز اكتساب التفكير التأملي صريحة وواضحة ، مع اعتمادها على الممارسة المباشرة ، من خلال استثارة الطلبة لتناول الأفكار والقضايا والنقاط الخلافية الواردة في المقررات الدراسية ، والمناشط الحياتية والتفكير حولها ، وطرح نواتج هذا التفكير ، وتبادل الرأي حولها ، مع توجيه المدرسين للقراءات التي يمكن أن تسهم في تعميق التفكير أو الإلمام الأفضل بجوانبها ، مع تشجيعهم لتعدد الرؤى ، وتقبل الاختلاف فيها ، مع دعم تأجيل الأحكام النهائية حولها ، وترسيخ مبدأ أن لكل فكرة وجاهتها ، ولكل فكر معطياته .

***التدريب على التقدير أو التقويم الذاتي وتقويم الأقران :** التدريب على التقويم الذاتي هو أساس التعلم القائم على الضبط الذاتي للنشاط العقلي المعرفي . والتقويم الذاتي هو تقويم لما يمتلكه الفرد من مستويات أو أبنية معرفية ذاتية ، كما يتناول التقويم أداء الفرد وتعلمه ، وقدراته وتفكيره ، والاستراتيجيات المستخدمة لديه في علاقة كل ذلك بالمهام أو الواجبات أو المشكلات التي يتعين عليه القيام بها . إنه تحليل كمي وكيفي لما يجب القيام به .

أما تقويم الأقران فهو رد فكر الفرد واستراتيجياته إلى فكر الأقران واستراتيجياتهم ، وتعديل أو تطوير فكر الفرد واستراتيجياته ، في ضوء أفكار الآخرين واستراتيجياتهم .

* **تحسين الضبط المعرفي :** يمكن تدريب الطلبة على تحسين الضبط المعرفي لأنشطة التفكير ومهارات ما وراء المعرفة لديهم من خلال إكسابهم لأساليب صريحة تتناول الإجابة على أسئلة تتعلق بالمراحل الثلاث التالية لأنشطة ما وراء المعرفة ، وهي : التخطيط والمراقبة والتقويم .

نظراً لأهمية توظيف استراتيجيات المهارات ما وراء المعرفية في عمليتي التعلّم والتعليم، فقد حاول علماء نفس التعلّم اشتقاق الطرق التعليمية الفاعلة التي تساعد الطالب على توظيف عملياته الذهنية من ناحية ، وتساعده على الإحاطة بها وضبطها والتحكم بها وتوجيهها الوجهة الصحيحة من ناحية أخرى . وقد اختلفت هذه الطرق من تربوي إلى آخر ، مع أن هدفها واحد . ومن هذه الاستراتيجيات (دروزة،2004) :

طريقة "بونـدي" (Bondy,1984) وتعتمـد عـلى الشرـح والتفسـير لمفهـوم اسـتراتيجيات المهارات ما وراء المعرفية ، وتتكون من الخطوات التالية:

1. جعل الطلاب يحتفظون بسجل لتعلّمهم اليومي .
2. مناقشة الطلاب في مفهوم استراتيجيات المهارات فوق المعرفية .
3. تعليم الطلاب كيف يختبرون مدى فهمهـم للمهمـة في أثنـاء معالجتهـا ، مـن خـلال طرح أسئلة على الذات .
4. تعليم الطلاب كيف يقيّمون فهمهم واستيعابهم للمادة المعالجة ، وذلـك بإعطـائهم نسبة مئوية لمستوى هذا الفهم .
5. تعليم الطلاب كيف يلخصون المادة المدروسة .
6. تعليم الطلاب كيف يتبنون طريقة دراسية فاعلة .
7. تزويد الطلاب بتغذية راجعة حول نتائج تعلّمهم لهذه الاستراتيجيات .

طريقة "باريس ووابنوجارد" (Paris & Winogard,1990) وتعتمد عـلى الشرـح والتفسـير المباشر أيضاً . وتتكون من الخطوات التالية :

1- شرح مفهوم المهارات فوق المعرفية للطلاب .

2- بيان الأسباب التي تدعو لتعليم هذه المهارات .

3- توضيح كيفية استخدام هذه المهارات في الواقع العملي .

4- بيان متى وأين تستخدم هذه المهارات فوق المعرفية .

5- تقييم مدى نجاح توظيف هذه المهارات .

طريقة "بالين سكار وبـراون" (Palinscar & Brown,1984) فهـي تختلـف عـن الطـريقتين السابقتين في أنها تعتمد على التعليم المتبادل والحـوار بـين الطالـب والمعلـم، وتعتمـد هـذه الاستراتيجية على القيام بأربع عمليات أساسية هي :

1. التنبؤ بهدف الموضوع المراد دراسته (Predicting) .
2. اشتقاق أسئلة حول المادة المدروسة والإجابة عنها بهدف تعلّمها بشكل أفضل .
3. توضيح النقاط الغامضة في الدرس (Questioning).
4. تلخيص الدرس بكلمات المتعلّم الخاصة (Summarizing) .

أما طريقة "باير" (Bayer,1987) لتعليم المهارات ما وراء المعرفية فإنها تعتمد على طريقة التقليد ومحاكاة النموذج كما جاءت في نظريات التعلّم الاجتماعي والتي وضع أساسها "باندورا " (Bandura,1977) .

ويشير العتوم (2004، ص 208-209) نقلاً عن (Spence ,1990; Huitt,1997) &Blakey إلى العديد من الاستراتيجيات التي تساعد على تنمية التفكير المهارات ما وراء المعرفية منها:

1. الحديث عن التفكير :وهي من الاستراتيجيات لأنها تزود الأفراد بمفردات تساعدهم في وصف عمليات تفكيرهم .
2. التخطيط والتنظيم الذاتي : من خلال قيام المعلمين بتدريب الطلاب على تقدير الوقت اللازم ، وتنظيم المواد ، وجدولة المواد الضرورية لإكمال النشاط.
3. طرح الأسئلة :إعطاء الفرصة للمتعلّم لتطوير أسئلة ، وطرحها على أنفسهم .
4. التوجيه الذاتي : مساعدة المتعلمين على معرفة متى عليهم أن يسألوا طلباً للمساعدة .
5. استخلاص عمليات التفكير : وتتضمن مراجعة النشاطات ، وجمع المعلومات عن عمليات التفكير ، ثم تصنيف الأفكار ذات العلاقة ، وتحديد الاستراتيجيات غير الفعّالة، واللجوء إلى مسارات بديلة .
6. إعطاء الفرصة للمتعلمين لمراقبة تعلّمهم وتفكيرهم : مثل إعطاء المتعلّم فرصة للتعلّم والتفكير مع زميل .

7. صياغة التنبؤات : جعل المتعلّمين يعملون ويقترحون تنبؤات عـن المعلومـات التـي يقرؤونها .

8. المعرفة حول التعلّم : إعطاء الفرصة للمتعلّمين لربط الأفكار لإثارة البنيـة المعرفيـة ، فمن المهم أن يكون لدى المتعلّم معرفة جيدة حول ما تعلّمه .

9. نقل المعرفة : إطلاع المتعلمـين عـلى كيفيـة نقل المعرفة، والاتجاهـات ، والمهـارات، والقيم إلى مواقف الحياة الأخرى .

10. حدد ما تعرف وما لا تعرف : حيـث يتوجب عـلى الأفراد في بدايـة أي نشـاط أن يتخذوا قراراً حاسماً يتعلق بما يعرفون ومـا لا يعرفون ، لتحديد مـا الـذي يريدون معرفته.

كما أن هناك استراتيجيات أخرى تعمل على تنمية المهارات ما وراء المعرفية من بينها :

1. استخدام النقـاش والسـجلات : وهنـا يحـتفظ الطلبـة بسـجلات يوضحون فيهـا الاستراتيجيات المختلفة التـي استخدموها عنـد التـعلّم ، كـما ويمكـنهم أن يوفروا معلومات إضافية عن لماذا ؟ وكيف؟ وأين تكون هذه الاستراتيجيات فعالـة بدرجـة أكبر؟ ، وأيضاً يمكـنهم أن يتقاسموا هـذه المعلومـات أو يتوسـعوا فيهـا عـن طريـق المناقشة داخل المجموعة. وقد وجد أن هذه الاستراتيجية تعمل عـلى رفع مسـتوى الوعي والمعرفة بمهارات التفكير ما وراء المعرفي عند المتعلمين وبخاصة مهارة المراقبة والضبط (Schraw & Graham,1997).

2. التفكير بصوت مرتفع : وهذا يتطلب من المعلم أن يفكّر بصوت مرتفع أثنـاء حـل المشكلة كي يسـتطيع الطلبـة تطبيـق نفـس أسـلوب التفكير ، حيـث إن النمذجـة والمناقشة وطرح الأسئلة الذاتية تعمل على تطوير الكلمات التي يحتاجها الطلبـة للتعبير عن أفكارهم الخاصة (Blakey,1990).

3. استراتيجية المشاركة الثنائية للمتدربين : وهنـا يقسـم الطلبـة إلى مجموعـات ، كـل مجموعة تتكون من طالبين اثنين فقط ، حيث يمثل أحدهما دور المفكر الذي يقوم

بحل المشكلة ، أمّا الآخر فيقوم بدور المستمع والمحلل لأفكار زميله ، وعليه أن يتابع بدقة خطوات الحل ويكون على استعداد لطرح أسئلة على زميله المفكر في حالة ملاحظته لأي خطأ أو غموض بهدف تصويب الأخطاء مباشرة وإعادة الترابط والتنظيم بين خطوات حل المشكلة، وبإمكان الزميلين تبادل الأدوار بينهما (Whimbey &Lochhead,1982).

4. استراتيجية التقويم الذاتي : يعتمد المتعلّم في هذه الاستراتيجية على طرح الأسئلة الآتية

- هل أجبت عن السؤال ؟

- هل أنجزت المهمة ؟

- هل استوعبت المهمة ؟

- هل استوعبت المهمة بما فيه الكفاية ؟ (قطامي ، 1998) .

وقد وظف الباحث الاستراتيجيات التالية في تطبيق البرنامج التدريبي :

1- العمل في مجموعات ثنائية .

2- طرح الأسئلة .

3- الحوار والنقاش .

4- تحديد ما تعرف وما لا تعرف .

5- المعرفة حول التعلّم .

6- التوجيه الذاتي .

7- التقييم الذاتي .

المراجع

المراجع العربية:

- إبراهيم, بسام. (2004). أثر استخدام التعلم القائم على المشكلات في تـدريس الفيزيـاء في اكتساب القدرة على التفكير الإبداعي والاتجاهـات العلميـة وفهـم المفـاهيم العلميـة لدى طلاب الصف التاسع الأساسي.رسالة دكتوراه, جامعة عمان العربية للدراسات العليا, عمان, الأردن.

- إبـراهيم, شـعبان.(1999). طريقـة مقترحـة لالتـدريس في بـدايات القـرن الحـادي والعشرين, مجلة التربية العلمية, جامعة عين شمس.2.(1):1- 33.

- أبو حـويج, مـروان. (2000). المنـاهج التربويـة المعـاصرة. الطبعـة الأولى ,عـمان: دار العلمية الدولية للنشر.

- أبو زينة, مروان. (1998). أثر استخدام طريقة حل لمشكلات على التحصيل الـدراسي في مادة الأحياء لدى طلبة الصف الثاني بالمرحلة الثانوية بمدينة عدن. رسالة ماجستير غـير منشورة, جامعة عدن.

- أبو رياش، حسين (2005)، أثر برنامج تدريبي مبني على اسـتراتيجية الـتعلّم المسـتند إلى مشكلات في تنميـة المهـارات مـا وراء المعرفيـة لـدى طلبـة المرحلـة الأساسـية ، اطروحـة دكتوراه غير منشورة، جامعة عمان العربية للدراسات العليا – الأردن.

- أبو قمر, باسم. (1996). أثر اسـتخدام طريقـة الاستقصاء الموجه عـلى تحصيل طلبـة الصف الثامن الأسـاسي لمـادة العلـوم وعـلى اتجاهـاتهم نحوهـا. رسالة ماجستير غـير منشورة, جامعة النجاح الوطنية, نابلس.

- آرثر كوستا وآخرون (1998) ، تعليم من أجل التفكير (تعريب : صفاء يوسف الأعسر) ، القاهرة ، دار قباء للطباعة والنشر والتوزيع .

- بخيت ، خديجه أحمد (2000) ، فعالية برنامج مقترح في تعليم الاقتصاد المنزلي في تنمية التفكير الناقد والتحصيل الدراسي لدى تلميذات المرحلة الإعدادية ، مناهج التعليم وتنمية التفكير، المجلد الثاني ، دار الضيافة ، عين شمس .

- بروير ، جون . (2000) . مدارس تعليم التفكير (محمد الأنصاري ، مترجم) . الكويت، دار الشروق للنشر والتوزيع .

- توق، محيي وقطامي, يوسف وعدس, عبد الرحمن. (2003). أسس علم النفس التربوي. الطبعة الثالثة, عمان: دار الفكر للطباعة والنشر والتوزيع.

- جروان ، فتحي (1999)، تعليم التفكير : مفاهيم وتطبيقات ، العين ، الإمارات العربية المتحدة ، دار الكتاب الجامعي .

- جروان ، فتحي (2002)، تعليم التفكير ، ط1 . عمّان ، دار الفكر للطباعة والنشر والتوزيع. -جونز، وآخرين (1988) ، التعليم والتعلّم الاستراتيجيان : التدريس المعرفي في مجالات المحتوى ، ترجمة عمر حسن الشيخ ، عمان ، الأردن ، معهد التربية، الأونروا/اليونسكو .

- الخوالده ، مصطفى فنخور (2003) ، أثر برنامج تدريبي لمهارات ما وراء المعرفة في حل مشكلات حياتية لدى طلبة الصف الثامن الأساسي في مديرية التعليم الخاص في الأردن . أطروحة دكتوراه غير منشورة ، كلية الدراسات التربوية العليا ، جامعة عمّان العربية للدراسات العليا .

- الحارثي ، إبراهيم (2001) ، تعليم التفكير ، الطبعة الثانية ، جدة - السعودية ، مكتبة الشقري .

- جونز، بيه فلاي وبالنسكار، اينماري وأوغل، دونا وكار، إيلين. (1988). التعليم والتعلم الاستراتيجيان, ترجمة عمر الشيخ, عمان, الأردن: منشورات معهد التربية ألا نوروا.

- حبيب, مجدي. (2003). اتجاهات حديثة في تعليم التفكير.الطبعة الأولى, القاهرة: دار الفكر العربي.

- الحذيفي, خالد. (2003). فاعلية طريقة التعليم المرتكز على المشكلة في اكتساب التحصيل الدراسي والاتجاه نحو مادة العلوم لدى تلميذات المرحلة المتوسطة. دراسات في المناهج وطرق التدريس, جامعة عين شمس, 91: 121 – 170.

- الحسني, عبد الله. (2001).أثر استخدام ثلاث طرائق تدريسية في مستوى التحصيل العلمي لطلبة الصف الأول ثانوي في مادة الكيمياء في محافظة أبين. رسالة ماجستير غير منشورة, جامعة عدن, اليمن.

- الحكيمي, وليد. (2000). أثر استخدام طريقة الاستقصاء الموجه على تحصيل المفاهيم البيولوجية والاحتفاظ بالمعرفة العلمية. رسالة ماجستير غير منشورة, جامعة عدن , اليمن.

- الحيلة, محمد. (2003).أثر برنامج استقصائي معتمد على الوسائل التعليمية البيئية في التحصيل الدراسي المباشر والمؤجل لطلبة الصف السابع الأساسي في مادة العلوم وفي اكتساب تفكيرهم الإبداعي, دراسات العلوم التربوية, الجامعة الأردنية,30(1): 88 – 104.

- الحيلة, محمد. (2003).التصميم التعليمي: نظرية وممارسة.الطبعة الثانية, عمان: دار المسيرة للنشر والتوزيع والطباعة.

- الحيلة, محمد. (2002). تكنولوجيا التعليم من اجل اكتساب التفكير بين القول والممارسة. الطبعة الأولى, عمان: دار المسيرة للنشر والتوزيع والطباعة.

- الخطايبة, عبد الله. (2005). تعليم العلوم للجميع.الطبعة الأولى, عمان: دار المسيرة للنشر والتوزيع والطباعة.

- الخليلي, خليل وحيدر, عبد اللطيف ويونس, محمد. (1996). التدريس في مراحل التعليم العام. الطبعة الأولى, دبي: دار القلم للنشر والتوزيع.

- ذياب, أنيسة. (1989). المقارنة بين الاستقصاء العملياتي والاستقصاء المفاهيمي. رسالة ماجستير غير منشورة, الجامعة الأردنية, عمان.

- رضوان, حنان. (2002). برنامج مقترح لاكتساب التصور الشكلي ومهارات التفكير العليا في الفيزياء لدى طلاب المرحلة الثانوية العامة. رسالة دكتوراه غير منشورة, جامعة المنوفية, مصر.

- زيتون, عايش. (1984). دراسة تجريبية في تأثير طريقة الاستقصاء على التحصيل في تدريس مادة الأحياء في المرحلة الجامعية. مجلة دراسات العلوم الاجتماعية والتربية. الجامعة الأردنية. 11 (6): 201 – 211.

- زيتون, عايش. (1988). الاتجاهات والميول العلمية في التدريس. الطبعة الأولى, عمان: جمعية عمال المطابع التعاونية.

- زيتون, عايش. (1989). مدى استخدام أسلوب حل المشكلات لدى معلمي العلوم وعلاقته بمستوى التحصيل العلمي لطلبتهم في المرحلة الإعدادية. مجلة كلية التربية,4 (4): 239-280.

- زيتون, عايش. (2001). أساليب التدريس. الإصدار الرابع, عمان: دار الشروق للنشر والتوزيع.

- سلامة , عادل. (2004). اكتساب المفاهيم والمهارات العلمية وطرق تدريسها, الطبعة الأولى , عمان: دار الفكر للنشر والتوزيع.

- سلامة , عادل. (2002). فعالية طريقة تدريسية قائمة على تجهيز ومعالجة المعلومات للمفاهيم العلمية لاكتساب التفكير الإبداعي في العلوم لتلاميذ المرحلة الإعدادية. مجلة كلية التربية, جامعة المنصورة, (50), 65- 95.

- سلامة, عادل. (1991). دليل المعلم في التدريس. الجزء الأول, المنصورة: شركة عامر للنشر والتوزيع.

- سلامة,عادل. (2002). طرائق التدريس ودورها في اكتساب التفكير. الطبعة الأولى, عمان: دار الفكر للطباعة والنشر والتوزيع.

- شواهين, خير. (2003). اكتساب مهارات التفكير في تعلم العلوم. الطبعة الأولى, عمان: دار المسيرة للنشر والتوزيع.

- دروزة ، أفنان (2004) ، أساسيات في علم النفس التربوي ، عمّان ، دار الشروق للنشر والتوزيع .

- روبرت ، مارزانو وآخرين (1988) ، أبعاد التفكير ، ترجمة يعقوب حسين وحمد خطاب، الطبعة الثانية ، 2004 ، عمّان ، دار الفرقان للنشر والتوزيع .

- الزيود ، محمد سلامه (2003) ، تصميم استراتيجية تعلّم منظم ذاتياً مستندة إلى عمليات ما وراء معرفية واختبار فاعليتها في الأداء اللاحق في مادة التربية الاجتماعية لدى طلبة الصف التاسع الأساسي من ذوي التحصيل المرتفع والتحصيل المتدني . أطروحة دكتوراه غير منشورة ، كلية الدراسات التربوية العليا، جامعة عمّان العربية للدراسات العليا.

- العبداللات ، سعاد (2003) ، أثر برنامج تدريبي مبني على التعلّم بالمشكلات في تنمية مهارات التفكير الناقد لدى طلبة الصف العاشر الأساسي . أطروحة دكتوراه غير منشورة ، كلية الدراسات التربوية العليا، جامعة عمّان العربية للدراسات العليا.

- العبداللات، سعاد (2003)، أثر برنامج تدريبي مبني على التعلّم المستند إلى مشكلات في تنمية مهارات التفكير الناقد، أطروحة دكتوراه غير منشورة، جامعة عمان العربية للدراسات العليا – الأردن.

- العتوم ، عدنان يوسف (2004) ، علم النفس المعرفي ، النظرية والتطبيق ، عمّان ، دار المسيرة للنشر والتوزيع والطباعة .

- العاني, رؤوف. (1996). اتجاهات حديثة في التدريس. الطبعة الرابعة, الرياض: دار العلوم للطباعة والنشر.

- عبد المجيد. ممدوح. (1998). أثر استخدام معلم الكيمياء للأسئلة ذات المستويات المعرفية العليا في التدريس على اكتساب مهارات التفكير العلمي لدى الطلبة. مجلة التربية العلمية, جامعة عين شمس, 1 (4): 141 – 165.

- عدس ، عبد الرحمن(1999) ، علم النفس التربوي (نظرة معاصرة) -الطبعة الأولى ، عمّان ، دار الفكر للطباعة والنشر .

- عطا الله، ميشيل (1993) ، أثر طريقة التدريس المعرفي وفوق المعرفي لطلبة المرحلة الأساسية في تفكيرهم العلمي وتحصيلهم للمفاهيم العلمية ، رسالة دكتوراه ، الجامعة الأردنية ، عمان ، الأردن .

- عبد الحميد ، جابر (1999)، استراتيجيات التدريس والتعليم ، القاهرة ، دار الفكر العربي .

- العدل ، عادل و عبد الوهاب ، صلاح(2003) ، القدرة على حل المشكلات ومهارات ما وراء المعرفة لدى العاديين والمتفوقين ، مجلة كلية التربية ، جامعة عين شمس ، العدد (27)، الجزء الثالث ، مكتبة زهراء الشرق .

- عصر، حسني, (2001). التفكير مهاراته وطرق تدريسه. الطبعة الأولى, مصر- مركز الإسكندرية.

- عكور، محمد. (2002). تأثير طريقتي الاستقصاء وشبكات المفاهيم لالتدريس على اكتساب التفكير الإبداعي لدى طلبة الصف الثامن الأساسي في الأردن. رسالة ماجستير غير منشورة, الجامعة الهاشمية, عمان, الأردن.

- سعد الدين ، عبد الرحيم (1993) ، أثر استراتيجيات ما وراء المعرفة في تنمية الفهم القرائي لدى طلاب شعبة اللغة الإنجليزية بكليات التربية . رسالة دكتوراه ، كلية التربية، جامعة الأزهر .

- قطامي ، يوسف (1998) -سيكولوجية التعلّم والتعليم الصفي ، عمّان ، منشورات دار الشروق للنشر والتوزيع .

- قطامي ، يوسف ، قطامي ، نايفه (2001) ، سيكولوجية التدريس ، عمّان ، دار الشروق.

- قطامي, نايفه. (2003). تعليم التفكير للأطفال. الطبعة الأولى, عمان: دار الفكر للطباعة والنشر.

- قطامي ، يوسف وزملاؤه (2002) ، تصميم التدريس ، عمّان ، دار الفكر

- قطيط, غسان. (2002). تقويم كتاب الفيزياء للصف الثاني الثانوي العلمي مـن وجهـة نظر معلمي الفيزياء ومستوى مقروئية الكتاب. رسالة ماجستير غير منشورة, جامعة عمان العربية, عمان, الأردن.

- قطيط, غسـان. (2005). أثر أسـلوب تنظيم محتوى مـادة الفيزياء والتدريس وفق طريقتي حل المشكلات والاستقصاء الموجه في اكتساب المفاهيم ومهارات التفكير العليا لدى طلاب المرحلة الأساسية في الأردن. رسالة دكتوراة, جامعة عمان العربية, عمان, الأردن.

- قطيط, غسـان. (2006). أثر معالجة المعلومـات والتـدريس بطريقتـي دورة التـعلم وأشكال في اكتساب المفاهيم الفيزيائية وتنمية عمليات العلم لدى طلاب الصف الأول الثانوي العلمي في الأردن. مجلة القراءة والمعرفة, جامعة عين شمس, 59: 189 – 213.

- مرعي, توفيق.الحيلة, محمد. (2002). طرائق التدريس العامة. الطبعة الأولى, عمان: دار المسيرة للنشر والتوزيع والطباعة.

- مسـلم, إبـراهيم. (1994). الجديـد في أسـاليب التـدريس. الطبعة الأولى, عمـان: دار البشير.

- مصطفى, مصطفى. (2004). فاعلية طريقة بنائية لتـدريس الكيميـاء في اكتساب مهارات التفكير العلمي والتحصيل لدى طلبة المرحلة الثانوية في الأردن. رسالة دكتوراه, جامعة عمان العربية للدراسات العليا, عمان, الأردن.

- المقرم, سعد. (2001). طرق التدريس المبادئ والأهداف, الطبعة الأولى, عمان: دار الشروق للنشر والتوزيع.

- الميهى, رجب. (2003). أثر اختلاف نمط ممارسة الأنشطة التعليمية في نموذج تدريسي- مقترح قائم على المستحدثات التكنولوجية والنظرية والبنائية على التحصيل واكتساب مهارات قراءة الصور والتفكير الابتكاري في العلوم لدى طلاب المرحلة الثانوية ذوي مركز التحكم الداخلي والخارجي. مجلة التربية العلمية, جامعة عين شمس, 6 (3): 1 – 41.

- النبهان, موسى. (2004). أساسيات القياس والتقويم في العلوم السلوكية. الطبعة الأولى, عمان: دار الشروق للنشر والتوزيع.

- نشوان, يعقوب. (2001). الجديد في تعليم العلوم.الطبعة الأولى, عمان: دار الفرقان للطباعة وللنشر والتوزيع.

- هيلات, بهجت. (2001). تأثير استخدام الطريقة الاستقصائية على اكتساب عمليات العلم لدى طلبة ذوي أنماط تعليمية مختلفة, رسالة ماجستير غير منشورة, الجامعة الهاشمية, الأردن.

- كوستا ، أرثر . (1998) . استخدام (الميتامعرفة) التفكير في التفكير : كعملية وسيطة . ترجمة : صفاء الأعسر ، في تعليم من أجل التفكير ، الفصل الثالث ، صص65-76، تحرير أرثر كوستا . القاهرة : دار قباء للطباعة والنشر والتوزيع .

- الزيات ، فتحي مصطفى (1998) . الأسس البيولوجية والنفسية للنشاط العقلي المعرفي ، سلسلة علم النفس المعرفي (3) - المنصورة- القاهرة ، مطابع الوفاء .

- الزيات ، فتحي (2004) ، سيكولوجية التعلم بين المنظور الارتباطي والمنظور المعرفي ، سلسلة عالم المعرفي (2) ، ط2 ، دار النشر للجامعات .

- النمر وطي ، أحمد والشناق ، قسيم (2004) ، أثر استخدام استراتيجية تدريس فوق معرفية في تحصيل طلبة الصف السابع الأساسي في العلوم . دراسات ، الجامعة الأردنية العدد 1 مجلد 31 ، ص1-12 .

- مايرز ، روبرت (2002) ، أسلوب التعليم القائم على حل المشكلات ، مجلة مناهج ، 2002، 52-53 ، وزارة المعارف السعودية .

- هارمن ، ميريل (2000) ، استراتيجيات لتنشيط التعلّم الصفي (دليل المعلمين) ، ترجمة مدارس الظهران الأهلية ، الدمام- السعودية ، دار الكتاب التربوي للنشر والتوزيع .

- وزارة التربية والتعليم (1997) ، الخطوط العريضة لمناهج مرحلة التعليم الأساسي ، ط3، عمان ، الأردن .

المراجع الأجنبية

- Achilles, C.M., Hoover, S, P: Transforming Administrative Praxis the Potential of Problem-Based Learning (PBL) As a school Improvement Vehicle for Middle and High Schools. **Paper presented at the Annual Meeting of the American Educational Research Association** (New York, N.Y., April 8-12,1996) .

- Al-Arfaj , M. (2000) . The impact of three instructional styles of teaching science on students achievement and attitudes . **DAL-A** 60/09,p.325.

- Albanese , M ., & Mitchell (1993) Problem-Based Learning : A review of the Literature on its outcomes and implementation issues. **Academic Medicine** . 68 (1),P. 52-81.

- Anderson , Neil .J. (2002), The Role of Metacognition in Second Language Teaching and learning . **ERIC Digest** . ERIC Identifier ; ED463659.

- Andrea Gilkison,(2003). Techniques used by "expert" and "non expert" Tutors to facilitate problem-based learning tutorials in an undergraduate medical curriculum. **Medical Education** ,2003,37:6-14.

- Allen,B.A.& Armour-Thomas,(1993). Construct validity of metacognition . **Journal of psychology**,127,203-211.

- Antonietti, A., Ignaze, s. & Perego, P. (2000). Metacognitive about knowledge about problem-solving methods .**British Journal of Educational Psychology**,2001,vol.71(2)343-367.

- Arends Richard (1998) : "**Learning to Teach** " 4th edition , Boston , Mc Graw Hill .

- Arthur l.Costa & Bena Kallick,(2000) Habits of Mind, Adevelopmental Series, **Discovering and Exploring** ,Association for Supervision and Curriculum Development, Alexandria,Virginia USA.

- Arthur l. Costa & Bena Kallick (2000)Habits of Mind, Adevelopmental Series, **Activating & Engaging**, Association for Supervision and Curriculum Development , Alexandria , Virginia

- Arthur l.Costa & Bena Kallick (2000) Habits of Mind, Adevelopmental Series, **Integrating & Sustaining** ,Association for Supervision and Curriculum Development, Alexandria, Virginia USA.

- Arthur l.Costa and Robert J.Garmston.(2000).**A foundation for Renaissance Schools Christopher** .Gordon Publishers. Inc.USA.

- Babbas,P.J;Moe,A,J(1983),Metacognition .Akey for independent- learning for text,**The Reading Teachers**

- -vffcxdsdvwqvgfAjewole, G.(1991). Effects of Discovery and Expository

- Instructional Methods on Attitude of Students to Biology. *Journal of Research in Science Teaching*, 28 (5): 501 - 509.

- Akihiko, S. , Akiko, U. and Masami, T.(2001).Across – Curricular Integrated Learning Experience in Mathematics and Physics.

- *Practice*.25(5/6):417– 425. Available: file://A:EBSCO host. htm.

- Anne, H and Virginia, V.(2004). Developing Higher – Order Thinking Through an Intercultural. *Assignment College Teaching*, 52 (3): 113 – 121.Available: file://A:EBSCO host. htm.

- Armstrong, D. and Savage, T. (2000). *Effective Teaching in Elementary Social Studies*. Fourth Edition, Prentice Hall, USA.

- Baker,W. , Lang, M. and Lawson, A.(2002). Classroom Management For Successful Student Inquiry. *Clearing House,* 75(5): 248 - 253. Available: file://A:EBSCO host. htm.

- Bandura ,A. (1993) . Perceived Self -Efficacy in Cognitive development and Functioning . **Educational Psychologist** , 28 (2),117-148.

- Bandura,A.(1997). **Self-Efficacy : The Exercise of Control.** New York : W.H.Freeman & Company .

- Barrows HS . A taxonomy of problem-based learning methods. **Medicine education** ,1996 (6)418-6.

- Bayard, B. (1995). Problem-Based Learning in Dietetic Education: A Descriptive and Evaluative Case Study and Analytical Comparison with A lecture Based Method **DAL-A,** 55/07,B.1874.

- Bayer,B.(1991). **Practical strategies for the direct teaching of thinking skills.** Association for Supervision and Curriculum Development .

- Beeth , M . E . (1998) . Teaching for conceptual change : Using Status As ametacognitive Tool . Science Education . 8 (4) , PP 486-506.

- Bridges,E.M. and Hallinger , P . (1999,Spring) . The Use of Cases in Problem _Based Learning . **The Journal OF Cases IN Educational Leadership,** 2(2).

- Blakey, E;Spence,S.(1994)**Developing Metacognition.**ERIC Digest ED327210.

- Bou Jaude ,S. B.& Barakat ,H. (2000): " Secondary School Students Difficulties in sterochemistry" **School Science Review**, Vol. 81,91-98.

- Brown, Bettina, (1998). **Using problem solving approaches in vocational education research and superverment,** Washington: 20.

- Baumert, J. , Evans, R. and Geiser, H. (1998). Technical Problem Solving Among 10 Year-Old Student as Related to Science Achievement, Out of School Experience Domain – Specific Control

Beliefs and Attribution Patterns. *Journal of Research in Science Teaching,* 35 (9): 987 –1013.

- Biehler, R. and Snowman, J.(1993). *Psychology Applied to Teaching.* Seventh Edition. Houghton Mifflin Company.USA.

- Bisset, D.(1996). Relation of Creativity and Achievement to Performance of Middle School Students in Solving Real – World Science Problem. *Dissertation Abstracts International,* 57 (6): 3803.

- Broadfoot, P. , Osborn, M. , Planel, C and Sharpe, K.(2000). *Promoting Quality in Learning.* First Edition. Chassell.UK.

- Carol F. Whit field and et al.(2001) . Differences between Students in Problem-Based and Lecture-Based Curricula Measured by clerk ship performance ratings at the Beginning of the Third year.**Teaching and Learning Medicine**,2002,14(4),211-217.

- Cooper & Loe ,(2000) , **Problem - Based Learning** . from http : www // pbli . org .

- Costa, A. (1984,November). Mediating the Metacognitive.

- **Educational Leadership** (42)3,57-62.

- Costa , A.L.(1991) **Developing mind,Aresource book for thinking** .revised edition,Vol, 1&2 . Alexandaria,VA; Association for Supervision and Curriculum Development .

- Costa,A.& Garmston , R.(1998.October). Five human passoins . Think : The Magazine on Critical and Creative Thinking pp.14-17.

- Davis & Harden (1999) .**Problem -based Learning** . from http : // www . udel . edu /pbl .

- Cordiro ,P.A. Campbell,B., Increasing The Transfer of learning Through problem-based learning in Educational Administration.   **Paper presented at the Annual meeting of the American Educational Research Association** (New York, N.Y, April 8-12,1996).

- Chall, J.(2000). *The Academic Achievement Challenge.* The Guilford Press. USA.

- Chang, C.(2002). An Exploratory Study on Students Problem – Solving Ability in Earth Science.*International Journal of Science Teaching,*24(5): 441-451.

- Chiappetta, E. and Russel, J. (1981)." The Effects of Problem Solving Strategy on The Achievement of Earth Science Students ". *Journal of Research in Science Teaching,* 18 (4): 295 - 301.

- Chiappetta, E. and Russel, J. (1982). The Relationship Among Logical Thinking Problem Solving Instruction and Knowledge and Application of Earth Science Subject Matter. *Science Education.*66 (1): 85 – 93.

- Christensen, I. and Wagner, H (2001). *Psychology.* First Edition. Biddles ltd. Guilford. UK.

- Clark, A. (2002). Epistemologically Authentic Inquiry in Schools: Atheoretical Framework For Evaluating Inquiry Tasks. *Science Education,* 86 (2): 175 – 219.

- Conway, R. and Ashman, A. (1993). *Using Cognitive Methods in The Classroom.* British Library Cataloguing in Publication Data.

- Cowens ,J.(1999). Effective Science Questions .*Teaching Pre K-8,* 30(1): 28-32. Available: file://A:EBSCO host. htm.

- Davis, N.(1993). Transition For Objectivism to Constructivism in Science Education. *International Journal of Science Teaching,*15(5): 627-636.

- Eggen, P. and Kauchak, D. (2000). *Strategies For Teachers Teaching Content and Thinking Skills* . Fourth Edition, Allyn and Bacon. USA.

- El-Hmouz, Essam Ahmad (1999) **Metacognition and Strategic Training Effects on mal-hematical problem solving performance.** Thesis submitted in fulfillment for the Degree of master of Arts Humdities University .

- Eysenck, M. and Kean, M. (2000). *Cognitive Psychology.* Forth Edition. Book Craft ltd. UK.

- Feldhusen, John. (1995): " Creativity : Acknowledge Base , Meta cognitive skills and personality factors " . **Journal of Creative Behavior ,Vol.29,no.4.pp.255-268.**

- Flavell . J .H.(1995) . **Cognitive development** . (2nded.) Upper Saddle River , NJ : Prentice hall .

- Flavell . J.H., Green., F.l.& Flavell. E.R. (1995). Your children's Knowledge about thinking . **Monograph of the society for research in child development** . 60 (1) (serial No. 243) .

- Flavell, J.H. (1979). Metacognition and cognitive monitoring Anew area of cognitive developmental inquiry. **American psychology,** 34,906-911.

- Finkle , S.l., and Torp,L.L. (1995)**Introductory Documents. (Available from the Center for problem Based learning)** . Illinois

- Math and Science Academy .1500 West Sullivan Road, Aurora, Il605o6-1000.)

- Foster,G.W.(1993). **Creativity and the group problem solving process.** Paper presented at the ssth annual meeting of the natural association for research in science teaching,lake Geneva wl.

- Frey,Margrat.(2000). **Implementation of collaborative problem solving model in Urban Catholic Elementary School** : Teacher

- Learning and changes.The University of Dayton, PHD,Dissertation Abstracts International : 285.

- Fraser, B. , Giddings, G. and Mc Robbi, C. (1995). Evolution and Validation of A personal From of an Instrument For Assessing Science Laboratory Classroom Environment. *Journal of Research in Science Teaching,* 32(4):399 - 422.

- Gama ,c. (2001) **Investigating the Effects of Training in Metacognition in an Interactive Learning Environment : Design of an Empirical Study** . Retrieved 3/2/2003 from: www. cogs. Susx.ac.uk/lab/hct/hctw/2001/ papers/gama.

- Gijselears WH. Effects of conceptual factors on Tutor behavior . **Teaching learning Medicine** ,1997;9:116-124.

- Garner , R.(1987).**Metacognition and reading comprehension** pp.(15-41).Norwood , New Jersey : Ablex Publishing Corporation.

- Gordon,Juliel (1996)track for learning Metacognition and larding technologies,**Austtalian Journal of Educational Technology,** Vol.12,N:1.

- Guilford ,J.P.(1986). **Creative talents : Their nature uses and development** .New York. Bearly.

- Graham , J . (1997) . **Effective Language learning** .Calvedon , England; Multiling ual Matters . from http : // www. ericfacility .net/ericdigests /ed 463659.html.

- Ginnis, P. and Brandes, D.(1996). *A guide To Student Centered Learning.* Third Edition. Stanley Thornes ltd.

- Hadzigeorgionlen, Y and Stefanich, G.(2000). Imagination in Science Education. *Contemporary Education*, 71(4): 23-29. Available: file://A:EBSCO host. htm.

- Harlen, W.(2001). Research in Primary Science Education . *Journal of Biological Education* , 35(2): 61-66. Available: file://A:ABSCO host. htm.

- Hennessey , M . G (1999) . Producing The Dimensions Of Dimensions of Metacognition For Conceptual Change Teaching - Learning - **Paper Presented At Annual Meeting of The (NARST)**, Boston .

- Hahn, C. (1996). "Investigating Controversial Issues at Election -Time: Political Socialization Research". *Social Education*, 60(6): 348 –350 .

- -Herrenkohl, L. , Palincsar, A. and Dewater, L.(1999). Developing Scientific Communities in Classrooms: A Sociocognitive Approach . *Journal of Learning Science*, 8(3/4): 451 – 494. Available: file://A:EBSCO host. htm.

- Heuvelen, A.(2001). The Work Place, Student Minds, and Physics Learning Systems. *American Journal of Physics*, 69: 1169 .

- Jones, B.(1987). *Strategies Teaching and Learning: Cognitive Instruction in the Content Areas,* ASCD ,Alexandria.

- Joyce, B. , Calhoun, E. and Hopkins, D. (1999). *Models of Learning Tools for Learning.* First Edition. Philadelphia.USA.

- Jacobson, R, (1998), Teacher's Improving Learning Using Metacognition with self-monitoring learning strategies-**Educational Review** , vol.118.Issue 4.

- Justice , E.M., Baker-Ward,L. Gupta,S.7 jannings, L.r. 91997). Means to the goal of remembering : Developmental Changes in awareness of strategy use-performance relations . **journal of Experimental child psychology** .

- Joyner, M. (2004). *Improving Student Achievement in Science Through Content Development.* The metropolitan Community Colleges. Retrieved 15 / 6 / 2004, from http//: Improving Student Achievement in Science Through Content Development.htm.

- Kent, A.(2000). *School Subject Teaching.* First Edition, Biddles Ltd, London.

- Klien, S.(1991). **Learning and Application.** Second Edition. MC Grawn - Hill. USA.

- Lefton, L. and Brannon, L. (2003). *Psychology.* Eighth edition. Library of Congress Cataloging in Publishing Data. USA.

- Lieux,E.(1996). **A comparative study of learning Vs problem-based learning** .In about teaching a news letter of the center for effectiveness, Retrieved 10-6-2003 from http://udel.edu/pb/etc.nutr. teaching .

- Mathesis, F., Spooner, W. , Takeumura, S. ,Matsumoto, K. and Yoshida, A.(1992). A study of The logical Thinking Skills And Integrated Process Skills of Junior, Higher School Students in North Carolina and Japan. *Journal of Research in Science Teaching*, 72(2):211-222.

- Mayer, R.(2003). *Learning And Instruction.* Library Of Congress Cataloging Publication Data. New Jersey.

- Meed, J. and Freeman, R (1999). *How To study Effectively.* National Extension college. UK.

- Michal, Z. , Devora, S. , Efart, L. and Ruth, M. (2004)." Diomind – Anew biology Curriculum That Enables Authentic Inquiry Learning". *Journal of Biological Education*, 38 (2): 59 – 68. Available: file://A:EBSCO host. htm.

- Orlich, D. , Harder, R. , Callahan, R. and Gibson, H. (2001). *Teaching Strategies*, Sixth Edition, Houghton Mifflin Company, Boston, New York.

- Posner, G. (1995). *Analyzing the Curriculum*. Second Edition. MC. Graw-Hill.

- Roth, W. and Roychoudhary, A.(1993). The Development of Science Process Skills in Authentic Content. *Journal of Research in Science Teaching*,30 (2): 127 – 152.

- Rubin, R. and Norman, J. (1992). Systematic Modeling Versus Learning Cycle:Comparative Effects on Integrated Science Process Skills Achievement. *Journal of Research in Science Teaching*, 29 (7):715 – 727.

- Salvin, R. (2000). *Educational psychology Theory and Practice*. Sixth Edition. Allyn and Bacon, USA.

- Scholes, M.(2002). Games Worth Playing: Effective Science Teaching Through Active Learning. *South Africa Journal of science*, 98(9/10): 497 - 500. Available: file://A:EBSCO host. htm.

- Schwartz, R.(2000). Achieving The Reforms Vision: The Effectiveness of Specialists- Led Elementary Science Program. *School Science& mathematics* , 100(4): 181 - 194. Available: file://A:EBSCO host. htm.

- Sdorow, L. (1995). *Psychology*. Third edition. Brown & Benchmark.

- Seifert, K. and Selfert, K. (1991). *Educational psychology*. Houghton Mifflin Company. USA.

- Staver, J. and Small ,L.(1990). Toward Clearer Representation of The Crisis in Science Education. *Journal of Research in Science Teaching*, 27 (1): 79 – 89.

- Sund, R. and Trowbridge, L.(1973).*Teaching Science by Inquiry*. Second Edition, Merrill Publishing Company, Ohio.

- Trowbridge,L and Bybee, R.(1996). *Teaching Secondary School Science*. Second Edition, Prentice-Hall, New Jersy.

- Vera, C. and Hana, C.(2003). Developing of Logical Thinking in Science Subject Teaching. *Journal of Baltic Science Education*. 2(2): 12- 21. Available: file://A:EBSCO host. htm.

- Von Secker , C.(2002). Effects of Inquiry – Based Teacher Practices on Science Excellence and Equity. *Journal of Educational Research,* 95(3): 151 - 161. Available: file://A:EBSCO host. htm.

- Wakefield, J.(1996). *Educational psychology.* Houghton Mifflin Company. USA.

- White, C.(2002). Creating of a 'World of Discovery ' by Thinking and Acting Globally in Social Studies: Ideas From New Zealand. *Social studies,* 93(6): 262 - 267. Available: file://A:EBSCO host. htm.

- Woolfolk, A. (2001).*Educational Psychology.*Eighth Edition, Allyn and Bacon. USA.

- Wynne, C. (2001). High School Students Use of Meiosis When Solving Genetics Problem. *International Journal of Science Teaching,*23(5): 501-515.

- Zeidler, D. , Lederman, N. and Taylor, S.(1992). Fallacies and Students Discourse Conceptualizing the Role of Critical Thinking in Science Education. *Science Education,* 78(4): 437- 450.

-المواقع الإلكترونية :

-http://www.imsa.edu/team/cabl/instruct/Bisonpro/roleplng.htm.

-http;//www.ncrel.org/sdrs/pathwayg .htm.

-http://www2.imsa-edu/programs/pbl/ipbln/about/about.html.

-http://www.mccoy .lib.siu.edu/corecurr/pbl/description.html.

-http://www.accelerated-learning-online .com/research/medical /medical.student-perceptions-factors-affecting-productivity-problem.asp.

-http://www.accelerated-learning -online.com/research /tutoring-problem-curriculum -expert-versus -none expert.asp.

Printed in the United States
By Bookmasters